"十二五"普通高等教育规划教材

金融市场学

李嘉玲　主　编
温宇静　余　玲　副主编

Financial Marketing

中国铁道出版社有限公司
CHINA RAILWAY PUBLISHING HOUSE CO., LTD.

内 容 简 介

“金融市场学”是研究市场经济条件下金融市场运行机制及其各经济主体行为规律的学科，是教育部制定的全国高等院校金融学专业的核心课程之一。通过对本书的学习，学生可以更加深入、系统地掌握金融学的理论知识，并将其用于探讨和分析现实中的诸多经济和金融问题。

本书按照课程性质要求，将广博的金融理论凝练为图表；增加各章的拓展性读物(开篇案例、案例讨论)，并把各章的参考文献进行整理，作为学生选读的推荐材料(推荐阅读)；增加复习思考题的知识层次，提高学生的辨析思维能力。

本书适合作为高等院校金融学专业的学生教材，亦可作为财政、金融、证券等从业人员及普通读者学习的参考教材。

图书在版编目(CIP)数据

金融市场学/李嘉玲主编．—北京：中国铁道出版社，2014.1(2021.1重印)
“十二五”普通高等教育规划教材
ISBN 978-7-113-17638-9

Ⅰ.①金…　Ⅱ.①李…　Ⅲ.①金融市场－经济理论－高等学校－教材　Ⅳ.①F830.9

中国版本图书馆CIP数据核字(2013)第266844号

书　　名：金融市场学
作　　者：李嘉玲

策　　划：夏　伟
责任编辑：夏　伟
编辑助理：王佳欣
封面设计：刘　颖
封面制作：白　雪
责任校对：王　杰
责任印制：樊启鹏

出版发行：中国铁道出版社有限公司（100054，北京市西城区右安门西街8号）
网　　址：http://www.tdpress.com/5leds/
印　　刷：北京建宏印刷有限公司
版　　次：2014年1月第1版　2021年1月第5次印刷
开　　本：787 mm×1 092 mm　1/16　印张：14.25　字数：330千
印　　数：5 101～5 500册
书　　号：ISBN 978-7-113-17638-9
定　　价：32.00元

前言

Preface

“金融市场学”是研究市场经济条件下金融市场运行机制及其各经济主体行为规律的学科，是教育部制定的全国高等院校金融学专业的核心课程之一。通过对本书的学习，学生可以更加深入、系统地掌握金融学的理论知识，并将其用于探讨和分析现实中的诸多经济和金融问题。

金融是当前经济的核心，金融市场的运行状况直接关系到区域甚至世界经济运行的状况。经济强国的形成离不开发达而高效的金融市场的支撑，2008 年国际金融危机的爆发更是彰显了金融市场对经济的巨大影响力。把握金融市场的运行规律，创造良好的金融体制与环境，需要从本书的理论学习开始。

本书按照课程性质要求，将广博的金融理论凝练为图表；增加各章的拓展性读物（开篇案例、案例讨论），并把各章的参考文献进行整理，作为学生选读的推荐材料（推荐阅读）；增加复习思考题的知识层次，提高学生的辨析思维能力。在写作过程中，我们汲取了当前国内外最新的金融理论，并搜集整理了典型的国内外金融市场教学案例。在此向这些参考文献的作者表示感谢和敬意。一并感谢天津市高等学校教学质量与教学改革《产业优化升级背景下产业金融人才培养改革的研究与实践》项目的支持。

本书适合作为高等院校金融学专业的学生教材之用，亦可作为财政、金融、证券等从业人员及普通读者学习的参考教材。本书由李嘉玲任主编，温宇静、余玲任副主编，作者编写分工如下：李嘉玲（第 1 章）；温宇静（第 2 章）；周忠英（第 3 章、第 9 章）；杨卫平（第 4 章、第 7 章）；余玲（第 5 章、第 10 章）；罗正清（第 6 章、第 8 章）。在写作过程中，作者们坚持教材内容的新颖性以及体系的科学性、合理性和实用性。但是，由于编者水平有限，书中难免有疏漏和不妥之处，恳请同行专家和读者批评指正。

编　者

2013 年 6 月

目录 Contents

金融市场学

第 1 章　金融市场导论

本章提要

本章着重介绍金融市场的概念与构成要素，金融市场的功能与分类，金融市场的发展趋势。本章首先将金融市场的界定放在直接融资和间接融资的流程分析中，以突出理解金融市场在金融体系中的功能，这部分内容构成了本章的难点与重点；然后在分析一个完整的金融市场所必须具备的五个基本要素的基础上，进一步介绍了金融市场的不同类型。要求掌握金融市场管理的层次性，掌握金融市场的理论知识和金融市场的发展趋势。

学习目标

1. 掌握金融市场的定义
2. 理解金融市场的功能
3. 掌握金融市场的不同分类
4. 掌握金融市场的发展趋势
5. 掌握金融市场的理论
6. 了解金融市场的构成要素

开篇案例

中国人民银行在2011年4月8日发布了《2010年中国金融市场发展报告》。报告总结了2010年中国金融市场的整体运行情况，并展望了2011年我国金融市场的发展。对于2011年我国金融市场的发展，报告指出：2011年，我国将围绕经济发展方式转变的主线，实施稳健的货币政策，优化需求结构与投资结构，引导资金更多地投向实体经济和中小企业，扎实发展战略性新兴产业，调整优化产业结构。在此条件下，金融市场将进一步发挥其对社会资源、财富和风险的直接和高效配置功能，进一步增大对经济发展方式转变的贡献，同时，其规模将进一步扩大，结构将进一步优化，对外开放也将稳步推进。

1. 金融市场规模将进一步扩大

根据中央经济工作会议的要求，2011年，我国国民经济将以科学发展为主题，以加快转变经济发展方式为主线，实施积极的财政政策和稳健的货币政策，保持经济平稳、较快发展。今后几年，我国经济工作的主线和主攻方向是对经济结构进行战略性调整。为加大对结构调整的支持力度，需要积极引导和支持重点产业中符合条件的企业，尤其是中小企业通过发行多种形式的债券来进行融资，支持重点产业和新兴产业的中小企业拓宽融资新渠道。在此条件下，能够通过金融市场进行融资的企业范围与数量将进一步增加，股票与债券发行量和交易量也会相应增加。同时，2008年年末以来陆续开工的基础设施等建设项目目前已在建设中，对信贷资金存在一定的刚性追加需求。在2010年货币政策回归稳健的条件下，发展新兴产业的资金需求将更多地转向资本市场，金融市场规模将进一步扩大。积极推进金融等领域的改革，要求加快转变政府职能，减少政府对微观经济活动的干预，政府在金融市场管理中的职能也会发生转变。市场自律组织和自律法规将发挥更大的作用。为把握世界经济治理机制进入变革期的特点，努力增强我国的参与能力，我国将深入实施“走出去”战略。2011年，金融市场对外开放将稳步推进。随着我国跨境贸易人民币结算的发展，境外主体持有的人民币数量逐步增加，产生多样化的资产配置，债券市场对境外投资融资主体的开放步伐将进一步加快；股票市场的国际板等对外开放建设也将稳步推进；有关部门还将根据双边经贸往来和金融交往情况，继续稳步推进银行间外汇市场开办人民币对其他币种的交易。

2. 金融市场发展有利于经济发展方式转变

2011年，我国经济工作的主线是加快转变经济发展方式，这一主线包括了调整产业结构、需求结构和区域结构，包含以下几个方面的内涵：改造提升传统制造业，加快壮大服务业规模，扎实发展战略性新兴产业，提升产业核心竞争力；强化节能减排和应对气候变化，大力发展“绿色经济”；努力提高低收入群众的收入水平，提升居民消费能力；统筹国土空间开发利用，增强区域发展的协调性；积极稳妥地推进城镇化，有序推进符合条件的农业转移人口落户城镇。2011年，随着我国金融市场的发展和完善，金融市场对这一发展主线的贡献将进一步增大。

一是金融市场的健康、快速发展能使广大消费者拥有更多的财产性收入，并能为养老基金等保障性资金提供更多安全性和更好收益性的投资渠道，使其获得更高的投资收益，从而具有更高的社会保障能力，进而提高我国的消费率。二是随着我国多层次资本市场的进一步完善，我国的直接融资水平将进一步得到提高，为风险较大、投资回收期较长的战略性新兴产业提供长期、稳定的资金支持。三是资本市场更强的流动性使其对国家宏观政策更具有敏感性，配置资源的效率也更高，多层次资本市场的发展能够通过投资者改变公司的估值预期，增加对战略性新兴产业的资金支持，从而优化产业结构。四是随着多层次资本市场的发展，各地区能够结合自身特点，在资本市场中筹集到期限和性质均与需求相匹配的资金，从而能够促进各地区发展平衡。（资料来源：《2010年中国金融市场发展报告》总论）

什么是金融市场？金融市场的功能有哪些？金融市场如何构成？金融市场的发展趋势是什么？通过本章的学习，就会对这些问题有一个深入全面的了解。

1.1 金融市场的概念与构成要素

在现代经济系统中，有三类重要的市场对经济的运行起着主导作用，这就是要素市场、产品市场和金融市场(见图 1.1)。要素市场是分配土地、劳动与资本等生产要素的市场，产品市场是商品和服务进行交易的场所。在经济系统中，引导资金的流向，促使资金由盈余部门向短缺部门转移的市场即为金融市场。金融市场在市场机制中扮演着主导和枢纽的角色，发挥着极为关键的作用。在一个有效的金融市场上，金融资产的价格和资金的利率能及时、准确和全面地反映所有公开的市场信息，资金在价格信号的引导下迅速、合理地流动。金融市场作为货币资金交易的渠道，以其特有的运作机制使千百万居民、企业和政府部门的储蓄汇成巨大的资金流，润滑和推动着商品经济这个巨大的经济机器持续地运转。金融市场还以其完整而又灵敏的信号系统和灵活有力的调控机制，引导着经济资源向着合理的方向流动，优化资源的配置。在金融市场上，价格机制是其运行的基础，而完善的法规制度、先进的交易手段则是其顺利运行的保障。本章的目的就是通过介绍金融市场的各个组成要素，帮助学生初步了解和掌握金融市场的基本知识，为深入学习后面各章内容做一个理论的铺垫。

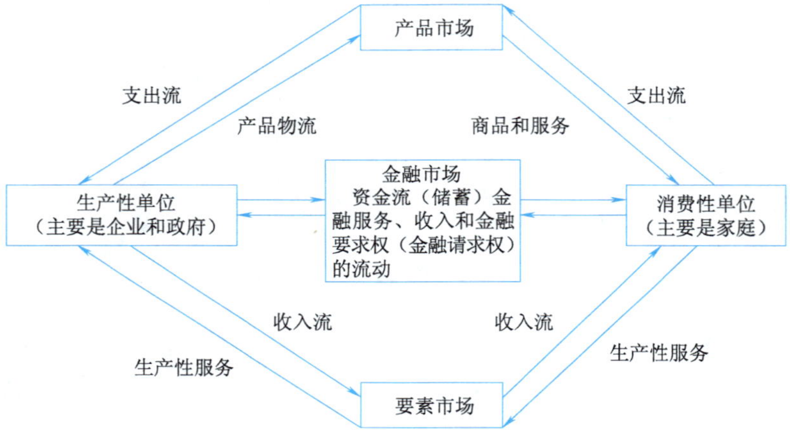

图 1.1 经济体系中的市场

1.1.1 金融市场的概念

金融市场(financial market)通常是指以金融资产为交易对象而形成的供求关系及机制的总和。它包含三层含义：

第一，金融市场是进行金融资产交易的场所，它不受空间与时间的限制。这个场所可以是有形的，如证券交易所；也可以是无形的，如外汇交易员们通过电信网络构成的看不见的市场进行着资金的调拨；而且有些金融市场可以全天 24 小时运行，如全球外汇市场。

第二，金融市场交易的对象是金融资产。金融资产是相对于实物资产而言的，表现为各种金融工具或产品(如外汇、债券、股票等)，代表持有人对实物资产或未来现金流的索取权，这种索取权对于持有人来说是资产，是财富。交易双方的关系不是简单的买卖关系，而是建立在信用基础上的资金使用权的有偿转让。

第三，金融市场包含金融资产交易过程中所产生的各种运行机制，包括价格机制、发行机制、监督机制等，其中最主要的是价格机制。在金融市场上，利率就是资金的价格，在这种特殊的价格信号指引下，资金可以迅速合理地流向高效率部门。

金融市场属于虚拟经济范畴。一国经济金融价值分为四个层次：第一层次为物质产品；第二层次为商品与真实的服务贸易；第三层次为货币、股票、债券等基础性金融资产；第四层次为商品期货、金融期货、期权等金融衍生产品。前两个层次属于实体经济的范畴，后两个层次属于虚拟经济的范畴，金融市场就包括后两个层次。现在，由于经济的货币化程度与金融化程度不断提高，金融市场的交易规模远远超过了实体经济的规模，特别是金融衍生市场都是利用保证金进行交易，从而使交易规模迅速扩大。因此，根据规模的大小，一国经济金融价值的四个层次表现为倒金字塔结构，如图1.2所示。

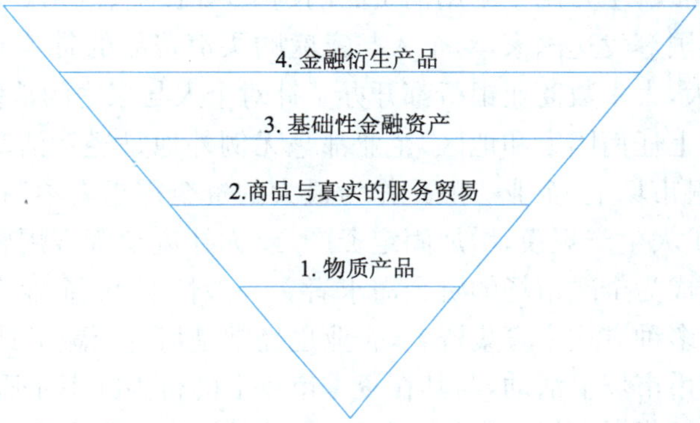

图1.2　一国经济金融价值的四层次倒金字塔式结构图

1.1.2　金融市场的构成要素

金融市场是一个由多种要素构成的有机整体，世界各国的金融市场就发展程度而言虽不尽相同，但就市场本身的构成要素来说，都包括金融市场的主体、客体和交易方式。

1. 金融市场的主体

与商品的交易市场及其他市场一样，金融交易的完成离不开交易的双方当事人。金融市场主体是指金融市场的交易者。

这些交易者，或是资金的供给者，或是资金的需求者，或以两种身份出现在金融市场上。对于金融市场来说，金融市场的主体具有决定性意义。首先，交易主体的多寡决定了金融市场规模的大小和发达程度。众多交易者的参与，可以有效防止金融市场的垄断，促进竞争，保持市场的繁荣和稳定。其次，金融市场主体间的竞争造就了种类繁多的金融产品，导致金融市场业务的不断创新，新的金融工具不断涌现，促进了金融部门效率的提高，更好地满足了投资者和筹资者的需要，成为连接国民经济各部门的纽带。最后，金融市场主体的多少与交易的频繁程度影响着金融市场的深度、广度与弹性。

根据交易者与资金的关系，可将金融市场主体划分为资金需求者和资金供给者两类。资金需求者即筹资人，也是金融工具的发行者和出售者，通过发行金融工具来筹集资金。资金供给者即投资人，也是金融工具的购买者。他们通过购买金融工具，将自身暂时闲置的货币资金提供给资金短缺的筹资人。在金融市场上，投资人和筹资人之间随时可能发生角色互换。在不同时期，其资金头寸状况是不同的，时而资金盈余，时而资金不足，现在的资金需求者很可能成为未来的资金供给者，而现在的资金供给者也可能成为未来的资金需求者。

根据国民经济部门来划分，金融市场主体又可分为个人与家庭、企业、政府、金融机构、中央银行五大类。

(1)个人与家庭(住户部门)。个人与家庭是一切经济(尤其是金融)活动的基石。个人和家庭主要以资金供给者的身份参与金融市场交易。家庭或出于节俭，或为了预防不测，或为了满足未来某个特定时期的消费需要，收入与支出相抵后，通常是收入大于支出，因而成为经常的储蓄者。根据不同的风险性偏好，闲置的资金会有不同的投资选择：将其存入银行，可获得利息；将其投资于股票、债券，或购买共同基金、保险等可获得投资收益。家庭投资既可投资于短期金融资产，又可投资于长期金融资产，这样就使个人与家庭这一投资主体的投资活动遍及货币和资本市场，个人和家庭就成为金融市场上的资金供给者。在当今社会，个人和家庭也时常以资金需求者身份出现，主要用于耐用消费品的购买，如住宅、汽车等，通常是以抵押贷款的形式出现。在美国、英国等发达国家，对个人与家庭购买消费品的贷款业务十分发达；中国的这一业务也在日渐扩大，大多数商业银行都开办了针对个人与家庭的消费信贷业务。

(2)企业。在世界上任何国家和地区，企业都毫无例外地是经济活动的中心，也是金融市场运行的基础。在金融市场上，企业一般是作为最大的资金需求者参与金融市场活动的。为了维系简单再生产与扩大生产规模，增加固定资产，或弥补流动资金周转不畅的问题，企业需要及时补充资金，从而成为金融市场的资金需求者。一般情况下，企业多在资本市场上活动，通过发行债券、股票等多种方式来筹集资金，企业也经常是衍生金融工具市场中套期保值的主力。另外，企业也在货币市场上活动，与其在资本市场上的行为并不矛盾，它的季节性、临时性资金需求，一部分也通过货币市场来满足。此外，企业的资金收入和资金支出在时间上往往并不对称，在再生产过程中有时会游离出部分闲置资金，为使之得到充分利用，企业会以资金供给者身份，将这部分资金暂时让渡给金融市场上的资金需求者，以获得投资收益。因此，在金融市场上，企业是以资金需求者和资金供给者的双重身份出现的。

(3)政府。在各国的金融市场上，中央政府和各级地方政府通常是金融市场上的资金需求者。它们主要通过发行财政部债券或地方政府债券来筹集资金，用于基础设施建设，弥补财政预算赤字，进行宏观经济调控，履行公共经济职能等。政府部门在一定的时段也可能是资金的供应者，如在税款集中收进用于支出时。在国际金融市场上，不少国家政府是积极的参与者，一些石油输出国政府往往是资金供给大户，一些发展中国家则是金融市场上的主要资金需求者。我国政府也在积极参与国际金融市场，如我国曾在美国、日本的债券市场上发行债券，筹集外资；也曾多次购买美国的国债。

(4)金融机构。金融机构是金融市场的主要参与者，也是专业参与者。金融机构又分为存款性金融机构和非存款性金融机构两种。存款性金融机构是指以吸收存款方式获得资金，以发放贷款或投资证券等方式获得收益的金融机构，主要包括商业银行、信用合作社，以及西方一些国家中的一种专门吸收储蓄存款作为资金来源的储蓄机构。非存款性金融机构则是指以发行证券或契约方式筹集资金的金融机构，包括投资银行(投资银行在不同国家有不同的称呼：在美国称为投资银行或公司，在英国称为商人银行，在日本称为证券公司)、保险公司、养老基金、投资基金等。各类金融机构通过各种方式，一方面向社会吸收闲散资金，另一方面又向需要资金的部门、单位和个人提供资金，在金融市场上担当着资金需求者和资金供给者的双重身份。此外，参与金融市场的还有一些官方、半官方的和在各国各具特色的其他类型的金融机构，如开发银行、进出口银行及农业信贷机构、大企业所属的金融公司等。在我国金融市场上，政策性银行、金融信托机构及财务公司等,也都归入金融机构之列,是金融市场的主体之一。

(5)中央银行。中央银行在金融市场上的地位极为重要与特殊。中央银行既是金融市场中的主体交易者,又是金融市场的监管者。从中央银行参与金融市场的角度来看,首先,中央银行作为银行的银行,虽然不直接向企业或个人提供资金,但它通过再贴现业务向其他金融机构发放贴现贷款,并在商业银行发生挤兑危机时承担最后贷款人角色,成为金融市场的资金供给者。其次,中央银行通过公开市场业务,在金融市场上买卖证券,调节货币供给量;通过执行货币政策,成为金融市场的资金供给者,也可以成为金融市场的资金需求者。中央银行的公开市场操作业务是不以营利为目的的,但会影响到金融市场上资金的供求、其他经济主体的行为以及金融工具的价格。此外,一些国家的中央银行还接受政府委托,代理政府债券的还本付息;接受外国中央银行的委托,在金融市场上参与金融市场活动和买卖证券等。作为监管者,中央银行代表政府对金融机构的行为进行监督和管理,防范金融风险,确保金融市场的平稳运行。

2. 金融市场的客体

金融市场的运行,仅有市场主体的推动是不够的,还需要相应的市场客体。金融市场客体是指金融市场主体交易的对象(交易标的物),也就是通常所说的金融工具。金融工具又称为信用工具,是一种表示债权债务关系的凭证,是具有法律效力的契约,一般由资金需求者向资金供给者出具,并注明金额、利率以及偿还条件等。

金融工具的数量和质量是决定金融市场效率和活力的关键因素。首先,从数量上看,金融市场主体之间的交易必须借助于以货币金额表示的各种金融工具来实现,否则,资金的融通就无法进行,因此,市场上金融工具的种类、数量越多,就越能向不同偏好的投资人和筹资人提供选择机会,满足他们的不同需求,从而充分发挥金融市场的资金融通功能,对活跃经济、优化资金配置起到积极促进作用。其次,从质量上看,一种理想的金融工具必须既满足资金供给者的需要,又满足资金需求者的需要,同时还必须符合中央银行金融监管的要求。金融工具对于购买者(即投资人)而言,就是金融资产,因此,衡量一种金融资产质量高低的标准,就是衡量一种金融工具质量高低的标准,通常从流动性、收益性和风险性三方面考虑。流动性是指一种金融资产变现的时间长短、成本高低和便利程度。收益性是指因持有某种金融资产所能够获得的货币收益。风险性是指由于某些不确定因素导致的金融资产价值损失的可能性。每一种金融工具,都是流动性、收益性和风险性三者的有机统一。同时,这三者又是相互矛盾、不可兼得的。流动性较高的金融工具,一般收益性较低,如银行存款、国债等;收益性较高的金融工具,一般风险程度也较高,如评信级别中的"垃圾债券"。

金融工具种类繁多,从不同的角度可将金融工具划分为不同的类别。

(1)按照期限不同,金融工具可分为货币市场工具和资本市场工具。货币市场工具是指偿还期限在1年及以下的金融工具,如:国库券、回购协议和商业票据等,具有安全性高、流动性强、收益性低的特点;资本市场工具是指偿还期限在1年以上的金融工具,如:股票、长期债券等,具有期限长、流动性弱、收益高风险大的特点。

(2)根据金融工具的性质不同,可分为债权类工具和所有权类工具。债权类工具主要是指票据、债券等代表债权债务关系的书面凭证;所有权类工具是一种表明所有权关系的书面凭证,如股票。

(3)根据金融工具与实际信用活动是否相关,金融工具可分为原生金融工具和衍生金融工具。原生金融工具是指在实际信用活动中出具的能证明债权债务关系或所有权关系的合法凭证，主要有商业票据、债券等债权债务凭证和股票、基金等所有权凭证；衍生金融工具是指在各种原生金融工具基础之上派生出来的各种金融合约及其组合形式，主要包括金融期货、金融期权和金融互换等。

3. 金融市场的交易方式

金融市场的交易方式是指金融市场交易能够实现的形式。金融市场的交易方式主要有3种，即拍卖方式、柜台方式和场外交易方式。

(1)拍卖方式。金融市场的拍卖方式是指所有的金融交易都采取拍卖的方式成交，买卖双方通过公开竞价来确定买卖的成交价格。目前，公开竞价方式有两种，一种方式是人工拍卖，即由金融工具的卖方报卖价，买方报买价，买方竞价来获取所售金融工具；另一种方式是计算机自动撮合，即买卖双方不必直接见面，而是分别将买价和卖价输入计算机，由计算机按照时间优先、价格优先的原则自动配对，实现成交。拍卖方式可以分为单向拍卖和双向拍卖。单向拍卖方式的交易双方中一方是一个交易群体，而另一方是一个交易单位。双向拍卖方式的交易双方都是交易群体，交易双方在买卖某种交易工具时，以上次成交的价格为基础，分别提出各自的买价和卖价，双方群体竞价，直到双方群体中最高买价和最低卖价相等时便可以成交。利用拍卖方式组织金融市场活动必须具备几个条件：一是要有一个集中的场所和相应的设施，能够把所有的交易主体都集中在一起以便相互竞价，这个场所就是交易所。二是要有大量的可供交易的工具，否则无法形成大规模的拍卖交易。三是要有相当规模的同质工具，否则交易工具的种类多而且数量少，会造成拍卖成本过高，拍卖条件过于苛刻。四是要有大量的市场中介机构，否则无法代理大量的实际交易，也难以进行有效的价格竞争。

(2)柜台方式。柜台方式一般是指在各金融机构的柜台上买卖双方进行面议的分散交易的方式。这种方式中金融工具的买卖双方都分别同金融机构进行交易，或者将出售的金融工具卖给金融机构，或者从金融机构买进欲购买的金融工具。在柜台方式的金融交易中，买卖价格不通过交易双方直接竞价来确定，而是由金融机构根据市场行情和供求关系自行确定。金融机构以双价制的方式进行挂牌，同时报出买入价和卖出价，买卖价差就是金融机构的主要利润来源。

(3)场外交易方式。场外交易方式是一种既没有固定场所，买卖双方也不进行直接接触的交易方式。场外交易方式是一个无形市场，一般是通过现代化的通信工具在各金融机构、证券商及投资者之间进行。它是一个无形的网络，金融资产及资金可以在其中迅速转移。在现实世界中，大部分的金融交易均是以这种方式进行的。

1.1.3 金融市场的运作流程

金融市场的交易是在金融市场的参与者之间进行的。依据参与者的交易特征，金融市场的交易者可分为最终投资者、最终筹资者和金融中介机构三类。最终投资者可以是个人、企业、政府和国外部门。最终筹资者也可以是个人、企业、政府和国外部门。金融中介机构是专门从事金融活动的金融机构，包括商业银行、保险公司、投资银行等。如果资金在最终投资者和最终筹资者之间转移，这样的融资活动就称为直接融资，如通过发行股票、债券等有价证券实现的融资。如果资金通过中介机构实现在最终投资者和最终筹资者之间的转移，这样的融资活动称为间接融资，如通过银行存款贷款活动实现的融资。与这两种融资方式相对应的金融产品分别称为直接融资工具和间接融资工具。金融市场上的资金在各市场参与者之间的转移过程，即金融市场的运作流程如图1.3所示。

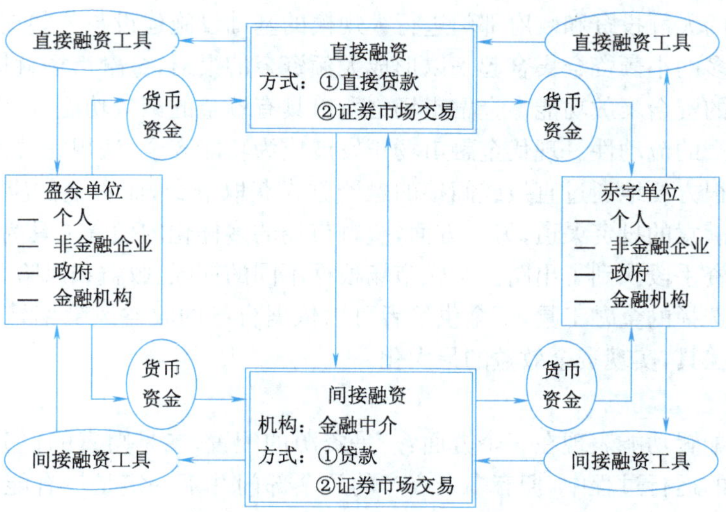

图 1.3　金融市场的运作流程

1.2　金融市场的功能

金融市场作为金融资产交易的场所，从整个经济运行的角度来看，它提供如下几种经济功能。

1.2.1　融通资金功能

融资是金融市场的最基本功能。金融市场的功能是指金融市场客观上能干什么。不同国家因其国情的差异性，建立金融市场的动机可能不同，但金融市场所要承担的首要任务则是相同的，那就是融通资金。金融市场是资金供求双方融通资金的场所，不仅对于企业和金融机构如此，对于政府和家庭而言同样也是这样，融资既是金融市场的基本功能，也是金融市场的最初功能。

1.2.2　资金聚敛功能

金融市场的聚敛功能是指金融市场引导众多分散的小额资金汇聚成为可以投入社会再生产的资金集合功能。在这里，金融市场起着资金“蓄水池”的作用。在国民经济四部门中，各部门之间、各部门内部的资金收入和支出在时间上并不总是对称的。这样，一些部门、一些经济单位在一定的时间内可能存在暂时闲置不用的资金，而另一些部门和经济单位则存在资金缺口。金融市场就提供了为两者沟通的渠道。

金融市场是由资金供给者和资金需求者组成的。资金供给者就是在一定时间内的资金盈余者，这些资金盈余者的资金之所以暂时闲置，或者是因为要预防未来的意外急需，或者是要等到积累到足够数量之后再进行某项大额投资或消费。如个人为预防意外事件，或为了满足将来生活及购买大件消费品之需而进行储蓄，企业为了积存足够的资金投资于某个新项目而进行的资金积累等。这些暂时闲置的资金在使用之前有通过投资谋求保值增值的需要。对资金需求者来说，其资金的需要或是由于要进行某项经济活动，或是为了满足其比较迫切的需要，但手中积累的资金不足，因此，需要寻求更多的资金来源。但是，经济中各经济单位自身的闲置资金是相对有限的，这些暂时不用的资金就不足以满足大规模的投资要求，特别是企业为发展生产而进行的大额投资和政府部门进行大规模的基础设施建设与公共支出的要求。这就需要一个能将众多的小额资金集合起来以形成大额资金的渠道，金融市场就提供了这种渠道，这就是金融市场的资金聚敛功能。金融市场之所以具有资金的聚敛功能，一方面，由于金融市场创造了金融资产的流动性。现代金融市场正发展成为功能齐全、法规完善的资金融通场所，资金需求者可以很方便地通过直接或间接的融资方式获取资金，而资金供应者也可通过金融市场为资金找到满意的投资渠道；另一方面，金融市场的多样化的融资工具为资金供给者的资金寻求合适的投资手段找到了出路。金融市场根据不同的期限、收益和风险要求，提供了多种多样的供投资者选择的金融工具，资金供给者可以依据自己的收益风险偏好和流动性要求选择其满意的投资工具，实现资金效益的最大化。

1.2.3 优化资源配置功能

金融市场的配置功能表现在三个方面：一是资源的配置，二是财富的再分配，三是风险的再分配。在经济的运行过程中，拥有多余资产的盈余部门并不一定是最有能力和机会作为最有利投资的部门，现有的资产在这些盈余部门得不到有效的利用，金融市场通过将资源从低效率利用的部门转移到高效率的部门，从而使一个社会的经济资源能最有效地配置在效率最高的部门或效用最大的用途上，实现稀缺资源的合理配置和有效利用。在金融市场中，证券价格的波动，实际上反映着证券价格背后所隐含的相关信息。投资者可以通过证券交易中所公开的信息及证券价格波动所反映出的信息来判断整体经济运行情况以及相关企业、行业的发展前景，从而决定其资金和其他经济资源的投向。一般来说，资金总是流向最有发展潜力，能够为投资者带来最大利益的部门和企业。这样，通过金融市场的优化资源配置功能，有限的资源就能够得到合理的利用。

财富是各经济单位持有的全部资产的总价值。政府、企业及个人通过持有金融资产的方式来持有财富，在金融市场上的金融资产价格发生波动时，其持有数量也会发生变化。一部分人的财富量随金融资产价格的升高而增加，而另一部分人的财富量则由于金融资产价格的下跌而相应减少。这样，社会财富就通过金融市场价格的波动实现了财富的再分配。

金融市场同时也是风险再分配的场所。在现代经济活动中，风险无时不在、无处不在。而不同的主体对风险的厌恶程度是不同的。利用各种金融工具，风险厌恶程度较高的人可以把风险转嫁给风险厌恶程度较低的人，从而实现风险的再分配。

1.2.4 调节经济功能

金融市场调节功能是指金融市场对宏观经济的调节作用。金融市场一边连着储蓄者，另一边连着投资者，金融市场的运行机制通过对储蓄者和投资者的影响而发挥作用。

首先，金融市场具有直接调节作用。在金融市场大量的直接融资活动中，投资者为了自身利益，一定会谨慎、科学地选择投资的国家、地区、行业、企业、项目及产品。只有符合市场需要、效益高的投资对象，才能获得投资者的青睐。而且，投资对象在获得资本后，只有保持较高的经济效益和较好的发展势头，才能继续生存并进一步扩张。否则，它的市场价格就会下跌，继续在金融市场上筹资就会面临困难，发展就会受到后续资本供应短缺的抑制。这实际上是金融市场通过其特有的引导资本形成及合理配置资源的机制，即首先对微观经济部门产生影响，进而影响到宏观经济活动的一种有效的自发调节机制。

其次，金融市场的存在及发展为政府实施对宏观经济活动的间接调控创造了条件。货币政策属于调节宏观经济活动的重要宏观经济政策，其具体的调控工具有存款准备金、再贴现、公开市场操作等,这些政策的实施都以金融市场的存在、金融部门及企业成为金融市场的主体为前提。金融市场既提供货币政策操作的场所,也提供实施货币政策的决策信息。首先,因为金融市场的波动是对有关宏观、微观经济信息的反映,所以,政府有关部门可以通过收集及分析金融市场的运行情况来为货币政策的制定提供依据。其次,中央银行在实施货币政策时,通过金融市场可以调节货币供应量、传递货币政策信息,最终影响到各经济主体的经济活动,从而达到调节整个宏观经济运行的目的。此外,财政政策的实施也越来越离不开金融市场,政府通过国债的发行及运用等方式对各经济主体的行为加以引导和调节,并为中央银行提供开展公开市场操作的手段,并由此对宏观经济活动产生巨大的影响。

1.2.5 信息反映功能

金融市场历来被称为国民经济的“晴雨表”和“气象台”,是公认的国民经济信号系统。这实际上就是金融市场反映功能的写照。

金融市场的反映功能表现在如下几个方面:

(1)由于证券买卖大部分都在证券交易所进行,人们可以随时通过这个有形的市场了解到各种上市证券的交易行情,并据以判断投资机会。证券价格的波动在一个有效的市场中实际上是反映着其背后企业的经营管理情况及发展前景。此外,一个有组织的市场,一般也要求上市公司定期或不定期地公布其经营业绩和财务报告,这也有助于人们了解及推断上市公司及相关企业、行业的发展前景。所以,金融市场首先是反映微观经济运行状况的指示器。

(2)金融市场交易直接和间接地反映国家货币供应量的变动。货币的紧缩和放松均是通过金融市场进行的,货币政策实施时,金融市场会出现波动表示出紧缩和放松的程度。因此,金融市场所反馈的宏观经济运行方面的信息,有利于政府部门及时制定和调整宏观经济政策。

(3)由于证券交易的需要,金融市场有大量专门人员长期从事商情研究和分析,并且他们每日与各类工商业直接接触,能了解企业的发展动态。

(4)金融市场有着广泛而及时的收集和传播信息的通信网络,整个世界金融市场已联成一体,四通八达,从而使人们可以及时了解世界经济发展变化情况。

1.2.6 流动性便利提供功能

金融市场为投资者出售金融资产提供了便利,它对被迫或主动出售金融资产的投资者有很大的吸引力。如果缺乏流动性便利,投资者将被迫持有债务工具直至其到期或者权益工具直至公司自愿或破产清算,那么损失可能非常大。

金融市场所提供的流动性便利在两个方面体现得尤为突出:一是为股东提供了“用脚投票”来监控公司的机制。对于股东来说,有两种监控机制,首先是“用手投票”,即参与公司决策的主动型监控。再者是“用脚投票”,即抛售所持有的股份的被动型监控。在成熟的金融市场上,“用脚投票”的监控机制往往对公司影响巨大,通常情况是:公司股票被大量甩卖会使股价急剧下降,既会影响管理层与股票挂钩的收入,也容易被外部接管。金融市场所提供的流动性便利还表现在这种便利能加快信息的流通。金融市场配置资金的效率依赖于价格信息的准确性。只有当金融资产的价格如实反映了该公司所有基本面的信息,金融市场才是有效率的,它对资金的配置才是有效率的。因此,金融市场的流动性便利可以使信息尽快地反应到价格中去,提高市场的资金效率。

1.2.7 风险管理功能

金融市场通过各种金融工具的交易,实现了金融风险的配置和管理。风险是金融的内在特性。不同类型、不同期限的金融工具有着不同的风险和收益,期货期权等衍生金融工具具有高风险、高收益的特性,而债券等基础性金融工具相比而言具有风险低、收益低的特点。金融市场的参与者通过买卖金融工具来接受或转移风险。较为乐观或者偏好风险的参与者会选择投资购买股票或期货期权等风险较高的金融工具,以此获得较高收益;较为保守或者厌恶风险的参与者会选择投资债券等风险较低的金融工具来获得稳定收益。因此金融市场的风险管理功能就体现为伴随着金融工具的交易,资金的转移,投资活动中的风险就从风险承担过度或者承担能力较差的投资者配置到有承担能力且愿意承担风险的投资者身上。

1.2.8 公司控制功能

资金的转移和有效配置通常面临许多风险。其中,如何确保资金使用者能够有效运用资金并到期偿还或给予当初允诺的投资回报,是投资者决策时要考虑的重要问题之一。因此,需要有一套监控和激励机制来确保资金的高效使用。金融市场的信息生产功能主要解决投资决策做出前的非对称信息问题,即逆向选择;而监控与激励机制则主要解决投资决策做出后的非对称信息问题,即道德风险。监控通过外部核实或约束,来监督资金使用者的行为,防止其做出不利于投资者的行为。激励是指激励资金使用者做出符合投资者的利益的行为。对于投资者来说,运用监控和激励手段来防范资金使用者的道德风险行为,二者缺一不可。

金融市场的监控机制主要包括两类,一类是作为投资者的股东通过"用手投票"和"用脚投票"等方式对公司进行直接干预。在"用手投票"的主动型监控中,股东可以参加股东大会,选举董事会成员,或就公司有关经营管理的重大事项进行投票表决,从而对管理层的经营构成直接约束;股东也可以实施"用脚投票"的被动型监控,也就是说,股东大量抛售股票所引发的股价下跌,会影响公司在市场上的再筹资,也会向市场传递该公司经营不善的信号,因此就会给信息驱动交易者提供盈利机会,他们通过外部接管行动或恶意收购等行为直接威胁管理层的生存以及在职业经理人市场上的声誉。另一类监控机制则是金融市场提供了激励公司管理层的有效机制,即对经理人的报酬采取股票期权制度,从而使职业经理人自身的效用最大化行为与公司的利润最大化行为联系起来。其具体做法是,职业经理人报酬的很大份额是股票或股票认证、股票期权等与股票挂钩的权证,那么公司未来的绩效就直接与经理人自己的期望收入联系起来。当然,这种激励机制也是以市场的有效性为前提的。如果公司业绩提高不能在股价中反映出来,即使管理层收入与股票挂钩,也不能激发他们改善经营管理的积极性,相反却可能诱使他们的短期投机行为。

1.3 金融市场的分类

为了更充分全面地理解金融市场,尽可能地反映这个复杂市场的全貌,我们从多个角度对金融市场作如下分类。

1.3.1 货币市场、资本市场、外汇市场和黄金市场

按标的物的不同,金融市场可划分为货币市场、资本市场、外汇市场和黄金市场。

1. 货币市场

货币市场是指以期限在一年及一年以下的金融资产为交易标的物的短期金融市场。它的主要功能是保持金融资产的流动性,以便随时转换成现实的货币。它一方面满足了借款者的短期资金需求,另一方面也为暂时闲置的资金找到了出路。在美国金融史上,早期的货币市场

概念狭义地指对证券经纪商和交易商进行通知放款的市场。后来，货币市场的概念又广义地包含了短期资金市场。现在，货币市场一般指国库券、商业票据、银行承兑汇票、可转让定期存单、回购协议、联邦基金等短期信用工具买卖的市场。许多国家将银行短期贷款也归入货币市场的业务范围。一般来说，资金借贷以3～6月期最为普遍，而债券则以6～9月期为多数。由于该类市场的信用工具随时可以在发达的二级市场上出售变现，因此，具有很强的变现性和流动性，功能近似于货币，故称货币市场。又由于该市场主要经营短期资金的借贷，故亦称短期资金市场。货币市场一般没有正式的组织，所有交易特别是二级市场的交易几乎是通过电讯方式联系进行的。市场交易量大是货币市场区别于其他市场的重要特征之一。巨额交易使货币市场实际上成为一个批发市场。由于货币市场的竞争性，因而它又是一个公开市场，任何人都可以进入市场进行交易，在那里不存在固定不变的顾客关系。

2. 资本市场

资本市场是指期限在一年以上的金融资产交易市场。一般来说，资本市场包括两大部分：一是银行中长期存贷款市场，二是有价证券市场。本章的讨论主要着眼于后者。通常，资本市场主要指的是债券市场和股票市场。它与货币市场之间的区别为：

(1)期限的差别。资本市场上交易的金融工具均为一年以上。最长者可达数十年，有些甚至无期限，如股票。而货币市场上一般交易的是一年以内的金融工具，最短的只有几日甚至几小时。

(2)作用的不同。货币市场所融通的资金，大多用于工商企业的短期周转资金。而在资本市场上所融通的资金，大多用于企业的创建、更新、扩充设备和储存原料，政府在资本市场上筹集长期资金则主要用于兴办公共事业和保持财政收支平衡。

(3)风险程度不同。货币市场的信用工具，由于期限短，因此流动性高，价格不会发生剧烈变化，风险较小。资本市场的信用工具，由于期限长，流动性较低，价格变动幅度较大，风险也较高。

3. 外汇市场

如同货币市场一样，外汇市场也是各种短期金融资产交易的市场，不同的是货币市场交易的是同一种货币或以同一种货币计值的票据，而外汇市场则是以不同种货币计值的两种票据之间的交换。在货币市场上所有的贷款和金融资产的交易都受政府法令条例管制。但在外汇市场上，一国政府只能干预或管制本国的货币。外汇市场按其含义有广义和狭义之分。狭义的外汇市场指的是银行间的外汇交易，包括同一市场各银行间的交易、中央银行与外汇银行间以及各国中央银行之间的外汇交易活动，通常被称为批发外汇市场(wholesale market)。广义的外汇市场是指由各国中央银行、外汇银行、外汇经纪人及客户组成的外汇买卖、经营活动的总和。包括上述的批发市场以及银行同企业、个人间外汇买卖的零售市场(retail market)。

外汇市场的主要功能在于：①通过外汇市场的外汇储备买卖和货币兑换业务，使各国间债权债务关系的货币清偿和资本的国际流动得以形成，实现购买力的国际转移；②外汇市场集中了各国政府、企业、公司等单位的闲置资金，并对国际贸易活动中的进出口商进行借贷融资，从而加速了国际资金周转，调剂了国际资金余缺；③外汇市场所拥有的发达的通信设施及手段，将世界各地的外汇交易主体联成一个网络，缩短了世界各地间的远程货币收付时间，提高了资金的使用效率；④进出口商利用市场中的远期外汇买卖业务，可有效地避免或减少因汇率变动带来的风险，从而促进国际贸易的发展。此外，外汇市场提供的各种外汇资金的供求信息及其价格动态,有助于各国政府和企业据以正确地进行有关决策。

4. 黄金市场

黄金市场是专门集中进行黄金买卖的交易中心或场所。目前,由于黄金仍是国际储备工具之一,在国际结算中占据着重要的地位,因此,黄金市场仍被看作金融市场的组成部分。但随着时代的发展,黄金非货币化趋势越来越明显,因此,本书不专门介绍黄金市场。黄金市场早在19世纪初就已形成,是最古老的金融市场。现在,世界上已发展到40多个黄金市场。其中伦敦、纽约、苏黎世、芝加哥和中国香港地区的黄金市场被称为全球主要的国际黄金市场。

1.3.2 直接金融市场与间接金融市场

根据在资金的融通中的中介机构特征来划分,可将金融市场分为直接金融市场和间接金融市场。

金融市场的形成是直接与资金的融通相联系的。在正常的经济生活中,总有资金暂时闲置者及资金短缺者存在,金融市场就成为为这两者提供互通有无的渠道。直接金融市场指的是资金需求者直接从资金所有者那里融通资金的市场,一般指的是通过发行债券或股票方式在金融市场上筹集资金的融资市场。而间接金融市场则是通过银行等信用中介机构作为媒介来进行资金融通的市场。在间接金融市场上,资金所有者将手中的资金贷给银行等信用中介机构,然后再由这些机构转贷给资金需求者。在此过程中,不管这笔资金最终归谁使用,资金所有者都将只拥有对信用中介机构的债权而不能对最终使用者具有任何权利要求。直接金融市场与间接金融市场的差别并不在于是否有金融中介机构的介入,而主要在于中介机构的特征差异。在直接金融市场上也有金融中介机构,只不过这类机构不像银行那样,它不是资金的中介,而大多是信息中介和服务中介。虽然两者的功能难分轻重,但因关于银行等间接融资中介及其活动,别的课程有详细介绍,本书重点介绍直接金融市场。

1.3.3 初级市场、二级市场、第三市场和第四市场

按金融资产的发行和流通特征,金融市场可划分为初级市场、二级市场、第三市场和第四市场。

资金需求者将金融资产首次出售给公众时所形成的交易市场称为初级市场、发行市场或一级市场。金融资产的发行方式主要有两种方式:一是将金融资产销售给特定的机构;二是将金融资产广泛地发售给社会公众。前者称为私募发行,其发行对象一般为机构投资者;后者称为公募发行,其发行对象为社会公众。私募又分为包销和代销两种。包销是指金融资产的发行人与银行等金融机构协商,由银行等承销机构按照商定的条件把全部证券承接下来负责对公众销售。包销期满后,不论证券是否已经推销出去,包销机构都要如数付给发行人应得资金。代销则是发行人自己承担全部发行风险,只将公开销售事务委托投资银行、证券公司等机构办理的一种方式,代销商销售多少算多少,它们只收取手续费等费用,不承担任何风险。此外还有一种自办发行或称自销的方式,一般通过私下洽商的方式直接销售给为数不多的个人及团体投资者。目前国际上流行的是包销方式。

证券发行后,各种证券在不同的投资者之间买卖流通所形成的市场即为二级市场,又称流通市场或次级市场。它又可分为两种,一种是场内市场,即证券交易所,另一种是场外交易市场。证券交易所是依照国家有关法律规定,经政府主管机关批准设立的证券集中竞价的有形场所。场外交易市场又称柜台交易或店头交易市场。它是在证券交易所之外进行证券买卖的市场。原则上在场外交易的证券以未上市的证券为主。然而现在情况发生了很大的变化,为

数不少的上市证券，尤其是政府债券、地方和公司债券也都纷纷涌入场外交易市场进行交易。

初级市场是二级市场的基础和前提，没有初级市场就没有二级市场；二级市场是初级市场存在与发展的重要条件之一，无论从流动性上还是从价格的确定上，初级市场都要受到二级市场的影响。

此外，在发达的市场经济国家还有第三市场和第四市场的说法，它们实际上都是场外市场的一部分。第三市场是原来在交易所上市的证券移到场外进行交易而形成的市场。第三市场的交易相对于交易所交易来说，具有限制更少、成本更低的优点。第四市场是投资者和证券的出售者直接交易形成的市场。其形成的主要原因是机构投资者在证券交易中所占的比例越来越大，它们之间的买卖数额很大，因此希望避开经纪人直接交易，以降低成本。

1.3.4 公开市场与议价市场

公开市场指的是金融资产的交易价格通过众多的买主和卖主公开竞价而形成的市场。金融资产在到期偿付之前可以自由交易，并且只卖给出价最高的买者。一般在有组织的证券交易所进行。议价市场指的是金融资产的定价与成交是通过私下协商或面对面的讨价还价方式。在发达的市场经济国家，绝大多数债券和中小企业的未上市股票都通过这种方式交易。最初，在议价市场交易的证券流通范围不大，交易也不活跃，但随着现代电讯及自动化技术的发展，该市场的交易效率已大大提高。

1.3.5 有形市场与无形市场

按有无固定场所，金融市场可划分为有形市场和无形市场。

有形市场即为有固定交易场所的市场，一般指的是证券交易所等固定的交易场地。在证券交易所进行交易首先要开设账户，然后由投资人委托证券商买卖证券，证券商负责按投资者的要求进行操作。

无形市场则是指在证券交易所外进行金融资产交易的总称。它的交易一般通过现代化的电讯工具在各金融机构、证券商及投资者之间进行。它是一个无形的网络，金融资产及资金可以在其中实现迅速的转移。在现实世界中，大部分的金融资产交易均在无形市场上进行。

1.3.6 现货市场与衍生市场

按交割方式划分，金融市场可分为现货市场和衍生市场。

1. 现货市场

现货市场(spot market)实际上是指即期交易的市场，是金融市场上最普遍的一种交易方式。相对于远期交易市场来说，现货市场指市场上的买卖双方成交后须在若干个交易日内办理交割的金融交易市场。现货交易包括现金交易、固定方式交易及保证金交易。现金交易是指成交日和结算日在同一天发生的证券买卖。固定方式交易则是指成交日和结算日之间相隔几个交易日的交易，这种间隔一般在七天以内。保证金交易也称垫头交易，是指投资者在资金不足，又想获得较多投资收益时，采取交付一定比例的现金，其余资金由经纪人贷款垫付，买进证券的一种交易方法。目前现货市场上的大部分交易均为固定方式交易。

2. 衍生市场

衍生市场(derivatives market)是各种衍生金融工具进行交易的市场。衍生金融工具是指由原生性金融商品或基础性金融工具创造出的新型金融工具。它一般表现为一些合约，这些合约的价值由其交易的金融资产的价格决定。衍生工具包括远期合约、期货合约、期权合约、互换(swap)协议等。由于衍生金融工具在金融交易中具有套期保值、防范风险的作用，衍生工具的种类仍在不断增多。衍生金融工具同时也是一种投机的对象，其交易中所带来的风险也应引起注意。

1.3.7 国内金融市场和国际金融市场

金融市场按其作用的地域范围来划分，又可以分为国内金融市场及国际金融市场。

1. 国内金融市场

国内金融市场是指金融交易的作用范围仅限于一国之内的市场，它除了包括全国性的以本币计值的金融资产交易市场之外，还包括一国范围内的地方性金融市场。

2. 国际金融市场

国际金融市场则是金融资产的交易跨越国界进行的市场，进行金融资产国际交易的场所。国际金融市场有广义和狭义之分。狭义的国际金融市场指进行各种国际金融业务的场所，有时又称传统的国际金融市场，包括货币市场、资本市场、外汇市场、黄金市场以及衍生市场等；广义的国际金融市场则包括离岸金融市场。这里，离岸金融市场是指非居民间从事国际金融交易的市场。离岸市场以非居民为交易对象，资金来源于所在国的非居民或来自于国外的外币资金。离岸金融市场基本不受所在国的金融监管机构的管制，并可享受税收方面的优惠待遇，资金出入境自由。离岸金融市场是一种无形市场，从广义来看，它只存在于某一城市或地区而不在于一个固定的交易场所，由所在地的金融机构与金融资产的国际性交易而形成。

国内金融市场是国际金融市场形成的基础。实际上，从金融监管角度来看，国内金融市场及传统的国际金融市场都要受到所在国金融监管当局的管制，而新兴的国际金融市场如离岸金融市场则可以说是国际化程度很高的市场，它几乎不受任何国家法令的限制，主要经营境外货币。国际金融市场是国内金融市场发展到一定阶段的产物，是与实物资产的国际转移、金融业的较为发达、资本的国际流动及现代电子信息技术的高度发展等方面相辅相成的。

1.4 金融市场的发展趋势

金融市场是商品经济高度发展的产物，也是信用制度发展到一定程度的结果。金融市场发展至今已有几百年的历史，但其真正快速发展时期是近五六十年。最近30多年来，国际金融市场发生了重大的变化。从微观角度看，金融工程化和资产证券化渐成趋势；从宏观角度看，金融全球化和金融自由化倾向明显。

1.4.1 资产证券化

资产证券化(asset securitization)是指把流动性较差的资产，如金融机构的一些长期固定利率放款或企业的应收账款等通过商业银行或投资银行的集中及重新组合，以这些资产作抵押来发行证券，实现了相关债权的流动化。资产证券化最早起源于美国，最初是储蓄银行、储蓄贷款协会等机构的住宅抵押贷款的证券化，接着商业银行也纷纷仿效，对其债权实行证券化，以增强资产的流动性和市场性。从20世纪80年代后期开始，证券化已成为国际金融市场的一个显著特点，传统的以银行为中心的融资借贷活动开始发生了新的变化。

1. 资产证券化趋势的内容

资产证券化的主要特点是将原来不具有流动性的融资形式变成流动性的市场性融资。以住宅抵押融资的证券化为例，住宅抵押融资虽然信用度较好，但属于小额债权，且现金流动不稳定。为此，有关金融机构就将若干小额债权集中起来，通过政府机构的担保，使其转换成流动性较高的住宅抵押证券。又如对信用度较低的借款人融资的证券化，一些信用度较低的风险企业和中小企业，其资金大都依靠商业银行的贷款，因为受自身信用度的限制，它们难以在资本市场上筹资。但是，随着流通市场的扩大，这种低信用等级的企业发行的债券迅速增加，出现了一种高收益债券市场。由于这种债券一般为银行所持有，这种高收益债券可视为银行向低信用企业融资证券化的一种形式。此外，某些信用度较低的发展中国家贷款也开始出现证券化的趋势，目的在于提高其流动性，以便于解决不断积累的债务问题。

随着20世纪80年代以来住宅抵押证券市场的不断扩大，资产证券化又有了一些新的发展：

(1)将住宅抵押证券的作法应用到其他小额债权上，对这些小额债权进行证券化。这使资产证券化的领域大大拓宽，如汽车贷款、信用卡应收款、住宅资产净值贷款和大型设备的租赁等；

(2)商业不动产融资的流动化。从1984年起，市场上出现了公募形式的商业不动产担保证券。它以商业不动产的租金收入作为还债资金，与原所有者完全分离；

(3)担保抵押债券。是将住宅抵押凭证、住宅抵押贷款等汇集起来，以此为担保所发行的债券。其发行方式是由某个金融企业作为发行人，收买住宅抵押凭证并设立集合基金，再以此为担保同时发行3～4组债券。发行者每月以抵押集合基金产生的资金流动为资金来源，在对各组债券支付利息的同时，只对其中的某一组债券的持有人偿还本金。发行此种债券在某种程度上是为了解决住宅抵押凭证在到期偿还时现金流动不稳定的问题。

当前，西方国家资产的证券化趋势正深入到金融活动的各个方面，不仅是传统银行贷款的证券化，而且经济中以证券形式持有的资产占全部金融资产的比例也越来越大。社会资产金融资产化、融资非中介化都是这种趋势的反映。国内有人认为，现代金融正由传统的银行信用发展到证券信用阶段。在证券信用阶段，融资活动以有价证券作为载体，有价证券把价值的储藏功能和价值的流通功能统一于一身，即意味着短期资金可以长期化，长期资金亦可短期化，从而更好地适应了现代化大生产发展对资金调节的要求。这种观点与国外流行的资产证券化趋势是比较一致的，也符合我国改革开放以来发展趋势的实际。

2. 资产证券化的原因

资产证券化之所以在20世纪80年代以来成为一种国际性的趋势，主要有以下三方面原因。

(1)金融管制的放松和金融创新的发展。20世纪70年代以来，西方国家出现了一种经济自由化的思潮，强调市场机制的作用。与此同时，银行等金融机构的经营环境也发生了巨大的变化:20世纪30年代的大萧条历史已经成为遥远的过去，而经济的“滞涨”则成为困扰西方发达国家的主要问题。这一时期，市场利率大幅波动，各类金融机构之间的竞争日趋激烈，一些以20世纪30年代经济危机时的经验总结为基础制定的金融管制法规与现实经济环境已不相适应。这样，西方发达国家纷纷采取放松管制的措施，刺激本国金融业的发展。在这一过程中，金融创新起了推动的作用。金融创新本身是适应市场需要的产物，也是金融机构规避管制的结果。金融管制的放松和金融创新的发展，促进了金融市场的活跃及效率的提高，从而构成了资产证券化的基础。

(2)国际债务危机的出现。国际债务危机的出现导致了巨额的呆账损失，一些国际性的大银行深受债务拖欠之苦，希望通过加强资产的流动性来解决资金周转的困难，而证券的发行无疑是解决途径之一。资产的证券化，既使原有债权得以重新安排，又使新增债权免受流动性差的困扰。因此，银行越来越多地开始介入国际证券市场。银行的介入，又对资产的证券化起着巨大的促进作用。

(3)现代通信及自动化技术的发展。它为资产的证券化创造了良好的条件。一方面，随着信息传递和处理技术的发达，获取信息的成本降低。完全依赖金融机构的服务以消除借贷者之间的信息不对称的情况已有了很大变化。另一方面，交易过程中的计算机技术的广泛使用，使数据处理成本大大下降，信息流通渠道大为畅通，从而使证券交易成本大幅度下降。另外，交易技术的改进，也为新的金融工具的开发创造了条件。这些都支持了资产证券化的发展。

3. 资产证券化的影响

资产证券化的影响主要表现在以下几个方面：首先，对投资者来说，资产证券化趋势为投资者提供了更多的可供选择的新证券种类，投资者可以根据自己的资金额大小及偏好来进行组合投资；其次，对金融机构来说，通过资产的证券化，可以改善其资产的流动性，特别是对原有呆账债权的转换，对其资金周转效率的提高都是一个很大的促进。而且，资产的证券化，也是金融机构获取成本较低的资金来源，增加收入的一个新的渠道；最后，对整个金融市场来说，资产的证券化为金融市场注入了新的交易手段，这种趋势的持续将不断地推动金融市场的发展，增加市场的活力。

但是，看到资产证券化有利的一面的同时，也应看到，资产证券化中的许多资产实际上是一些长期的贷款和应收账款的集合，它们所固有的风险也不可避免地影响到新证券本身的质量。资产的证券化涉及发起人、还本付息者、担保人、受托者及投资者等多个当事人，从而使传统贷款功能分散给几个有限责任的承担者，这样，资产证券化中的风险就表现出一定的复杂性，一旦处理不当，就会影响到整个金融体系的稳定。同时，资产证券化也使金融监管当局在信贷扩张及货币供应量的估计上面临更为复杂的问题，另外，它对金融的调控监管也会产生一定的不利影响。

不管怎样，资产证券化的趋势仍将持续下去。这是因为，国际金融市场仍在蓬勃发展，随着现代交易及清算技术的不断发展，金融市场的功能已越来越完善，其运作过程也日趋成熟，证券的发行及交易成本不断降低，手续也日趋简便。这都对资产的证券化具有强大的吸引力。

1.4.2 金融全球化

金融市场的全球化已成为当今世界的一种重要趋势。20 世纪 70 年代末期以来，由西方国家兴起的金融自由化浪潮，使各国政府纷纷放宽对金融业活动的管制。随着外汇、信贷及利率等方面管制的放松，资本在国际间的流动日渐自由，国际利率开始趋同。目前，国际金融市场正在逐步成为一个密切联系的整体市场，在全球各地的任何一个主要市场上都可以进行相同品种的金融交易，并且为了解决时差的问题，由伦敦、纽约、东京和新加坡等国际金融中心组成的市场可以实现 24 小时不间断的金融交易，世界上任何一个局部市场的波动都可能马上传递到全球的其他市场上。这就是金融的全球化。

1. 金融全球化的内容

金融体系是一个复杂的整体，金融的全球化意味着资金可以在国际间自由流动，金融交易的币种和范围超越国界。它具体包括以下两方面的内容。

(1)市场交易的国际化。在金融全球化的背景下，实际上意味着各个金融子市场交易的国际化。在资产证券化趋势的影响之下，传统的以国际银行为主的间接信贷市场已让位于直接的证券买卖和发行。而各国间资金的流动必然又涉及各国货币的交易及兑换,这也对外汇市场的全球化提出了要求。以下就从国际货币市场交易的全球化、国际资本市场交易的全球化和外汇市场的全球化三个方面加以说明。

首先,从货币市场交易的全球化来看。国际货币市场主要指欧洲货币市场。它涉及银行间的拆借、定期存单的发行及交易以及各国大银行进行的银团贷款活动等。此外,还有20世纪80年代由资产证券化推动产生的证券发行便利和欧洲票据市场。西方主要发达国家及部分发展中国家的银行及其他一些大金融机构都通过欧洲货币市场筹集或运用短期资金,参与国际金融市场的活动。一些跨国公司也通过国际货币市场发行短期商业票据来融通资金。目前,伦敦是最重要的国际货币市场中心。另外,巴黎、卢森堡、巴林、新加坡以及中国香港等在国际货币市场的交易中也占据着重要地位。

其次,从国际资本市场交易的全球化来看。为了适应企业跨国经营和国内企业对外融资的需要,一些国家的政府和一些大企业纷纷进入国际资本市场融资。国际资本市场的融资主要是通过发行国际债券,或者是直接前往国际性的股票市场募资。国际债券市场一般分为两类:一类是各发达国家国内金融市场发行的以本币计值的外汇债券,如美国的扬基债券、日本的武士债券都是这种类型。另一类是离岸债券市场,即欧洲债券市场发行的以多种货币计值的债券。它是以政府名义在国外发行的以本币计值的债券,但不受本国法规的约束,其发行地也不一定局限于欧洲。股票市场交易的国际化体现在两个方面:一是一些重要的股票市场纷纷向外国的公司开放,允许国外公司的股票到其国家的交易所上市交易,如英国的伦敦、德国的法兰克福、美国的纽约等都是国外上市公司的上市可选地之一;二是一些国家既允许外国投资者参与本国股票市场上股票的买卖,如1986年10月27日被称为"大爆炸"的伦敦证券交易所改革使国外的银行、非银行金融机构及证券商等可以直接进入英国股市进行交易,也允许本国投资者买卖在国外市场交易的股票。虽然目前资本市场的开放还有地区性及国别的差异。但由于一些主要发达国家在市场上所占份额很大,这些国家市场的国际化对国际金融市场的影响是非常巨大的。

最后,从外汇市场全球化的角度来看。由于外汇市场涉及的是各国间的货币交易,因此,它的国际性更加明显。尤其是浮动汇率制实行以来,各国中央银行为了稳定汇率,在外汇市场上进行的外币买卖使外汇市场交易更加活跃。外汇市场上的新工具层出不穷,诸如互换、期权等创新日新月异。

(2)市场参与者的国际化。金融市场的全球化还表现为市场参与者的国际化。传统的以大银行和主权国政府为代表的国际金融活动主体正被越来越多样化的国际参与者所代替。大企业、投资银行、保险公司、投资基金、甚至私人投资者也纷纷步入国际金融市场,参与国际投资组合,以分散投资风险、获取高收益。在这个过程中,银行和各种非银行金融机构纷纷向全球各金融中心扩散,代理本国或国外的资金供求者的投资与筹资活动,或直接或间接地在金融市场上参与以盈利为目的的交易活动。特别值得一提的是,近几十年来,各国金融机构之间并购重组浪潮风起云涌,并且,各种各样的投资基金在全球金融市场上也取得了空前大发展,这都大大地促进了金融市场交易的国际化。

2. 金融全球化的原因

全球金融一体化的发展与国际经济之间交往的日益密切是分不开的。这种趋势正以过去所未有的速度向前推进。产生这一趋势的原因主要来自四个方面。

(1)金融管制放松所带来的影响。由于金融管制的放松,各国对金融机构跨国经营的限制减少,同时对外汇管制政策的放宽,大大地促进了国际资本的流动及金融市场的国际化。

(2)现代电子通信技术的快速发展为金融的全球化创造了便利的条件。计算机及自动化技术的发展,使国际金融交易中信息传递更及时、交易成本更低、手续更简便。这构成了现代金融市场全球化的技术基础。

(3)金融创新的影响。20 世纪 70 年代以来的国际金融创新浪潮产生了许多新型的金融工具,它们有的本身就具有浓厚的国际性质,如利率互换、货币掉换等。此外,高新技术在金融领域的广泛运用,也不断地为国际金融交易提供更方便、成本更低的交易手段。

(4)国际金融市场上投资主体的变化推动了全球金融化的进程。如前所述,国际金融市场的参与者已越来越多样化,特别是各种类型的投资基金的崛起,大大地改变了投资结构及交易性质,产生了一批专为套利而参与买卖的机构投资者,它们为了获利,必然频频出没于全球各国的金融市场,寻找获利机会。这种频繁的交易更加促进了各国市场间的联系。

3. 金融全球化的影响

金融全球化的有利影响表现在其促进了国际资本的流动,有利于稀缺资源在国际范围内的合理配置,促进世界经济的共同增长。金融市场的全球化也为投资者在国际金融市场上寻找投资机会,合理配置资产持有结构,利用套期保值技术分散风险创造了条件。一个金融工具丰富的市场也提供筹资者更多的选择机会,有利于其获得低成本的资金。

金融全球化的不利影响首先表现在国际金融风险的防范上。由于全球金融市场的联系更加紧密,一旦发生利率和汇率波动或局部的金融动荡,会马上传递到全球各大金融中心,使金融风险的控制显得更为复杂。其次是造成政府在执行货币政策与金融监管方面的难度。由于国际资本流动加快,一些政策变量的国际影响增强,政府在实施货币政策和进行宏观调控时往往更难估计其传导过程及影响。此外,涉及国际性的金融机构及国际资本的流动问题,往往不是一国政府所能左右的,也使政府金融监管部门在金融监管及维护金融稳定上产生了一定的困难。总体来看,金融的全球化是大势所趋。通过国际协调及共同监管,建立新型的国际金融体系,是金融全球化亟待解决的一项重要课题。

1.4.3 金融自由化

金融自由化的趋势是指 20 世纪 70 年代中期以来在西方国家,特别是在发达国家所出现的一种逐渐放松甚至取消对金融活动的一些管制措施的过程。进入 20 世纪 90 年代以来,金融的自由化和金融的证券化、全球化表现得尤其突出,它们相互影响,互为因果,共同促进。

1. 金融自由化的主要表现

由于金融业的活动涉及全社会各部门的利益,一旦某一金融机构倒闭必然牵连很大,引起一些不利的连锁反应,甚至导致金融动荡和危机。因此,基于安全和稳健的考虑,从历史上看,金融业一直是受政府管制最严厉的部门之一。但是自 20 世纪 70 年代中期以来,无论是过去管制较严的国家,还是管制较为宽松的国家,都出现了放松管制的趋势。其主要表现在如下四个方面。

(1)减少或取消国与国之间对金融机构活动范围的限制。这是直到现在为止金融业务活动全球化的最主要推动因素之一。国与国之间相互开放本国的金融市场,允许外国银行等金融机构在本国经营和国内金融机构一样的业务,并给予外国金融机构优惠的国民待遇,使国际金融交易急剧活跃,金融的全球化进程大为加快。

(2)对外汇管制的放松或解除。英国已于20世纪70年代末逐步取消了外汇管制,法国和日本也随后逐渐地予以取消。美国在外汇管制较为宽松的情况下,1990年又取消了对外资银行账户的某些限制。外汇管制的放松或取消,使资本的国际流动进程大大加快,促进了国际金融的一体化。

(3)放宽金融机构业务活动范围的限制,允许金融机构之间的业务适当交叉。在西方国家,除了少数实行全能银行制度的国家如联邦德国、奥地利、瑞士等国家外,绝大多数国家都在20世纪30年代经济危机经验教训的基础上,建立起严格的分业经营制度,其中一项是银行业务和证券业务的严格分离。但这一管制措施在20世纪70年代末期以来已经有缓和的趋势。特别是进入20世纪80年代后期以来,由于各国间金融竞争的日趋激烈,金融国际化进程的加快,各国为了抢占国际金融市场,提高本国金融机构在国际金融竞争中的地位,尤其在国际金融领域,这些限制已大为放宽。

(4)放宽或取消对银行的利率管制。美国已经取消了"Q条例"所规定的银行存款利率上限。其他一些主要发达国家也纷纷步其后尘,这导致了银行领域内的自由化的快速发展。除了上述内容的管制措施的放宽或解除外,西方各国对金融创新活动的鼓励,对新金融工具交易的支持,实际上也是金融自由化兴起的重要表现。

2. 金融自由化的原因

从金融自由化的内容可以看出,自由化实际上是对不适应经济金融环境变化的管制措施的废除,是与其背后的基本经济金融因素的变化分不开的,这些变化主要表现为三个方面。

(1)经济自由主义思潮的兴起。由于20世纪70年代以来西方经济的"滞胀",凯恩斯学派的经济思潮受到质疑,代之以新经济自由主义思潮的崛起。如在20世纪70年代前后兴起的货币学派和供应学派都强调市场机制的作用,反对政府的过度干预,并在当时受到了较为广泛的欢迎,从而为金融的自由化奠定了理论和实践的基础。

(2)金融创新的作用。20世纪70年代末和80年代初,西方国家出现了恶性通货膨胀,导致市场利率高企,而银行等金融机构受存款利率上限的限制,在市场竞争中处于不利的地位。为了缓解经营困境,并应付来自于国内外金融同业之间的竞争,各国纷纷采取金融创新措施以规避管制,加之计算机与通信技术飞速发展,一些新的金融工具不断地被开发出来。这些新的金融工具有效地避开和绕过了原有的管制条例,使监管者意识到许多旧的条例已不适应形势的变化,从而在客观上促进了管制的放松。

(3)金融市场的证券化和全球化的影响。金融市场的证券化、全球化与金融自由化是相互促进、相互影响、共同发展的。证券化过程中不断出现的新型金融工具总体已大大超出了原有管制条例的范围,而全球24小时的不间断的金融市场交易活动对资本自由流动和外汇、利率及信贷等管制的放松提出了客观的要求。在国际金融市场的交易中,机会是稍瞬即逝的。要参与国际金融的竞争,提高本国金融业在国际市场上的地位,放松管制,推行金融自由化是必然的。

3. 金融自由化的影响

金融自由化导致了金融竞争的更加激烈,这在一定程度上促进了金融业经营效率的提高。在金融自由化过程中,产生了许多新型的信用工具及交易手段,大大地方便了市场参与者的投融资活动,降低了交易成本。金融自由化也极大地促进了资本的国际自由流动,有利于资源在国际间的合理配置,在一定程度上促进了国际贸易的活跃和世界经济的发展。金融自由化也同样面临着诸多问题。国际资本的自由流动,既有机遇,也充满了风险。金融市场上管制的放松,对金融机构的稳健经营提出了较高的要求,一旦处理不好,有可能危及金融体系的稳定,并导致金融动荡和经济危机。金融自由化还给货币政策的实施及金融监管带来了困难。

面对金融自由化利弊兼有的特点,国际金融界对金融自由化问题有一些不同的看法,赞成者有之,批评者有之,还有一些人持有折中的观点。实际上,自由化并不意味着没有政府的干预和管制,任何时候政府都没有对金融业的运行放任自流过,只不过在不同的时间由不同的趋势占上风罢了。问题的关键不在于是否要管制还是要自由化,而是如何适应新的发展态势采取适当的管制措施以趋利避害。无论从历史还是从现实来看,金融业的发展都是一个"管制—放松—再管制"的循环过程。当然,每一轮新的管制和新的自由化趋势都被赋予了新的内容。

1.4.4 金融工程化

金融工程是指将工程思维融进金融领域,综合采用各种工程技术方法(主要有数学建模、数值计算、网络图解、仿真模拟等)设计、开发新型的金融产品,创造性地解决金融问题。这里的新型和创造性指的是金融领域中思想的跃进、对已有观念的重新理解与运用,或者是对已有的金融产品进行分解和重新组合。

金融工程化的动力来自于20世纪70年代以来社会经济制度的变革和电子技术的进步。20世纪70年代以来,国际金融领域内社会经济制度的最大变革是布雷顿森林体系的瓦解。汇率的浮动化使国际贸易和国际投资活动的风险大大加剧,工商企业不仅要应付经营上的风险,还要面对汇率波动的风险。为保证国际贸易和国际投资的稳定,各国货币当局力图通过货币政策控制汇率的波动幅度,其中最常用的是改变贴现率。这样汇率的波动就传导到了利率上。20世纪70年代的另外一个重大的冲击是石油提价引起的基础商品价格的剧烈变动。上述这些变化共同形成了对风险管理技术的需求。

在过去的30年间,金融环境发生了变化,但是如果没有相应的技术进步,金融的变革将是不可能的。今天的金融市场日益依赖于信息的全球传播速度、交易商迅速交流的能力和个人计算机及其复杂的分析软件的应用。金融工程采用图解、数值计算和仿真技术等工程手段来研究问题,金融工程的研究直接而紧密地联系着金融市场的实际。大部分真正有实际意义的金融工程研究,必须有计算机技术的支持。图解法需要计算机制表和作图软件的辅助,数值计算和仿真技术则需要很强的运算能力,经常用到百万甚至上亿次的计算,没有计算机的高速运算和设计,这些技术将失去意义。电信网络的发展能够实现即时的数据传送,而只有这样,在全球范围内进行交易才成为可能。技术的进步使得许多古老的交易思想旧貌换新颜,在新的条件下显示出更大的活力,比如利用股票现货市场与股指期货之间的价格不均衡性来获利的计算机程序交易,其基本的套利策略本身是十分陈旧的,这种策略被应用于谷物交易已经有一个多世纪了,但是将该策略扩展到股票现货与股指期货上则要求复杂的数学建模、计算机的高速运算以及证券交易的电子化等条件才能实现。

金融工程化的趋势为人们创造性地解决金融风险提供了保障。金融工程的出现标志着高科技在金融领域内的应用,它大大提高了金融市场的效率。值得注意的是,金融工程同时是一把双刃剑:1997年东南亚金融危机中,国际炒家正是利用它来设计精巧的套利和投机策略,从而直接导致这一地区的金融、经济动荡;反之,在金融市场日益开放的背景下,各国政府和货币当局要保卫自己经济和金融的稳定,也必须求助于这种高科技的手段。

本章小结

金融市场是指以金融资产为交易对象而形成的供求关系及其机制的总和。它反映了金融资产的供给者和需求者之间所形成的供求关系，揭示了资金从集中到传递过程，包含了金融资产交易过程中所产生的各种运行机制。根据国民经济部门来划分，金融市场主体又可分为个人与家庭、企业、政府、金融机构、中央银行五大类。金融市场客体是指金融市场主体交易的对象，即通常所说的金融工具。金融工具的数量和质量是决定金融市场效率和活力的关键因素。金融市场的功能包括融通资金功能、资金聚敛功能、优化资源配置功能、调节经济功能、信息反映功能、风险管理功能以及公司控制功能。金融市场可以按多种方式进行分类。按标的物划分为货币市场、资本市场、外汇市场、黄金市场和保险市场；按中介特征划分为直接金融市场和间接金融市场；按金融资产的发行和流通特征划分为初级市场、二级市场、第三市场和第四市场。按成交与定价的方式划分为公开市场和议价市场；按有无固定场所划分为有形市场和无形市场；按地域划分为国内金融市场和国际金融市场。近30多年来，国际金融市场发生了重大变化，其发展趋势体现为资产证券化、金融全球化、金融自由化和金融工程化。

复习思考题

1. 什么是金融市场？它与产品市场及要素市场有什么区别？
2. 金融市场的功能有哪些？
3. 参与金融市场的主体有哪些？
4. 发行市场与流通市场有哪些区别和联系？
5. 联系实际分析金融市场的未来发展趋势。

推荐阅读

[1] 张亦春. 现代金融市场学[M]. 2版. 北京：中国金融出版社，2010.
[2] 韩国文. 金融市场学[M]. 北京：机械工业出版社，2009.
[3] 爱德华·肖. 经济发展中的金融深化[M]. 北京：中国社会科学出版社，1989.
[4] 弗朗索瓦·沙奈. 金融全球化[M]. 北京：中央编译出版社，2000.
[5] 坎霍耶罗·古普塔. 金融自由化的经验[M]. 上海：上海财经大学出版社，2002.
[6] 罗纳德·麦金农. 经济自由化的顺序：市场经济过渡中的金融控制[M]. 北京：中国金融出版社，2003.

案例讨论

金融自由化在世界各国的实践

1. 拉美国家的金融自由化

拉美国家有过两次引人注目的金融自由化：第一次始于20世纪70年代中期，80年代初债务危机爆发后逐渐趋于停顿；第二次始于20世纪80年代末，90年代初期达到高潮。第一次实施的金融自由化的内容主要包括：实行利率市场化、取消定向贷款以及降低银行储备金比率。第二次金融自由化具有以下两个特点：一是实施金融自由化的国家不再限于少数，而是几乎遍布整个拉美大陆，只有海地、巴拿马和苏南里三国基本上很少或没有采取金融自由化措施；二是除南锥体国家（阿根廷、巴西、巴拉圭、乌拉圭）在20世纪70年代采取的放松利率管制、取消定向贷款和降低银行储备金比率等措施以外，第二次金融自由化还采取了对国有银行实施私有化、积极引进外国银行的参与及加强中央银行的独立性措施。

2. 亚洲国家和地区的金融自由化

新加坡在20世纪70年代中期就实现了利率自由化，并于1968年率先设立亚洲美元市场，以此带动金融自由化和国际化。20世纪80年代，新加坡在财政上鼓励境外的放款财团、基金管理和包销证券的财团开展业务，同时包销和管理国际证券发行。1984年新加坡国际货币交易所的建立是金融发展中的另一里程碑。1998年，新加坡政府出台新一轮金融改革方案，逐步开放国内金融市场，鼓励新加坡资本的银行通过合并增强资本实力，扩大业务规模，以便在世界金融市场上拼争一席之地。

韩国的金融自由化进程始于20世纪80年代初期，其金融改革的主要内容包括：逐步实现国有商业银行私有化；减少对银行经营的干预，给予银行更大的自主权；降低市场准入限制并促进金融服务多样化；放松对绝大多数银行和金融机构的利率限制。在金融改革实施过程中，除了第一项执行得较为彻底外，其余措施进展缓慢。每当韩国宏观经济发展受到冲击时，金融自由化政策就会出现反复。为进一步推动金融自由化，韩国政府在1993年推出了在5年内实施一系列内容多、范围广的金融改革计划，主要包括：取消利率管制，实现商业存贷款、短期公司债券、政府债券、银行定息债券的利率自由化；改革政策性融资制度；逐步完善货币工具的使用；开放资本账户。金融危机后，韩国金融自由化进程大大加快，至1997年实现韩元自由兑换。

印度尼西亚在1983年6月颁布新的银行管理条例，开始了金融自由化改革的进程。金融改革的重点是：降低进入金融部门的壁垒，放松对本国银行开设分行和外国银行进入国内的大多数限制；允许公共部门实体将不超过50%的存款存入非国有银行；允许非银行机构办理定期存款业务；允许银行和非银行在股票市场上筹措资金。放松对租赁业、保险业、风险资本、消费信贷和证券业的管制；将银行准备金要求从15%降低到2%。上述改革措施为银行业的发展创造了条件。

马来西亚从1973年起开始进行金融改革，取消外汇管制条例。1978年，放宽利率管制，但要求贷款利率要遵循基本贷款利率的规定。1987年10月，政府宣布减少行政指导，放松对利率的严格控制，放宽信贷限制，鼓励向私人企业投资。1992年，取消贷款利率的限制并修订和颁布了一系列金融法案。

泰国的金融自由化是以1979年颁布的《商业银行法》为先导。主要内容包括：1990年和1992年取消存款利率和贷款利率的上限，从而全面实现存贷款利率自由化；放宽外汇管制，实现外汇交易市场化；允许投资银行、商业银行和金融公司扩大业务范围；发展离岸银行业务，以便把泰国建设成为东南亚地区的金融中心；加快证券市场的发展。1992年5月政府制定新的《证券交易法》，1995年11月设立首个交易所外市场即曼谷股票交易中心。

3. 中国的金融自由化

中国的金融自由化从1992年正式开始。在利率自由化方面，1993年发布的《中共中央关于建立社会主义市场经济体制若干问题的决定》和《国务院关于金融体制改革的决定》最先明确利率市场化改革的基本思路。1995年《中国人民银行关于"九五"期间深化利率改革的方案》初步提出了利率市场化改革的基本思路。1996年6月1日，放开银行间同业拆借市场利率。1997年6月，银行间债券市场正式启动，同时放开了债券市场回购和债券交易利率。1998年3月，改革再贴现利率及贴现利率的生成机制，放开了贴现和转贴现利率。1998年9月，放开了政策性银行金融债券市场化发行利率。1999年10月，对保险公司大额定期存款实行协议利率。2003年7月，放开了英镑、瑞士法郎和加拿大元的外币小额存款利率管理，由商业银行自主确定。2003年11月，对美元、日元、港币和欧元小额存款利率实行上限管理，商业银行可根据国际金融市场利率变化在不超过上限的前提下自主确定。2003年11月，商业银行、农村信用社可以开办邮政储蓄协议存款。2004年1月1日，中国人民银行再次扩大金融机构贷款利率浮动区间。从2004年10月29日起上调金融机构存贷款基准利率，并放宽人民币贷款利率浮动区间和允许人民币存款利率下浮。自2004年11月18日起上调境内商业银行美元小额外币存款利率上限。

在金融业务与机构准入自由化方面，中国人民银行在1999年8月颁布了《证券公司进入银行间同业市场管理规定》和《基金管理公司进入银行间同业市场管理规定》，允许符合条件的券商和基金管理公司进入银行间同业市场，从事同业拆借和债券回购业务；中国证监会和中国保监会在1999年10月批准保险基金进入股票市场；2001年7月，中国人民银行发布实施了《商业银行中间业务暂行规定》，明确商业银行在经过中国人民银行批准以后，可开办代理证券业务、金融衍生业务、投资基金托管、财务顾问等投资银行业务以及代理保险业务。

中国在1994年成功实现了汇率并轨，1996年7月1日起，对外商投资企业实行银行结售汇。1996年12月1日，中国实现人民币经常项目可自由兑换。2001年12月11日，中国正式加入世界贸易组织，境内的银行业、保险业等金融产业将在3～5年时间内逐步实现基本对我开放，证券业、信托业等金融产业也将加快对外开放的步伐。我国坚持资本项目稳步开放，在进一步对外开放资本市场和引进国外资本的同时，适时鼓励国内企业对外投资，形成资本双向流动的合理格局。（资料来源：张亦春．现代金融学[M]．2版．北京：中国金融出版社．）

根据以上资料，比较拉美国家及亚洲国家和地区的金融自由化程度有何不同，分析我国应如何推进金融自由化。

第 2 章　货币市场

本章提要

货币市场能保持资金的流动性，并为交易者提供快速获得现实货币的机制。货币市场的发展对于金融发展具有重要意义，具有深度和广度的市场，其信息容量大且流动速度快，交易成本低，能为投资者和投机者提供良好的流动性。

学习目标

1. 掌握货币市场的划分标准

2. 了解货币市场资金运动，并掌握货币市场的基本职能

3. 掌握同业拆借市场、回购市场、大额可转让存单市场、银行票据市场等主要子市场的内含，运作方式

4. 了解货币市场共同基金的运作及特征

开篇案例

“钱荒”冲击市场，银行间隔夜质押回购利率2013年6月20日一度触及30%的历史高位。然而，截至当晚6时左右，又回落至4.31%。从30%的历史高位到瞬间回落至4.31%，银行间市场利率昨日上演了戏剧性的一幕。

由于此前光大银行、兴业银行交割违约等一系列事件的爆发，银行间隔夜质押利率创下30%的历史高位。然而，就在钱荒肆虐、市场判断央行“不作为”之际，2013年6月20日晚银行间市场回购利率又回复至正常水平。市场传言，央行已经出手“救市”向某国有大行释放流动性。

市场利率“过山车”式的涨跌背后，是市场人心的急剧变化。由于机构普遍缺少资金头寸以及投资者“现金为王”的心态浓重，货币基金、可转债基金均遭到了不小的赎回，基金经理不得不被动卖出所持券种，以应对市场赎回……

资料来源：作者根据网络资料改编，原文见新华网。

什么是银行间隔夜质押回购利率？该利率在利率体系中处于何种地位，为什么当该利率水平剧烈波动时，各投资者纷纷做出反应？

2.1 货币市场概述

货币市场(money market)实际上是一种误称,它并不是指交易货币现金的市场。事实上,在货币市场中交易的金融工具,被称之为货币市场工具(money market securities)。虽然不是现金,但是很接近货币的本质,通常具有期限短、低风险、交易量大的特点,往往称之为"准货币"。因此,货币市场是指期限在一年以内,以短期金融工具为媒介进行资金融通和借贷的市场,是一年期以内的短期融资工具交易所形成的供求关系及其运行机制的总和。从总体来看,货币市场工具的期限最短只有1天,最长也不超过1年,绝大多数则少于120天,流动性极强。进入货币市场中的人包括短期资金的需求者,以及为保持资金流动性的长期证券投资者。

2.1.1 货币市场存在的理由

就提供短期资金而言,与货币市场相比,传统的银行更具有优势,因此,从理论上看,货币市场似乎没有存在的必要(弗雷德里克·S. 米什金)。商业银行可以提供短期资金借贷,并在提供短期资金方面具有明显的信息收集优势,具体而言,银行通过传统业务积累了大量的客户关系及其相关的信用信息,因而可以以更低的成本提供贷款,而与其相比,在货币市场中,每发行一种新的证券,都需要对每一个借贷者进行资信的评估,这个成本是很高的,特别是存在信息不对称的前提下,很容易产生道德风险和逆向选择的问题。

然而,货币市场是客观存在的,在几乎所有的发达金融市场中,货币市场都获得了较为长足的发展,这又是为什么呢?从总体来看,主要的原因有两点:一是商业银行短期借贷的成本优势基于借贷双方信息的不对称,因此,当金融环境良好,信息不对称并不严重的时候,其优势难以显现;二是商业银行与货币市场相比,受到更多的监管,因而承担了更多来自政府(特别是中央银行)的成本,如法定存款准备金制度提高了商业银行获得资金的利息成本,而利率限制则使银行在发生通货膨胀时,更难获得有效的资金等。由此可知,货币市场在信息相对透明的金融环境中,反而更易于获得低成本的资金,这就是货币市场存在的根本理由。

2.1.2 货币市场的资金流动

金融的主要功能表现为资金的融通。货币市场作为金融市场的重要组成部分,其作用必然是金融市场功能的一部分。在货币市场中,公司发行货币市场工具获得资金以支持企业运营或是扩大再生产,政府发行国库券获得财政资金用于财政支出,金融中介机构则利用货币市场工具获得资金,打包贷款给公司或居民,使其获得投资和消费的资金,总之,通过货币市场,公司、居民及政府增加了支出,为经济增长融通了资金。具体来看,货币市场的资金流动,如图2.1所示,其中箭头方向代表了资金的流动方向。

通过资金流动,货币市场可以实现以下几个方面的职能:

1. 资金需求者可弥补短期资金的收支缺口

所有的经济主体,包括公司、居民和政府等其他机构,其现金收支是无法永远保持一致的,通常会因收支的季节性调整的特点,或是经济周期的变动而出现临时性的资金缺口。公司获得销售收入的时点与支付营业支出的时点也常常不一致,导致有时会出现资金的闲置,有时会出现资金的缺口;居民获得收入的时点通常是固定的,如月末、年末,但支出则分布于全年,有时则会因购置房产或耐用消费品而出现一时的大额支付,出现明显的短期资金需求;政府也会经常面临临时的资金缺口,这是由于其征税只能在每年的某一时期,而现金支出则分布于整年。由图 2.1 可见，当收支缺口出现时，经济主体可利用货币市场实现调节，货币市场成为有效且低成本的短期资金来源。

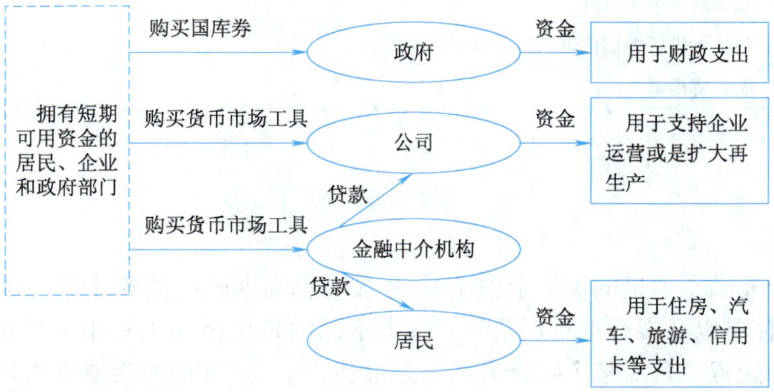

图 2.1　货币市场资金流动图

2. 短期闲置资金所有者可从中获益

经济主体不仅从货币市场中获得资金来源，更重要的是拥有短期闲置资金的经济主体可通过货币市场将自己的资金配置出去，从而获得较好的回报。无论对居民、企业还是政府，资金闲置就意味着较高的机会成本，即利息收入的损失，因为现金余额并不会为其所有者带来收益。大多数的货币市场工具由短期闲置资金所有者购买，这是由于这些工具在短期内到期，并极易于在二级市场中出手换取现金，从而为投资者提供了极好的流动性。

3. 中央银行可利用其实现货币政策的传导

中央银行常用的货币政策工具之一为公开市场操作，本质上需利用货币市场实现利率传导。中央银行可通过在同业拆借市场、回购市场、票据市场等货币市场中进行公开市场业务操作、法定存款准备金政策和再贴现政策来实施货币政策，进而实现调节货币供给量等宏观经济调控的目标。因此，货币市场可以为政策提供对经济进行宏观调控的有效手段，中央银行正确地调控货币市场上的融资活动，这对调节货币供给具有重要的意义。

2.1.3　货币市场的参与者

货币市场是一个大宗买卖的批发市场，大多数交易涉及巨额资金，通常其基本投资单位较大，一般可超过千万美元，同时以短期融资工具为载体，交易活跃且持续、参与者众多，但以大金融机构为主要参与者。除此之外，还有政府、中央银行、商业银行、工商企业、投资公司及证券公司等，个人参与货币市场，主要通过货币市场基金来实现。在众多的参与者中，在货币市场中的操作及目的不尽相同，如表 2.1 所示。

表 2.1　货币市场中的参与者及其目的

参与者	操作及目的
政府	通常是进行政府债券的销售，以此获得资金以弥补财政赤字
中央银行	买入或是卖出政府债券，一方面为政府提供资金支持，另一方面实现货币供应量的宏观调控
商业银行	主要是同业拆借、买入政府债券、提供短期贷款、为私人投资者提供货币基金买卖的金融服务
企业	买卖短期金融工具使短期资金保持较高流动性的同时，尽可能获得收益

续上表

参与者	操作及目的
证券公司	是主要的机构投资者
货币基金	为私人投资者提供进入货币市场的通道
个人	购买货币基金

2.2 货币市场工具

货币市场中充满了大量的短期金融工具，主要包括短期政府债券、回购、同业拆借、商业票据、大额可转让存单以及银行承兑汇票等。各类不同的货币市场工具用于满足市场参与者不同的需求。一种融资工具对某个投资者而言是最适当的，而其他的投资者可能更需要另一种融资工具，因此这些不同的货币市场工具提供了不同的融资期限、融资风险和融资收益。

2.2.1 短期政府债券

短期政府债券(short term bills)是指政府部门以债务人的身份承担到期偿付本息责任的期限在一年以内的债务凭证。广义的短期政府债券不仅包括国家财政部门所发行的债券，还包括地方政府及政府代理机构所发行的债券；狭义的短期政府债券则仅指国库券(treasury bills)。通常短期政府债券市场主要指的是国库券市场，即由财政部门发行的短期债券。而期限在 1 年以上的政府中长期债券则被称为公债。

短期政府债券市场由发行和流通两级市场构成，是发达的货币体系中重要的组成部分。由于短期政府债券是回购协议交易的主要标的物，因此它与回购协议市场有重要的关系。更为重要的是，由于短期政府债券基本上没有风险，被视为无风险债券，其利率通常是最低的，由短期政府债券市场形成的利率是基准利率，是其他金融工具收益率的重要参考基准。

1. 短期政府债券的特征

短期政府债券与货币市场中的其他工具相比，具有违约风险小、流动性强、面额小及利息免税等特点，如表 2.2 所示。

表 2.2　短期政府债券的特征及原因

特征	比较对象	原因
违约风险小	货币市场的其他信用工具，如商业票据、银行承兑汇票和大额可转让定期存单等	其发行人是中央政府，财政部是直接债务人，所以短期政府债券通常被认为是没有违约风险的
流动性强		其为高组织性、高效率和竞争市场上交易的短期同质工具(short-term and homogeneous instrument)，因而有发达的二级市场使它能在交易成本以及价格风险较低的情况下迅速变现
面额小		相较于其他货币市场工具，其面额小；如美国 1970 年以前最小面额为 1 000 美元，之后升至 1 000 美元～10 000 美元，目前为 1 000 美元，而商业票据和大面额可转让存单的面额大多在 10 万美元以上
利息免税		其利息收益通常免缴所得税，免税主要指免除州及地方收入税；而其他信用工具的投资收益必须按照规定的税率缴税，使名义利率低的国库券实际收益高于其他信用工具

2. 短期政府债券的市场结构

(1)短期政府债券的发行市场与流通市场。短期政府债券的发行市场是一级市场，是以发行债券的方式筹集资金的场所。在发行市场中，发行人是中央政府(一般由财政部负责)；发行方式通常采用贴现方式发行，发行价由拍卖形成，通常低于面额，投资者以发行价购得短期政府债券，到期时可获得与面额相等的金额，发行价与到期值即面额之间的差额即为投资者的收益。发行市场的主要参与者为中央银行、大型商业银行、众多的机构投资者及证券承销商，公司、地方政府、外国银行和个人也是重要的投资者。

短期政府债券的拍卖可分为竞价方式和非竞价方式。其中竞价方式是由投资者报出认购债券数量和价格，可多次报价，根据不同的价格决定认购数量；非竞价方式往往作为竞价方式的替代方式，投资者只报出认购数量，而不报出认购价格，同意以公认的竞价平均价购买。采用竞价方式的投资人希望获得更为有利的价格，通常由银行及证券经纪商以及其他机构投资者参加；而非竞价方式的参与者更多的是一些小型公司和机构投资者及个人投资者。短期政府债券常常选择公开招标发行，按招标竞争标的物和中标方式可分为几种不同类别，如表 2.3 所示。

表 2.3 短期政府债券公开招标类型

分类标的	类型	规则
按标的物分类	缴款期招标	以缴款时间作为竞争标的物，发行人按由近及远的原则确定中标者，直至募满发行额为止；多在发行价格或票面利率已定的条件下使用，适用于招标机制不健全的环境
	价格招标	以发行价格作为竞争标的物，发行人按由高到低的原则确定中标者和中标额
	收益率招标	以债券投资收益率为投标竞争标的物，发行人按由低到高的顺序确定中标者
按中标方式分类	荷兰式招标	也称单一价格招标，即在招标规则中，发行人按募满发行额时的最低中标价格作为全体中标商的最后中标价格，每家中标商的认购价格是相同的
	美式招标	也称多种价格招标，即在招标规则中，财政部接受最高报价，报价最高者首先得到满足，之后按报价高低顺序，购买者依次获得，招标结果一般是各中标商各自的不同的认购价格，每家的成本与收益率水平也不同

短期政府债券的流通市场，是二级市场，也是交易市场，是买卖已发行的政府债券的场所。在流通市场中，主要交易模式有两种，一是投资者之间进行的短期政府债券的买卖转让；二是在一级市场上没有购得短期政府债券的投资者要想持有短期政府债券实现投资目的，可以通过二级市场从政府短期债券的交易商那里购得债券。转让持有的短期政府债券者通常是为获得流动性，或是预期未来市场利率上升可能导致债券价格下降；购买短期政府债券者则为了利用短期资金盈余投资以获利，或者是预期未来市场利率下降债券价格将上升。短期政府债券市场不仅具有深度，而且具有流动性。其中深度是指拥有大量不同的市场参与者；流动性是指证券可以被迅速地以很低的交易成本实现转让。在此市场中，投资者不会面临希望出售证券，却无法实现的状况，因而投资者面临风险更小。

(2)短期政府债券市场的参与者。短期政府债券一级市场的参与者主要有政府、一级自营商、金融机构参与者等，他们操作及目的各不相同，如表 2.4 所示。

表 2.4　短期政府债券一级市场参与者

参与者	包括的机构	操作及目的
政府	财政部	财政部发行债券，以满足政府短期资金周转的需要，力求保证年度收支平衡；利用短期债券期限短，灵活易操作，以规避利率风险；为央行公开市场操作提供工具
一级自营商	大型投资银行与商业银行	参与短期政府债券发行投标，一旦获得了短期政府债券一级自营商的资格，该金融机构就有义务连续参加短期政府债券的发行活动
金融机构	小商业银行及投资银行	因资金实力相对较小没能够成为一级自营商，可通过竞标获得一级市场直接投资短期政府债券的机会
企业	有资金盈余的经济主体	利用盈余的资金投资于风险较小的短期政府债券以获得一定的投资收益，同时保持良好的流动性，以应对不可预料的支出
个人投资者	储蓄主体	保有流动性，通常会通过投资货币市场基金的方式，间接持有短期政府债券
外国中央政府	通常是中央银行	实现两个目的：一是投资，即通过投资他国短期政府债券获得收益；二是稳定汇率的目的，即通过购买他国金融资产以稳定两国货币之间的汇率

短期政府债券二级市场的参与者类别非常多，包括了发行国中央银行和各类投资者。其中，中央银行主要是在流通市场中通过公开市场业务操作，控制货币供应量以达成货币政策目标。就各类投资者具体而言，包括了一级自营商、各类金融性与非金融性机构、个人投资者以及其他国家的政府等。这些投资者在流通市场中买卖短期政府债券，或是为了获得投资收益，或是为了获得流动现金。

3. 短期政府债券的收益率

收益率是指投资回报，短期政府债券的收益率一般以贴现方式表示，这是由于其发行方法采用折价发行，因此投资收益是面值与实际购买价格之间的差额。

计算短期政府债券收益率的公式为

$$\text{短期政府债券收益率}=\frac{\text{面值}-\text{发行价格}}{\text{面值}}\times\frac{365}{\text{期限}}\times 100\%$$

以美国国库券为例，按周拍卖的 91 天期的短期政府债券面额为 10 000 美元，实际发行价格为 9 850 美元，则其收益率计算结果为

$$[(10\ 000-9\ 850)/10\ 000]\times 365/91\times 100\%=6.02\%$$

短期政府债券的收益率可作为与其他货币市场工具的收益率比较的基准。

2.2.2　回购

1. 回购的概念

回购(repurchase agreements)是指交易商向银行出售有价证券的同时，并承诺在约定的某个日期将其购回的协议。在该协议中，卖方事先约定回购的时间和价格，在协议期间可获得的短期资金，因此其实质上是一种以证券为质押品的短期贷款。回购的标的可以是任何有价证券，如票据等，但最常见的是以短期政府债券为标的的回购协议。在大多数发达货币市场中，国债回购交易作为国债现货交易的衍生市场，颇具规模，使国债更具流动性。

我国的回购市场始于 1991 年 7 月，首先在全国证券交易自动报价系统(STAQ 系统)宣布试办国债回购交易，并在同年 9 月 14 日在会员间完成第一笔回购交易。我国回购市场发展历程，如表 2.5 所示。

表 2.5 我国回购市场发展历程

时间	大事记
1991.7	在STAQ系统试办回购交易
1992	武汉证券交易所也推出了国债回购业务
1993.12.19	上海证券交易所开办了国债回购交易，规定当时在该交易所上市的5个国债品种均作为回购交易的基础债券
1995	全国集中性国债市场(交易所和证券交易中心)回购交易量已突破4 000亿元
1995.8.8	中国人民银行、财政部和中国证监会(简称三部门)联合下发了“规范回购业务的通知”，开始整顿回购市场
1995.9	三部门开始对金融机构使用回购资金的情况进行专项稽核
1995.10.27	三部门联合下发了“清偿回购到期债务的通知”，并派出工作组到各地督查回购清偿工作
1997.6.16	银行间的回购交易从交易所退出，正式纳入全国同业拆借市场。银行间的回购交易实行询价交易方式，交易双方通过中央国债登记结算有限公司，资金清算则按中国人民银行清算系统的有关规定办理，统一管理

2. 回购的期限

回购的期限一般较短，最常见的是隔夜，即卖出和购回证券相隔一天，相当于日拆；期限也可以是定期的，即卖出和买进的时间规定为若干天，一般不超过30天，最常见的是7天、14天等；还有一种“连续性合约”形式，即没有固定购回期限，在双方均没有终止合约时，可每天按不同利率连续几天的交易，直到一方提出终止为止，该种方式使投资者能减少利率风险，更好地管理现金。

3. 回购的利率

以票据等有价证券作为回购标的的回购合约，利率由回购双方协议形成，因而是不统一的；以国债作为回购标的的回购合约，可在交易所中集体竞价，形成统一的利率水平。总体来看，回购交易具有期限很短、有质押、风险小等特点，因而利率水平一般低于同业拆借利率，是一种安全有效且融资成本较低的短期融资工具。回购协议中的利率计算公式为

$$I=\mathrm{PP}\times\mathrm{RR}\times T/360 \tag{2.1}$$

$$\mathrm{RP}=\mathrm{PP}+I \tag{2.2}$$

式中：PP为本金；RR为证券商和投资者所达成的回购时应付的利率；T为回购协议的期限，按天计算；I为应付利息；RP为回购价格。

通常在由交易双方协议的证券回购中，利率水平与证券本身的年利率无关，但会受到多种因素的影响，主要有回购证券的流动性及信用、回购期限的长短、交割条件和货币市场其他子市场的利率水平等。

4. 回购市场的参与者

参与回购市场的投资者种类较多，包括中央银行、商业银行、证券交易商及非金融机构(主要是企业)，在美国还有州和地方政府。各类交易参与者进入回购市场的目的并不相同，具体如表2.6所示。

表 2.6 回购参与者的目的列表

参与者	目的
中央银行	实行公开市场业务操作，调节货币供应量，贯彻货币政策
商业银行	实现短期融资，由于回购利率通常低于同业拆借，因此可以降低融资成本

续上表

参与者	目的
证券商	除短期融资以外及获得证券满足自己或顾客的需要，还可利用证券回购市场开展空头交易，实现投机获利
非金融机构(企业)	更灵活的投资，有效利用极短期资金，同时避免证券价格变动风险，获得直接购买证券无法得到的收益

5. 回购市场的运行

(1)运行原理。回购协议签订后，资金获得者同意向资金供应者出售有价证券，包括政府债券和政府代理机构债券以及其他债券，换取即时可用的资金，同时约定回购期限，到期时资金获得者反向交易，购回有价证券，其交易程序，如图 2.2 所示。

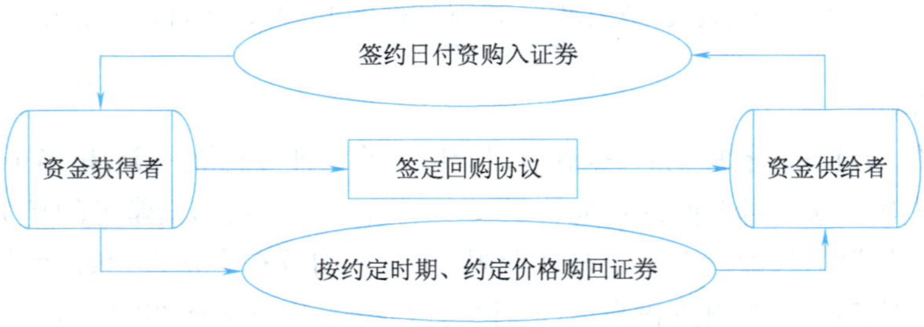

图 2.2　回购协议交易流程

由交易流程可以看出，资金获得者从资金供给者手中获得了一笔以回购期限为期的短期资金，同时资金供给者在提供资金期间，获得了由资金获得者提供的证券，在回购期限内可以自由支配，同时也可作为还款保证，因此回购也可以看作以证券作质押的短期贷款。通常，回购协议中会同时约定回购价格，该回购价格由原来买卖价格加若干利息形成，在约定日，不论证券价格如何变化，均按约定价进行交易。

在回购协议中，有正回购和逆回购之分，其实是一笔交易的两个角度。从资金需求方角度来看待这一交易，称之为正回购；从资金供给方角度来看待这一交易，则称之为逆回购。

(2)回购交易的风险。相较于信用贷款，回购融资的风险要相对较小，因有高质量的抵押保证。尽管如此，回购交易双方仍然面临信用风险和证券清算风险。

信用风险是指交易双方不履行回购协议中的买回或卖出义务，而使对方遭受损失的可能性。一种情况是，证券卖方到期未再购回证券，若此时市场利率上升，证券价格下跌，则买方只能拥有此证券，并遭受损失；另一种情况是，市场利率下降，证券价格上升，买方不履行按约定价格卖回给卖方的义务，则证券卖方遭受损失。减少信用风险的方法主要有两种，一是设置保证金，回购协议中的保证金是指证券抵押品的市值高于贷款价值的部分。其大小一般在1%～3%之间，但较低信用等级的借款者或抵押证券流动性不高时，保证金可高达 10%；二是根据证券抵押品的市场随时调整的办法，既可以调整回购协议的定价，也可调整保证金数额，以此减少信用风险。

清算风险是指在回购交易中出现无足额抵押证券的买空卖空行为，从而无法在交割时保证支付。在回购交易中，买方(资金供给者)应付款收取抵押证券，到期收回本金和利息，返还抵押证券，由于到期时间很短，交割实物证券的成本很高，因而主要以账户划转的交割方式进行，并以证券保管凭证代替实物证券，以节省时间和费用，但随之而来的是清算风险的增加，加剧融资风险。为避免此种风险，许多国家要求第三方金融机构统一进行保管，保管凭证必须以真实、足额证券为依据。

2.2.3 同业拆借

1. 同业拆借市场的概念

同业拆借市场是指金融机构之间以货币借贷方式进行短期的资金融通活动的市场。

在我国的金融机构需经中国人民银行批准，可进入全国银行间同业拆借市场，可实现无担保资金融通。目前我国全国统一的同业拆借市场包括三大系统，分别是全国银行间同业拆借中心的电子交易系统；中国人民银行分支机构的拆借备案系统和中国人民银行认可的其他交易系统。金融机构进入同业拆借市场的不仅可以弥补调剂资金头寸或一日或几日的临时资金调剂，更重要的是弥补资金流动性不足和充分、有效运用资金，减少资金闲置。

2. 同业拆借市场的特点

(1)严格限制的交易主体。同业拆借市场的主体必须都是由金融管理当局允许的金融机构或指定的某类金融机构，而非金融机构(包括工商企业、政府部门及居民个人)和非指定的金融机构，均不能进入此市场。

(2)短期的信用借贷。同业拆借常为一日或短期的不需担保或抵押品的信用借贷，融资双方都以自己的信用作担保，并严格遵守交易协议。

(3)先进的交易手段。同业拆借市场主要为无形的市场，交易采取电话洽商的方式进行，当协议达成后可通过各自在中央银行的存款账户自动划账清算，或向资金交易中心提出供求和进行报价，由交易中心进行撮合成交，并进行资金交割划账。

(4)协定的利率。同业拆借市场上的利率由交易双方协定，通过询价还价，最后议价成交，反映了市场供求的状况及变化，因此是一种市场利率，或者说是市场化程度较高的利率。

3. 同业拆借市场的形成

(1)同业拆借市场的起源。同业拆借市场的形成与法定存款准备金制度有密切的联系。而法定存款准备金制度起源于美国。为了应对商业银行出现支付危机和保护存款人的利益，1913年联邦储备法规定所有联邦储备体系中接受存款的会员银行，必须按存款余额计提一定比例的存款准备金，作为不生息的支付准备金存入美联储，准备数额不足则会受到处罚，包括罚款、警告、严格控制对其融资等。会员银行为防止因存款准备不足而受到处罚，往往选择在美联储账户中存放超过法定存款准备的部分，该部分资金称为超额存款准备金，用来随时弥补法定存款准备金的不足。然而由于会员银行之间在同业资金清算过程中，经常出现应收款大于或小于应付款而形成资金头寸的盈余或不足，最终使其央行账户中的资金或是不足以弥补法定存款准备金，或是超过法定存款准备金而导致资金使用的浪费。因此盈余和不足的会员银行之间产生了融资的需要，同业拆借市场应运而生。

美联储会员银行之间的储备头寸拆借市场于1921年首先在纽约形成，后逐渐发展为较规范的联邦基金市场(federal funds market)，成为美国最主要的同业拆借市场。随着其他国家借鉴并建立存款准备金制度，同业拆借市场也在这些国家得以形成和发展。

(2)我国同业拆借市场的形成。为适应经济发展，1984年我国进行金融制度改革，推出了统一计划、划分资金、实贷实存、相互融通的新的信贷资金管理体制，允许各专业银行互相拆借资金。在此背景下各专业银行之间以及同一专业银行各分支机构之间开办了同业拆借业务。1986 年 1 月 7 日国务院颁布《中华人民共和国银行管理暂行条例》对专业银行之间的资金拆借做出了具体规定，推动了同业拆借快速发展。从 1986 年 5 月武汉市率先建立了城市信用社间资金拆借小市场开始，武汉、上海、沈阳、南昌、开封等大中城市相继建立了专业银行与人民银行间同业拆借市场，到 1987 年 6 月底，仅一年间我国除西藏外各省、市、自治区都建立了不同形式的拆借市场。

1995 年中国人民银行强化对同业拆借市场的管理，要求跨地区、跨系统的同业拆借必须经过人民银行融资中心办理，不允许非金融机构和个人进入同业拆借市场，要求商业银行在 1996 年 4 月 1 日前撤销其所办的拆借市场。1996 年 1 月 3 日，全国统一的银行间同业拆借市场正式在上海建立。

4. 同业拆借市场的结构与功能

(1)同业拆借市场的参与者。通常同业拆借市场的参与者为金融机构，但各国规定不同，参与的金融机构类型也不同。有些国家允许所有金融机构参与其中进行短期融资；有些国家则只允许吸收存款并向中央银行缴纳存款准备金的金融机构进入。

同业拆借市场的参与者包括商业银行、非银行金融机构及外国银行的代理机构和分支机构。商业银行是最主要的参与者，同时承担着资金融入和融出的角色；而非银行金融机构包括证券商、互助储蓄银行、储蓄贷款协会等则主要作为资金的融入方。

(2)交易模式。同业拆借市场中的交易模式包括直接交易和通过经纪商交易两种。其中经纪商既可以是专门从事拆借市场及其他货币子市场中介业务的专业经纪商，也可以是兼营经纪商，通常为商业银行身兼两职。

(3)同业拆借市场的功能。同业拆借市场作为重要的短期资金融通市场，主要功能包括：一是提高资金使用效率，金融机构，特别是商业银行可通过拆借市场将暂时盈余的资金头寸及时贷放出去，减少资金的闲置，增加资产的总收益；还可以使其不必保持较多的超额储备资金，以提高资金使用效率，获得更高的盈利；二是及时反映资金供求的变化，因同业拆借市场的参与者是金融机构，交易量大，融资期限短，因此可及时反映出整个金融体系银根的松紧；三是提供基础利率，同业拆借市场利率水平变动则反映了整个金融市场利率的变动趋势，各金融机构的存放款利率及其他利率都以此为基础再加一定的百分点加以确定；四是同业拆借利率成为央行货币政策的中介指标，正因为同业拆借市场利率能够及时反映金融机构资金运行情况，为央行提供对市场判断的基础，因此央行可通过三大政策工具，即存款准备金政策、再贴现政策和公开市场操作，使其利率变动以实现货币政策目标。

5. 同业拆借市场的期限、利率与市场运作

(1)同业拆借市场的期限和利率。同业拆借市场的期限通常以隔夜为主，也有 2 天、1 周、2 周等，但通常不超过 1 个月，少数可接近或达到 1 年。我国全国银行间同业拆借中心的交易系统中按拆借期限不同共有 11 个品种，包括：1 天、7 天、14 天、21 天、1 个月、2 个月、3 个月、4 个月、6 个月、9 个月、1 年。

同业拆借利率是拆借市场上资金供求双方协议达成的资金价格，是货币市场的基础利率，在利率体系中处于相对重要的地位。国际货币市场中同业拆借利率有伦敦银行同业拆借利率(london inter bank offered rate，LIBOR)，美国联邦基金利率、新加坡银行同业拆借利率和中国香港银行同业拆借利率。其中 LIBOR 最具代表性，它指伦敦银行同业之间的相互拆借英镑、欧洲美元及其他欧洲货币时的利率,该利率由报价银行于每个营业日的上午 11 时对外报出,包括存款利率和贷款利率两种报价,许多浮动利率的融资工具根据此利率上浮或下浮若干点加以确定。

(2)同业拆借市场的运作模式。如前所述,同业拆借市场运作模式可分为两类,一是直接交易;二是间接交易即借助于经纪商进行交易,其中包括同城和异地两种类型。

直接交易的同业拆借是指由拆借资金买卖双方通过电话或其他电讯设备直接联系洽谈协商,而不需通过经纪商,成交后转账,体现为各自账户上存款的增减。

间接交易模式指交易双方通过将交易意向和信息传递给中介机构,由经纪商根据市场价格、双方指令作为媒介进行交易,是同业拆借最主要的交易方式。其中同城同业拆借指同一城市或地区的金融机构之间的间接交易,通常以支票作为载体;异地同业拆借指不同城市或地区的金融机构之间的间接交易,交易双方通过中介机构以电话协商成交,通过各所在地区的中央银行资金电子划拨系统转账,通常不需使用支票。图 2.3 所示为同城同业拆借交易流程,其他交易流程与其相似。

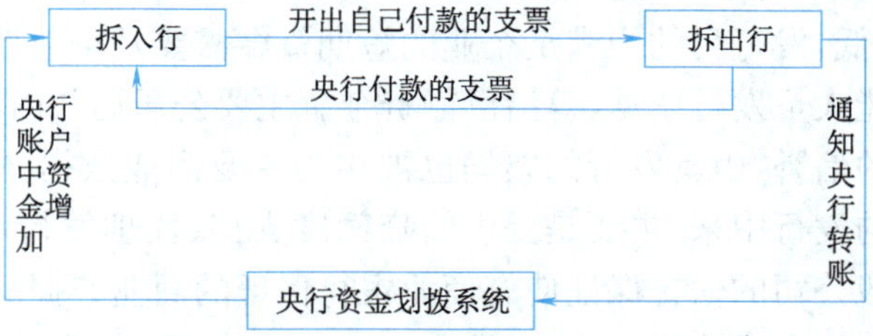

图 2.3　同城同业拆借交易流程

2.2.4　商业票据

1. 商业票据的概念

商业票据(commercial paper,CP)是由公司签发的以贴现方式出售给投资者的一种短期无担保承诺凭证。商业票据是企业实现短期融资的重要金融工具。

2. 商业票据的产生与发展

商业票据最早可追溯到 19 世纪,是货币市场中最古老的工具。商业票据的产生是基于商品交易发展的需要,随商品和劳务交易而签发的一种债务凭证。早期发行者集中于美国的纺织品工厂、铁路及烟草公司等。早期的票据往往基于真实交易,票面金额与实际商品交易或劳务供应的价值量大小相同,因此金额大小不一,在转让过程中非常不便,因而发展缓慢。

商业票据的发展自 20 世纪 20 年代始,由于汽车及其他耐用消费品的消费规模扩张,消费者开始选择短期季节性贷款来满足消费的需要,大量的消费信贷公司应运而生,它们主要通过商业票据获得资金来源,商业票据由此进入快速发展时期。20 世纪 60 年代,美国经济发展为商业票据作为货币市场工具的广泛应用提供了助力,主要动力体现为三个方面,一是美国持续快速的经济增长使企业产生了对短期资金的大量需求;二是 Q 条例的实施使短期贷款公司无法从银行获得贷款;三是银行为逃避 Q 条例的限制而大量发行商业票据。由于发行商业票据向金融市场筹款比向银行借款手续简便,且发行利率较低,不受银行干预,因此在此期间商业票据发行量快速膨胀。

3. 商业票据的市场运行

商业票据市场的主体由两方面构成,即发行者和投资者,结构如图 2.4 所示。

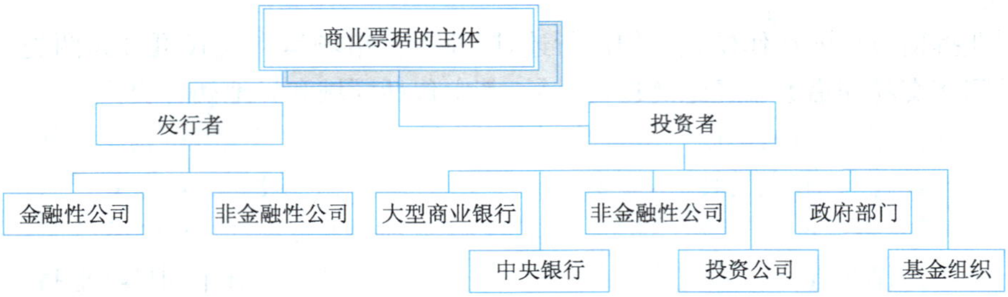

图 2.4　商业票据主体结构图

由图 2.4 可以看出,商业票据的发行者主要包括金融性公司和非金融性公司。其中,金融性公司主要有三类:一为附属性公司,如附属于大型跨国企业;二为与银行关联的公司,如银行持股公司及下属子公司;三为独立的金融公司。非金融性公司主要包括大型企业、公用事业单位等,且通常发行频次低,发行目的为满足企业的短期资金需要及季节性开支。在商业票据市场中只有主要公司才能大量发行票据,筹措巨额资金。主要公司通常由评级机构判断,一般具有雄厚的资力和卓著的信誉,由其发行的票据也被称为主要商业票据。近来商业银行越来越多地参与到商业票据的发行中来,主要是提供信贷额度支持、代理发行商业票据等形式,由于商业银行显著高于一般公司的信誉保证使有商业银行保证的商业票据的发行快速增长。

由于商业票据面值较大或购买单位(通常为 10 万美元以上)较大,因此商业票据的主要投资者主要包括中央银行、大型商业银行、非金融公司、投资公司、政府部门及基金组织等。但近来商业票据的最小面值已经降低,因此个人投资者开始增加。保险公司、私人抚恤基金、养老基金及其他各种基金组织等也开始加速投资于商业票据,成为重要投资者。

4. 商业票据的发行要素

发行商业票据通常依据发行需要和商业惯例进行操作,并无法律规定的准则可循,主要考虑的要素包括以下几个方面:

(1)发行成本。票据的发行成本是指为了对各种借款方式进行成本比较从而确定筹资方式时,计算发行票据所需的费用。通常可分为利息成本和非利息成本,利息成本是指按规定利率支付的利息;非利息成本则包括了承销费、签证费、保证费、和评级费等。其中,承销费是指当商业票据通过中介机构进行销售时支付的费用,通常依据金额大小,并按时间长短计付,常为 0.125%～0.25%;签证费则是指由权威中介机构予以签证证明商业票据所记载事项正确性时的花费;保证费是指由金融机构为票据发行方提供信用保证时收取的费用,通常为商业票据保证金利率的 1%;评级费是指票据发行方支付给信用评估机构的费用。

(2)发行面额和数量。如前所述,商业票据的发行面额并无一定的规定,但早期美国商业票据市场中发行市场中发行面额以 10 万美元以上为主,面额为 2.5 万美元和 5 万美元的面额则相对较少,在二级市场中最低交易规模则为 10 万美元。但近年来商业票据发行面额最小值开始变低,发行的方式也更为多样化。

商业票据发行数量则主要取决于发行公司筹资的需要量,同时还取决于市场对商业票据的实际认购量。

(3)发行方式。商业票据的发行方式根据是否需要中介分为直接发行和间接发行(委托发行)。其中直接发行是指由发行公司直接销售给最终投资者。采用该种发行方式的多为资信卓著的大公司通过其附设的金融公司发行,由于发行数量大,发行次数频繁,因而这些公司通常会建立自己的销售网点,以便节约发行成本。间接发行是指将发行委托给交易商再将票据销售给投资者,发行者需支付给交易商一定的佣金,相较于直接发行,间接发行的方式相对较为简便,但成本更高。

(4)发行时机。商业票据的发行时机非常重要,过早则不能立即运用筹集的资金,从而增加利息负担;过晚则不能获得资金,甚至会影响投资和生产计划,从而造成损失,更为严重的是有可能出现资金断裂,因此商业票据的发行时机必须与其资金使用计划相衔接,确立资金使用计划,依时机进行筹资。

(5)发行承销机构。对于直接发行而言,通过发行其附设的金融公司实现;对于间接发行而言,则需要通过选择适当的交易商实现,为了获得发行保证通常会选择资力雄厚和信誉卓越的交易商,但是这类交易商往往也会要求较高的佣金回报,因此对交易商的选择亦需进行成本分析。

(6)发行条件。商业票据的发行条件主要包括贴现率、发行价格、发行期限、兑付和手续费等。由于商业票据是通过贴现方式发行的,因此贴现率是其发行成本的主要因素,确定贴现率需考虑发行公司的资信等级、发行期限、市场收益水平等。发行期限主要考虑筹资需要和发行方式,商业票据期限通常很短,一般不超过270天,标准期限包括1天、7天、1个月、3个月、6个月和9个月等,大多数票据期限在30天以内。在票据市场中,未到期票据的期限常常为20～40天。

(7)信用评估。在法律上,商业票据的发行并不是必须通过评级程序的,但实际上,未经评级的商业票据很难获得投资者的青睐。由于商业票据发行主体的异质性导致信息不对称,投资者很难获得商业票据发行者的实际经营状况和资信情况,这也使商业票据的信用评级变得非常必要。通常票据发行者或委托代理发行的交易商会向信用评级机构申请评级,同时提供评级机构所要求的书面材料,包括财务数据等,评级机构通过面谈及财务和金融审核作出信用评级后,通知发行者,同时将评级结果公布于众。信用评级的结果极大地影响发行票据的贴现率及筹资结果,因此从某种意义上说,评级机构是否具有客观公正性对商业票据的买卖双方影响巨大。目前国际上较常通用的评级机构均为美国的评级机构,为大家熟悉的有标准普尔和穆迪投资服务公司等。但是自2008年金融危机以来,这两大机构的评级受到严重质疑,其他各国的评级机构正在快速发展抢占市场。

5. 商业票据的发行程序

商业票据的发行方式不同则程序不同,直接发行方式的流程如图2.5所示。

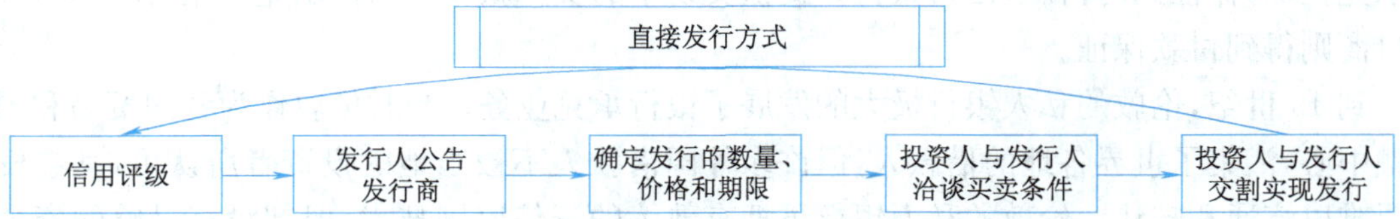

图2.5 直接发行程序

商业票据的间接发行方式的流程如图 2.6 所示。

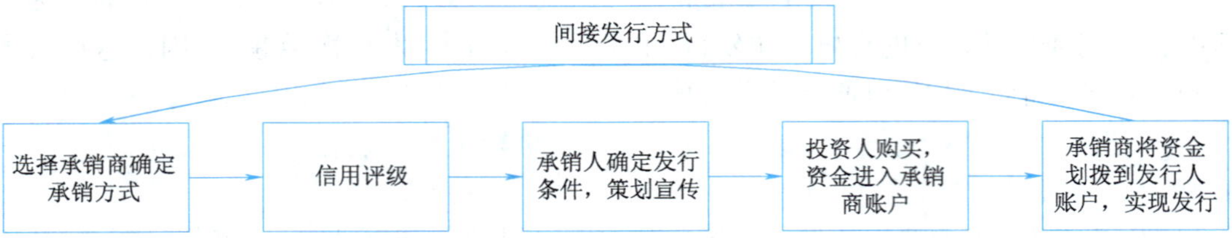

图 2.6　间接发行程序

间接发行具体分为三种形式：助销发行、代销发行和招标发行，具体内容如表 2.7 所示。

表 2.7　间接发行的形式

发行方式	具体内容
包销发行	商业票据交易商与发行公司事先商妥发行事项，再参照市场情况议定承销期限，全部由该交易商代办门市进行销售，承销期满时未售完部分，全部由交易商按约定价格承购
代销发行	商业票据交易商与发行公司议定承销期限，依照发行公司指定的价格，由交易商代办门市销售或通信销售，承销期满未售完部分退回发行公司
招标发行	交易商以受托办理招标方式推销，代发行公司公开标售，未能售出部分则由发行公司自行处理。招标的商业票据通常不定底价，按标价之高低依次获得，直至标售的票据售完为止

2.2.5　银行承兑汇票

1. 银行承兑汇票的概念

银行承兑汇票(bank's acceptance bill，BA)是指由付款人通过向其开户行申请并审查同意承兑的由开户行向收款人在未来指定日期支付票面金额的票据。付款银行一旦承兑，即在汇票上签署"承兑"字样，承兑银行就成为第一责任人，而出票人即付款人为第二责任人，因此当付款期到时，承兑银行具有不可推卸的责任，必须保证在到期日按条件支付票面值。

2. 银行承兑汇票的产生和发展

银行承兑汇票的产生与商业交易活动有密切关系，最早产生于 14 世纪的意大利。在国际贸易中，进出口商彼此并不是非常了解对方的信用状况，出口商承担对方不付款或不能按时付款的风险，而进口方则承担对方不发货或不能按时发货的风险，若无第三方的信用担保，交易难以进行。早期的商人和银行家们为了实现国际贸易的便利，发明了"四人汇票"，即汇票上有四个签字人分别负责着不同的分工，包括进口商、进口银行、出口商和出口银行。其中进口商通过其开户行即进口商银行得到购买货物所需的信用保证；进口银行则向进口商收取费用提供承兑担保，保证到时付款；出口银行则提供交易中的实际款项，持有"承兑票据"作为其资产；出口商则得到付款保证。

到 19 世纪，伦敦的私人银行极大的发展了银行承兑业务。当时伦敦作为各国贸易和国际金融中心，汇集了世界各地的借款人，但许多外国借款人不被当地的投资者所认可，其签发的汇票难以流通和转让。伦敦的私人银行虽拥有熟练的资信鉴别技术，但却没有足够的资金直接向外国借款人贷款。私人银行发现可利用自己娴熟的资信鉴别技术为外国借款人的汇票进行承兑，对其债务进行担保获得收入。

20世纪初，美国政府为了发展对外贸易和将纽约建成能够与伦敦竞争的国际货币市场，采取了一系列措施积极刺激银行承兑汇票市场的发展。美联储不仅鼓励银行签发、转让银行承兑汇票外，而且直接参与二级市场交易。美联储以高于市场价格的价格买入银行承兑汇票，增加市场对银行承兑汇票的需求，以促进市场的繁荣；接受以银行承兑汇票为担保的再贴现、再贷款申请，或同意与银行签订以银行承兑汇票为交易对象的回购协议。美国政府的激励政策收到了良好的效果，美国的银行承兑汇票市场规模获得了快速的增长。第二次世界大战后，由于国际贸易的迅猛增长、石油和其他商品价格的上涨等因素，再次激发了银行承兑汇票市场的增长。1982年10月，美国国会通过银行出口服务法放宽了银行承兑汇票的限额，致使市场竞争加剧，承兑手续费下降，银行承兑交易额上升。进入20世纪80年代以后，银行承兑汇票的增长速度趋缓。

我国的银行承兑汇票起步晚，发展也相对较落后。我国自20世纪80年代以来为解决企业货款拖欠问题才提出银行结算制度，在此基础上商业票据的使用才得以开展。相较于商业承兑汇票，我国的银行承兑汇票由于兑付风险低被广泛接受和使用，表2.8所示为我国金融机构电子商业汇票承兑业务累计统计情况。

表2.8 我国金融机构电子商业汇票承兑业务累计统计表

2009.10.28～2012.10.31　　单位：万元

序号	名称	按承兑人开户行或承兑行统计电子银行承兑汇票		序号	名称	按承兑人开户行或承兑行统计电子银行承兑汇票	
		笔数	金额			笔数	金额
1	中信银行	110 753	23 669 426.95	14	福建兴业银行	4 337	1 827 686.51
2	财务公司	80 713	10 224 105.54	15	广发银行	9 130	2 095 997.26
3	深圳发展银行	61 591	13 706 395.68	16	中国农业银行	12 166	2 025 783.66
4	中国工商银行	29 193	11 982 553.07	17	渤海银行	756	484 800.32
5	中国光大银行	57 475	11 348 236.83	18	浙商银行	462	304 984.06
6	中国建设银行	22 787	9 901 877.93	19	外资银行	972	270 062.08
7	招商银行	28 318	8 303 755.57	20	农村商业银行	239	163 121.54
8	中国民生银行	17 896	7 426 830.18	21	国家开发银行	310	109 527.08
9	城市商业银行	10 625	4 903 282.26	22	恒丰银行	64	62 134.12
10	交通银行	15 273	5 201 742.22	23	徽商银行	565	89 848.87
11	中国银行	12 186	4 533 451.72	24	农村信用合作社	680	59 512.84
12	上海浦东发展银行	7 415	3 373 853.80	25	上海农村商业银行	34	5 459.38
13	华夏银行	12 236	2 226 771.04	合计		496 176	124 301 200.51

资料来源：http://www.pbc.gov.cn 电子商业汇票系统2012年10月运行情况通报。

1996年《中华人民共和国票据法》推动了银行承兑汇票的规范化发展；2000年央行批准中国工商银行票据营业部的成立标志着票据发展进入到专业化和规模化发展阶段；2003年我国启动了中国票据网(http://www.chinacp.com.cn/)为票据交易提供了电子交易平台；2009年中国人民银行建设并管理的电子商业汇票系统(ECDS)，截至2012年10月底，接入电子商业汇票系统的机构共有338家，电子银行承兑汇票成交笔数为496 176，成交金额为12 430亿元。

3. 银行承兑汇票的特征

汇票经银行承兑后风险更小，与商业承兑汇票相比，银行承兑汇票具有以下特征，如表2.9所示。

表 2.9 银行承兑汇票与商业承兑汇票相比较

特点	商业承兑汇票	银行承兑汇票	理由
安全性	较弱	较强	一般来讲，银行信用的风险比商业信用风险要小
流动性	较弱	较强	以银行信用作为付款担保的银行承兑汇票，随时可以在贴现市场上进行贴现或转让
灵活性	较弱	较强	当持有银行承兑汇票的银行发生资金短缺时，可将汇票向中央银行进行再贴现以获取资金，也可以持票至到期日收款，取得贴息
可追索性	对银行无	对银行有	在任何情况下，持票人都享有向承兑银行的追索权

4. 银行承兑汇票市场的运行

(1)银行承兑汇票的期限和交易规模。银行承兑汇票最常见的期限有30天、60天和90天等几种，比较长的有180天和270天、平均期限是90天。在美国银行承兑汇票的二级市场中，交易规模通常为10万美元和50万美元。

(2)银行承兑汇票的交易特征。银行承兑汇票的风险主要来源于三类：承兑风险、贴现风险和转贴现风险。通常而言，银行承兑汇票的承兑风险相对较小，但贴现和转贴现风险则相对较高。在贴现业务中，银行主要面临着欺诈风险、利率风险、政策风险及操作风险等。

银行承兑汇票的价格(即承兑收费)既是银行的收益，也是申请该业务企业的成本。承兑收费的金额受多种因素影响，其中最主要的是二级市场上同期限银行承兑汇票的贴现率和银行所必须提取的准备金成本。以美国为例，银行承兑汇票准备金比例由其期限决定，通常约为2.5%～8%之间，承兑收费额会在市场贴现率和准备金比例的基础之上再加约25～200个基点(100个基点等于1个百分点)的手续费。此外，如果是带有零头的承兑额，银行则可以再加10～20个基点。

银行承兑汇票与其他的短期金融工具相比，在流动性、收益率等方面具有相似性和相异性，但因各国的市场发展水平不同，略有不同。以美国为例，银行承兑汇票的二级市场交易量大，其流动性与大额存单接近；而银行承兑汇票的收益率与商业票据非常接近。银行承兑汇票在二级市场上转让主要通过承销实现，交易的方式为柜台交易，买卖的差价常为10个基点，有时缩小到2～5个基点。银行承兑汇票与国库券相比，具有更高的收益率；与大额存单相比，具有更低的风险，更稳定的供给，利率因此也更平稳，因而受到投资者的青睐。综上，将银行承兑汇票的交易特征加以总结，如表2.10所示。

表 2.10 银行承兑汇票的交易特征

名称	期限	金额	流动性	收益率	转让交易方式
银行承兑汇票	短的以30天、60天和90天为主，长的以180天和270天常见	10万美元和50万美元	极好，与大额存单相似	较好，比同期国库券高，与同期商业票据相似	柜台交易

(3)银行承兑汇票的结算量。银行承兑汇票的市场价值是其到期时可兑付金额总量的现

值,计算公式为

$$结算量=P\times\left[1-\left(\frac{R\times N}{B\times 100}\right)\right] \tag{2.3}$$

式中:P 为兑付量,即未来到期时银行支付的金额总量;R 为贴现率;N 为到期天数;B 为年基准数,一般为 365 天或 360 天。

(4)银行承兑汇票运行环节。银行承兑汇票市场主要由签发、承兑、贴现及再贴现等几个环节构成,其中出票与承兑相当于发行市场,贴现与再贴现则相当于流通市场。

①签发与承兑。银行承兑汇票的签发是由出票人,即付款人向银行申请,由银行签发汇票并交付给收款人的过程。出票人在填制银行承兑汇票时,应当逐项填写银行承兑汇票中的签发日期,收款人和承兑申请人(即付款单位)的单位全称、账号、开户银行,汇票金额,汇票到期日,交易合同编号等内容。

银行承兑汇票的承兑是指银行对远期汇票的付款人明确表示同意,表明会按出票人的要求于到期日无条件付款给持票人的行为,是一种附属票据行为。银行汇票承兑大致有以下几种类型:国际进出口贸易的银行汇票承兑、国内货物运输的银行汇票承兑、国内仓储货物的银行汇票承兑及出口备货融资的银行汇票承兑等。

为剖析银行承兑汇票签发和承兑的过程,以信用证项下的银行承兑汇票为例。假设出口商 A 与进口商 B 成交一笔出票后 30~90 天付款的交易,其交易流程如图 2.7 所示。

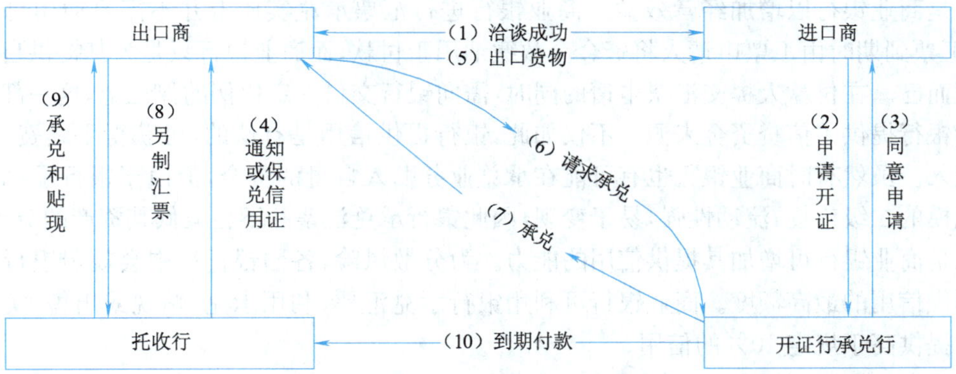

图 2.7 银行承兑汇票签发与承兑过程

②银行承兑汇票的贴现。银行承兑汇票的转让以贴现方式进行。商业银行可通过贴现方式买入未到期的由自己承兑的汇票,既可以将汇票持至到期日,也可以把承兑汇票再贴现出去。参与银行承兑汇票贴现市场的交易者包括中央银行、外国中央银行、一些非金融机构等。

贴现是票据持有人以未到期的票据以支付贴息的方式向银行换取现金的行为,本质是一种票据出让的行为。商业银行进行票据贴现则是一种票据的买卖行为。由于银行承兑汇票具备信用好和自偿性,因而适用于贴现,其贴现率受到承兑银行的资信度的影响,通常资信等级高的银行承兑的汇票风险低、流动性强,因而其贴现率相对较低。

除贴现外,银行承兑汇票的转让还可通过转贴现和再贴现来实现。转贴现是指商业银行将未到期的承兑汇票以贴息的方式转让给其他的金融机构以获得现金的行为;而再贴现则是商业银行及其他金融机构将持有的未到期汇票以贴息的方式转让给中央银行的行为。由此可见,转贴现和再贴现本质上都是票据的买卖,只是交易双方不同,对货币供应量的影响也不同。

转贴现通过票据转让实现银行之间的资金融通，且与传统的融资方式相比，票据转贴现更具流动性，且可以优化资产负债比例。再贴现则是商业银行及其他金融机构向中央银行融通资金的方式，同时也是央行货币政策的操作工具。商业银行通过将票据让渡给中央银行获得货币资金的同时，央行完成了货币发行，增加了流通中的货币供应量。

(5)银行承兑汇票的价值分析。银行承兑汇票具有较好的信用优势，受到银行等金融机构和投资者的青睐，不同的市场参与者在其中获得不同的收益和便利，以下将从借款人、银行和投资者三个方面的角度加以分析。

①从借款人角度分析。从借款人的角度来看，使用银行承兑汇票的利息成本与非利息成本之和要低于传统银行贷款业务。向银行贴现银行承兑汇票的企业在支付贴现利息和手续费后即可获得现金，因此在本质上是借款人，其中利息成本为贴息，非利息成本为手续费；而通过贷款获取资金，贷款利息为其利息成本，而非利息成本则指贷款企业需在银行保持超过其正常周转资金余额外的补偿性最低存款额，该部分资金没有利息。

除此之外，借款企业利用银行承兑汇票筹资比发行商业票据筹资更便利。通常能否通过发行商业票据以较低成本获得足够的资金往往取决于发行企业的资信，因此对于资金规模不大，投资者并不了解的企业而言，通过银行承兑汇票的方式获取短期资金更为可行。

②从银行角度分析。从银行角度看，商业银行开展银行承兑汇票业务主要获益于以下几个方面：

一是商业银行以增加经营效益。商业银行进行汇票承兑实质上并不需要动用自己的资金，在汇票到期时由汇票申请人将资金全数缴纳用于付款，而商业银行只是为其提供自身的信用保证而已。在付款人提交汇票申请的同时，需向银行交付一定比例的保证金，这一部分保证金又为银行提供了信贷资金来源。不仅如此，银行提供信用是有偿的，可获得手续费，形成非利息收入。虽然有时商业银行也有可能在承兑业务贴入自身的资金，但由于银行承兑汇票拥有大规模的二级市场，流动性强，易于变现，因此银行承兑汇票并不会减低其资产的流动性。

二是商业银行可增加其提供信用的能力。为分散风险，各国银行法中会规定银行对单个客户提供信用的最高额度。商业银行可利用银行承兑汇票，利用承兑、贴现或出售，实现对单个客户提供高于规定10%的信用。

三是商业银行可提高资金使用效率。由于银行法规定出售合格的银行承兑汇票所取得的资金不需缴纳准备金，因此商业银行经营银行承兑汇票提高了资金使用效率，特别是当银行资金紧张时，商业银行可出售银行承兑汇票，引导资金从非银行部门流向银行部门。

③从投资者角度分析。对投资者而言，银行承兑汇票的收益与其他短期金融工具相比，主要表现在其收益水平与商业票据、大额定期存单相近；基于银行是银行承兑汇票中的第一责任人，因而其安全性较其他货币市场工具更高；此外银行承兑汇票的二级市场规模大，交易活跃，因此投资者可以在二级市场中快速变现，因此具有较好的流动性。综上，银行承兑汇票对投资者而言是可在兼顾安全性和流动性的情况下获得较好的收益的短期金融工具。

2.2.6 大额可转让定期存单

1. 大额可转让定期存单的概念

大额可转让定期存单(negotiable certificates of deposits，CDs)是银行印发的一种定期存款凭证，凭证上印有一定的票面金额、存入和到期日以及利率，到期后可按票面金额和规定利率提取全部本利，逾期存款不计息。根据我国《大额可转让定期存单管理办法》中第一章第二条中规定:“大额可转让定期存单是一种固定面额、固定期限、可以转让的大额存款凭证。”

2. 大额可转让定期存单的产生与发展

大额可转让定期存单产生于20世纪60年代的美国,是银行家为规避利率限制进行金融创新的产物。19世纪50年代,随着美国经济繁荣,投资需求旺盛,融资需求增长推动货币市场的利率不断上升。然而,1929年美国经济大萧条后,为恢复金融秩序,美国联邦储备委员会推行出一系列的金融控制政策,其中“Q条例”规定银行对于活期存款不得公开支付利息,并对储蓄存款和定期存款的利率设定最高限度,即禁止联邦储备委员会的会员银行对它所吸收的活期存款(30天以下)支付利息,并对上述银行所吸收的储蓄存款和定期存款规定了利率上限。受“Q条例”限制,商业银行筹资所提供的利率远低于市场利率,致使大量资金流失。在此背景下,美国的花旗银行首先于1961年推出短期的有收益的票据以规避“Q条例”的限制,提供了比一般存款更高的收益性,同时又具有了流动性,因此该种票据一经发行就受到了投资者的追捧,纽约及其他地方的银行纷纷效仿。1973年美联储准许所有大额可转让定期存单不受“Q条例”利率上限限制,大额可转让定期存单在短期内获得快速发展,成为商业银行吸收存款的重要方式。

我国的大额可转让定期存单发展较晚,最早于1986年由交通银行和中央银行发行,到1989年5月22日《关于大额可转让定期存单管理办法》出台,为“增加金融工具,活跃金融市场,聚集社会闲散资金,支持国家经济建设”,经中国人民银行审批其他的专业银行也陆续开办了此项业务,其发行者仅限于各类专业银行,不准许其它非银行金融机构发行。1996年11月11日,中央银行修改了《大额可转让定期存单管理办法》,由于我国的大额可转让定期存单的交易市场没能形成,又不可以提前支取现金,使其与不可转让存单并无实质区别,流动性差,最终没能成为我国货币市场的重要融资工具。2004年,中国人民银行在第四季度《中国货币政策执行报告》中正式提出开展对大额可转让定期存单的研究工作,此次发展大额可转让定期存单的目的主要是为利率市场化努力,将其作为突破利率上限的尝试。

中国人民银行在《大额可转让定期存单管理办法》中对大额可转让定期存单的发行做出相关的规定。具体而言,第二章第九条规定:“对城乡居民个人发行的大额可转让定期存单,面额为1万元、2万元、5万元;对企业、事业单位发行的大额可转让定期存单,面额为50万元、100万元、500万元”。第十条规定:“大额可转让定期存单的期限为3个月、6个月、12个月(1年)”。第十二条规定:“大额可转让定期存单在存期内均按照存单开户日银行挂牌公布的利率水平和浮动幅度计付利息,不分段计息。”第十四条规定:“大额可转让定期存单不得提前支取”。

3. 大额可转让定期存单的作用

(1)从银行角度看,开展该业务有助于加强银行的资产负债管理,该业务使管理思想从资产的管理转移到负债管理上,银行可通过主动负债获得资金来源。大额可转让定期存单较定期存单而言,突破了利率限制,同时更具流动性,有利于稳定和扩大其资金来源。

(2)从短期投资者角度看,大额可转让定期存单为投资者提供了流动性强,收益率比定期存单高的投资工具。

(3)从中央银行角度看,大额可转让定期存单的发展是逐步放松利率管制,实现利率市场化的工具,美国和日本均通过该业务突破利率管制的上限,为推进利率市场化提供了经验。

4. 与普通存单、商业票据及企业债券的区别

大额可转让定期存单与普通存单有很大的不同，如表 2.11 所示。

表 2.11　大额可转让定期存单与普通存单的区别

比较项目	大额可转让定期存单	普通存单
记名与否	通常为不记名的，属于批发性质	记名的，属于零售性质
面额	由发行银行根据市场的需求来确定，面额金额较大，均为整数，按标准单位发行	由存款人自己选择，面额不确定，可大可小
期限	一般较短	一般较长
利率	既有固定利率，也有浮动利率，且一般高于定期利率	固定利率，在整个存款期内是固定不变的，到期才提取本息
是否可以提前支取	不可以	可以，但需损失部分利息
可否转让	在到期日之前随时在市场上转让、流通	不可以

大额可转让定期存单与商业票据和企业债券也有不同的地方，主要表现可见表 2.12。

表 2.12　大额可转让定期存单与商业票据和企业债券区别

比较项目	大额可转让定期存单	商业票据和企业债券
发行人	银行	企业
发行人信誉	资信较高	相对较低
准备金	需缴纳存款准备金，受保险法的保护	不需要缴纳存款准备金，不受保险法的保护

综上所述，由于大额可转让定期存单既可获得高于普通定期存单的利息，又具有近似活期存款的流动性，因一般由较大的商业银行发行，故还具有一定的安全性，因此成为货币市场上一种重要的信用工具。

5. 大额可转让定期存单的种类

按照发行主体的不同，以美国为例，美国的大额可转让定期存单可分为以下四种：

(1)国内存单。国内存单是美国国内银行在本国货币市场上所发行的以本国货币为面值的大额可转让定期存单。在美国，1990 年以前发行大额可转让定期存单与定期存款一样需提取存款准备金，且还需向存款保险机构交纳存款保险金，各银行因实力不同则费率不同。自 1990 年美联储不再提取期限在 18 个月以下的存单的存款准备金，因此大额可转让定期存单的法定准备金比例已经下降为零，但美联储保留在必要的时候提高这一比例的权利。

从面额、期限和利率来看，美国国内存单的发行面额以 10 万美元为基本单位，二级市场通常以 100 万美元为最低交易单位平价；期限一般为 30 天到 12 个月，极少数有超过 12 个月的，通常由银行与客户协商确定；利率可以是固定利率，也可以是浮动利率，若为固定利率，期限在一年以内到期时偿还本息，期限一年以上则每半年支付一次利息；若为浮动利率，息票利率通常每 1 个月或 3 个月按预先确定的公式调整一次。

(2)欧洲美元存单。欧洲美元存单(eurodollar certificate of eeposit)是指美国境外银行发行的以美元为面值的可转让定期存单，包括美国银行的外国分支机构和外国银行。最早由花旗银行伦敦分行于 1966 年在伦敦发行。早期的欧洲美元存单与国内存单相比，不需要提取存款准备金和交纳存款保险费，因而发行成本更低，但 1990 年后，该成本优势不再明显。

1982年前，美国大银行的分支机构曾是欧洲存单的主要发行者，其发行量约占总量的一半，但1982后日本的银行则为主要发行者。欧洲美元存单虽存在二级市场，但是大约有50%发行的可转让定期存单被持有到期。

(3)扬基存单。扬基存单是由外国银行在美国的分支机构发行的以美元可转让的定期存单。早期的扬基存单主要由西欧和日本等国的国际性银行在美国的分支机构发行，目的是为了融入美元，但是由于美国投资者对这些机构的资信了解不足，因而信任度低，所以通常通过经纪商销售，只有少数是直接出售给其有业务关系的客户的。与国内存单相比，扬基存单不需缴纳存款准备金，但通常会支付较高的利率水平，其期限也相对较短，大多在3个月以内。

(4)储蓄机构存单。储蓄机构存单是由一些非银行金融机构(储蓄贷款协会、互助储蓄银行、信用合作社)发行的一种可转让定期存单。储蓄机构存单出现的较晚，主要的发行者为储蓄贷款协会，受到法律规定限制和实际操作困难而导致不能流通转让，因此二级市场规模很小，流动性较差。

6. 大额可转让定期存单市场

大额可转让定期存单市场可分为发行市场(一级市场)和流通转让市场(二级市场)，具体来看：

(1)发行市场。发行市场中主要包括了发行要素、发行的价格和期限及发行方式三方面的内容。具体而言：

①发行要素。发行大额可转让定期存单时通常考虑以下四个因素：一是银行资产负债的差额及期限结构；二是利率风险；三是发行人的资信等级；四是金融管理法规。具体操作规则，如表2.13所示。

表2.13 大额可转让定期存单发行因素与规则

因素	规则
银行资产负债的差额及期限结构	预测负债增长能否满足临时出现优质资产项目的资金需要及作为经常性地调节流动性的需要
利率风险	根据市场利率变化情况，判断利率水平走势，通常情况下如果预测利率上升，那么存单的期限可稍微长些，反之则短
发行人的资信等级	一般可向评级机构申请评级，资信等级越高，发行利率越低，反之则利率较高
金融管理法规	通常在发行额度限制、最低限定发行单、期限限制、让渡方式限制等方面受到金融管理法规的制约

②发行价格、期限和面额。大额可转让定期存单的发行价格由以下四个因素决定：一是发行人资信等级，通常等级越高则发行价格越高，反之越低；二是发行时市场利率水平，通常与利率水平变动方向保持同向变动；三是存单的期限，通常期限越长则价格越低，反之越高；四是存单的流动性，通常二级市场越发达，流通速度越快，则价格越高，反之越低。其发行价格一般有两种形式：一是按面额发行，规定利率，利息以面额计；二是贴现发行，以票面额扣除一定贴现利息而发行，发行价格低于面额。

大额可转让定期存单的期限一般为30天、60天或90天，最短的为7天，最长可达到5～7年。

在美国，美元大额可转让定期存单的发行面额最低为10万美元，通常为100万美元，有的可达 500 万美元。在英国，英镑大额可转让定期存单的最低面值为 5 万英镑，最常见的为 50 万英镑和 500 万英镑。在我国，人民币大额可转让定期存单面向个人与面向企业不同，对城乡居民个人发行的大额可转让定期存单，面额为 1 万元、2 万元、5 万元；对企业、事业单位发行的大额可转让定期存单，面额为 50 万元、100 万元、500 万元。

③发行方式。大额可转让定期存单的发行方式有两种：一是批发式发行；二是零售式发行。批发式发行是指发行银行将发行的存单数量、利率、面额、发行期限、到期日期等信息预先公布，提供标准化存单，由投资者认购；零售式发行是指发行银行根据投资者需要发行，通过双方协商确定面额期限和利率。

(2)流通市场。大额可转让定期存单的流通市场，也称为二级市场，是指对已发行但尚未到期的大额可转让定期存单转让的市场。大额可转让定期存单的买卖通常以经销商作为中介。

在美国，大额可转让定期存单的二级市场转让速度和规模均较国库券市场弱，因而流动性也相对较弱，相对而言，实力雄厚的大银行所发行的大额可转让定期存单交易要相对活跃些，流动性也相对较强。无论是转让速度还是交易规模，扬基存单和欧洲存单均小于美国国内存单。此外，较大面值存单的流动性高于较小面额的存单。

在我国，根据《大额可转让定期存单管理办法》的规定，经中国人民银行批准，经营证券交易业务的金融机构可以办理大额可转让定期存单的转让业务。非金融机构和城乡居民个人不得办理大额可转让定期存单的转让业务。大额可转让定期存单的转让，采取自营买卖和代理买卖两种交易方式。自营买卖的价格不得低于存单面额，交易价格由交易机构自定，并公开挂牌；代理买卖的价格根据委托人的要求确定，并公开挂牌。自营买卖的价差，最高不得超过存单面额的 1.5%；代理买卖向双方收取的手续费之和最高不得超过存单面额的 0.6%，但对每张存单收取的手续费上限为 3 000 元。大额可转让定期存单采用背书方式转让，转让次数不限，背书应当连续。背书应当连续是指第一背书人是存单记载的收款人；前一次背书的被背书人是后一次背书的背书人；最后的存单持有人是最后一次背书的被背书人，依次前后衔接。背书栏不附背书的，可以加附粘单，粘单上的第一记载人，应当在存单和粘单的粘接处签章。每一次转让须有背书人(卖方)、被背书人(买方)以及交易机构的签字(章)方可生效。大额可转让定期存单的转让为全额交易。目前，我国大额可转让定期存单的转让流通仍不够活跃，流动性不足，探索促进我国大额可转让定期存单二级市场的发展是当前急需解决的问题。

7. 大额可转让定期存单的风险和收益

(1)风险。对于投资者而言，大额可转让定期存单的风险有两种，如表 2.14 所示。

表 2.14　大额可转让定期存单的风险类型

风险类型	内容
信用风险	信用风险是指发行存单的银行在存单期满时，无法偿付本息的风险。银行业频发的金融危机使这一风险在近期凸现，也使投资者对发行银行提高了警惕
市场风险	市场风险是指存单持有者急需资金时，不能在二级市场上立即出售变现或不能以较合理的价格出售。尽管存单二级市场较发达，但其流动性仍弱于国库券市场，并非完全没有市场风险

(2)收益。大额可转让定期存单的收益取决于三个因素，如表 2.15 所示。

表2.15 影响大额可转让定期存单收益的因素列表

因素	作用方式
信用评级	发行银行的信用等级直接与收益相关，通常信誉卓著的发行者所提供的大额可转让定期存单收益低，反之则高
期限	大额可转让定期存单的期限越长，则收益往往越高，但是当市场远期利率低于短期利率时，这一结果也有可能不成立
风险	通常大额可转让定期存单的风险越大，则收益越高，反之则越低
供求状况	大额可转让定期存单的需求则要取决于社会对银行贷款的需求以及银行可供选择资金来源的成本。社会对银行贷款需求和其他资金来源成本的增加都会增加对存单的需求，致使大额可转让定期存单的供应量上升。当贷款需求不旺时，大额可转让定期存单的利率就会下降；当需求很强时，利率则会上升

在美国，四种类型的存单中，欧洲美元存单和扬基存单的收益要高于同期限的国内存单，一般高0.2%～0.3%，储蓄存单由于其很少流通，故其利率无法与以上三种存单比较。

8. 大额可转让定期存单的价值分析

大额可转让定期存单的价值分析可从投资者、发行者和二级市场中的交易者三个角度进行分析。

从投资者角度来看，大额可转让定期存单兼具定期存单较高利息的收入和活期存款可随时兑现的优点，是追求稳定收益投资者的一种较好选择。早期主要投资者为大企业，选择投资于大额可转让定期存单符合企业现金管理的目标，即在保证资金流动性和安全性的条件下，寻求剩余资金的收益最大化。企业通过将大额可转让定期存单期限与预计未来的固定支出(如纳税、发放工资、分红等)的期限相结合，以大额可转让定期存单本息支付固定支出，在急需资金时在流通市场中转让，实现减少经营成本的目的同时实现收益最大化。自20世纪80年代以来，大额可转让定期存单的主要投资者变成货币市场基金、金融机构，特别是商业银行和银行信托部门等。商业银行不能购买自己发行的大额可转让定期存单，但可以购买其他银行发行的大额可转让定期存单，其购买的目的通常是银行信托部为其受托基金进行投资。此外，近年来大额可转让定期存单的投资者范围扩大到了政府机构、外国政府、外国中央银行及个人等。

从发行银行角度来看，发行大额可转让定期存单主要实现以下几个目的：一是增加稳定资金的来源以备中长期放款的使用；二是为实现经营管理目标，使银行资产的安全性、流动性和盈利性方面进行灵活调节，更好实施资产负债管理。

从交易商角度来看，交易商以自己的头寸买进存单后再零售给投资者，获得买卖价差；同时为大额可转让定期存单的买卖创造市场，提供了流动性。交易商参与大额可转让定期存单买卖通常通过回购协议实现，由于大额可转让定期存单较国库券风险大，因此它的协议价格高于国库券的协议价格。

2.2.7 货币市场共同基金

1. 货币市场共同基金的概念

货币市场共同基金(money market mutual funds，MMMFs)是指将零散的小额机构和个人投资者的资金集合起来，由专门的经理人投资于货币市场获利，按一定的期限及持有的份额进行分配收益的一种金融组织形式。货币市场共同基金是美国20世纪70年代以来出现的一种新型的投资理财工具，属于开放式的基金，主要投资于短期货币工具，包括国库券、商业票据、银行定期存单、政府短期债券及企业债券等短期有价证券。

2. 货币市场共同基金的产生与发展

货币市场共同基金同样是为规避“Q条例”对美国银行存款利率上限的管制而产生的，最早由美国华尔街的两名证券商于1972年创立。20世纪70年代美国实际GNP增长率下降到了2.1%，通货膨胀率则高到7.1%，市场利率随之不断上升，但受到“Q条例”的规定限制，商业银行的存款利率不得超过5.25%～5.5%，这就使商业银行存款利率与市场利率差异不断扩大，投资者为确保资金不会因通胀而不断贬值，急于寻找可获得货币市场现行利率水平的收益途径，货币市场共同基金由此产生。

有趣的是货币市场共同基金的发展也与“Q条例”有关。随着美国经济的发展，“Q条例”的消极影响不断显现，到1970年美国国会取消了“Q条例”中有关10万美元以上存款利率最高限额的规定，此项决定促使各储蓄机构、商业银行纷纷抢夺大额存单市场，从而导致忽视小额存单市场，产生了对小额存款客户不利的歧视利率。在此背景下，小额存款客户希望通过投资获得与大额存单客户的同等的收益水平，货币市场基金市场因此而获得蓬勃发展。

早期的货币市场共同基金只能购买期限少于90天的短期货币市场工具，主要包括商业票据、可转让大额定期存单和银行承兑票据等。货币市场共同基金具有以下几个特点，一是其属于信托业务，不受“Q条例”的限制和约束，可以按照基金运营的效果提供收益；二是通过吸收各类零散资金最终汇集成大额的基金投资于货币市场工具，使中小投资者得以间接进入货币市场，为中小投资者从货币市场上获得高于“Q条例”的收益打开通道；三是具有很多存款的特点，在某些方面又优于存款，如收益一般高于银行存款利率，因而在一定程度上可以替代存款。这些特点决定了货币市场共同基金得以快速发展。

在美国，货币市场共同基金的资产规模快速扩张，具体变动如图2.8所示，在过去两次市场动荡期间，散户投资者、企业以及国家和地方政府纷纷转向货币市场共同基金寻求避险。由图可知货币市场共同基金资产规模由2007年的3万亿美元，在2008年跳增至3.75万亿美元。但随着国际金融环境的变化，特别是受2008年美国金融危机的影响，货币市场共同基金的稳定性不再有保障，从2009年和2010年平均资产规模来看，其资产规模回落至3万亿美元，仍比2007年以前的水准高。这些基金在保持稳定的本金资产价值每股1美元的同时，还能为股东赚取利息，这为寻求稳定回报的股东提供了一个颇具吸引力的投资选择，图2.8所示为近20多年美国货币市场共同基金的规模变化。

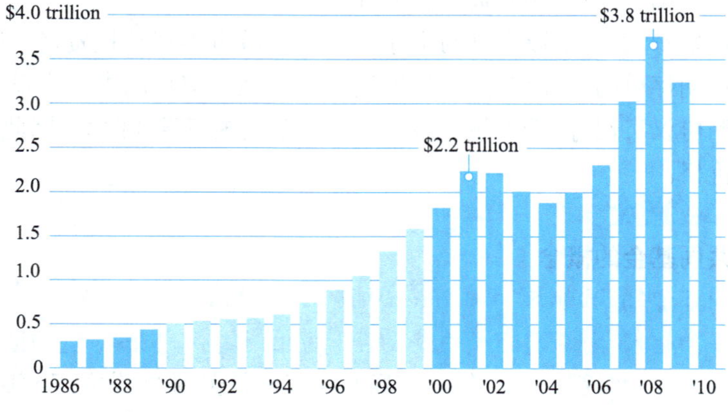

图2.8　近20多年美国货币市场共同基金规模变化

3. 货币市场共同基金的类型

美国货币市场共同基金按风险大小主要划分为三类:国库券货币市场共同基金、多样化货币市场基金和免税货币基金,如表2.16所示。

表2.16 货币共同基金的类型及特点

共同基金类型	投资对象	期限与特点
国库券货币市场共同基金	国库券、由政府担保的有价证券等	到期不到1年,平均为120天
多样化货币市场基金	商业票据、国库券、美国政府代理机构发行的证券、可转让存单、银行承兑票据等各种有价证券	到期时间短,不到1年,平均到期期限为120天
免税货币基金	短期融资的高质量的市政证券,也包括市政中期债券和市政长期债券	可以减免税收,但通常比一般的货币市场基金的收益率低(大约低30%~40%)

4. 货币市场共同基金的发行及交易

货币市场共同基金通常为开放式基金,即其基金份额可以随时购买和赎回。首先由符合条件的基金经理人提交设立基金的申请,经有关部门批准后,就可以着手基金份额的筹集。投资者依据基金的招募说明书来决定是否认购基金以及认购多少份额。货币市场共同基金的购买或赎回的价格与其他投资于股票等证券交易的开放型基金有些不同,它所依据的净资产值是不变的,即每个基金单位固定为1美元。假设投资人决定投资1万美元,即可得到10 000股,若其将所得股息进行再投资,其股数虽然会增加,但是每股价格不变,仍然是1美元,即如果基金年平均收益为6%,则该投资者将会有10 600股,且每股价格仍为1美元。

基金的发行方式分为公募和私募。其中公募是指基金的发行人直接向社会公众招募,由投资银行或证券公司承销或通过银行及保险公司等金融机构进行分销;私募则是指基金的发行人向特定人员或第三者推销基金购买权。基金的初次认购通常按面额进行,不收或收取很少的手续费。

开放型基金的份额总数是随时变动的,故货币市场共同基金的交易实际上是基金购买者增加持有或退出基金的选择过程。货币市场基金的赎回资金来源于新进入的投资人的资金,或是资产组合中的到期有价证券现金收入。如果以上两项资金不足以应对赎回,基金管理人就被迫将一部分有价证券变现来实现支付。好在货币市场共同基金主要投资于短期有价证券,故因价格波动所产生的资本损失性风险较小。投资人赎回货币市场共向基金的方式通常有以下几种,或要求管理人为投资人开具支票;或由管理人将投资人的应有款项从基金账户划拨到其银行账户上;或由投资人在其基金账户本息余额范围内签发支票。

5. 货币市场共同基金的特征

货币市场共同基金是金融创新的产物,其产生的目的是给小额投资者提供稳定的或高于一般商业银行存款的投资收益,以获得与大额投资者相同的市场利率水平,因此早期的货币市场共同基金主要投资于各种短期的信用工具。货币市场共同基金具有流动性高、收益稳定、风险分散等特征;同时作为基金,也具有与一般基金类似的功能,包括专家理财、分散投资等。

从投资角度看,货币市场共同基金的投资特征表现为:

(1)货币市场共同基金主要投资于货币市场中高质量的证券组合。1991年2月美国证券交易委员会(SEC)要求货币市场共同基金提高在顶级证券上的投资比例。顶级证券是指该证券至少由两家全国性证券评级机构评级在最高的两个等级之中。这是由于在货币市场共同基金的发展过程中，曾因追求高回报而投资于高风险的证券，最终导致巨额亏损，严重地损害投资者的利益。SEC 规定货币市场共同基金投资于低于顶级证券一个档次的证券数量不超过 5%，对单个公司发行的证券持有量不超过其净资产的 1%。

(2)货币市场共同基金提供一种有限制的存款账户。货币市场共同基金的投资者可直接签发以其基金账户为基础的支票进行取现或支付，但所开的支票数额最低限额不低于 500 美元。因此从投资者角度看，基金份额实际上提供了一种有限制的存款账户，该账户同时还获得了短期证券市场利率。但对于货币市场共同基金而言，由于从法律角度来看其不属于存款，因此不需要提取法定准备金，也规避了利率最高限的管制。

(3)货币市场共同基金所受法规限制较少。相比其他货币市场工具，货币市场共同基金作为规避法规的创新产物，在发展之初几乎没有相应的法规限制，不仅不受利率限定，而且也无需交纳存款准备金，因此资金运用成本更低，可以支付高于储蓄存款的收益率，在与银行等金融机构在资金来源的竞争中占有一定的优势。但是随着货币市场共同基金的发展和面临风险的加大，金融管理当局也在加强对其业务的监管，美国证券交易委员会(SEC)于 1991 年 2 月就对其投资标的做出了相关的规定。

此外，与一般股票基金相比，货币市场共同基金的独特之处主要表现在以下几点，如表 2.17所示。

表 2.17　货币市场共同基金与股票基金对比

比较标的	货币市场共同基金	股票基金
基金单位资产净值	不变，增加投资体现在基金份额的增加	变动，增加投资体现在单位资产净值的增加
基金表现的判断标准	投资收益率	净资产价值增值
流动性和安全性	较高，货币市场工具可以随时转让	较弱，变现能力差
风险性	较低，货币市场工具通常期限很短，投资组合平均期限仅为 44 天	较高，股票的期限可看作无限长，受市场利率影响大
投资成本	较低，通常不收取赎回费用，其管理费用较低，为基金净值的 0.25%～1%	较高，管理费用一般为基金净值的 1%～25%

6. 货币市场共同基金的发展方向

随着金融市场的发展、金融管理当局对其监管的加强以及利率市场化的推进，货币市场共同基金的发展方向也随之发生变化。目前来看，货币市场共同基金的部分优势仍得以保持，如专家理财、投资于顶级短期债券等，但部分优势则在逐步丧失。主要表现在以下几个方面：

(1)货币市场共同基金没有获得政府有关金融保险。美联邦存款保险公司不为货币市场共同基金的投资者的资金提供保险，因此货币市场共同基金一但经营出现风险，就很容易导致投资者损失。

(2)货币市场共同基金的收益优势在丧失。投资于货币市场共同基金的收益与银行等存款性金融机构所构造的货币市场存款账户的收益差距正在消失。主要是由于多德弗兰克法案废除了“Q 条例”，利率管制不复存在，在银行间竞争加剧的背景下，银行致力于金融创新，不断推出更新的更具有吸引力的信用工具。

(3)对货币市场共同基金的监管在加强。由于金融动荡，特别是 2008 年美国金融危机期间，货币市场共同基金曾出现资金出逃，使投资者遭受巨额损失，随后联邦政府被迫为基金提供担保。如据 Investment Company Institute 每周报告的数据，主要储备基金(reserve primary fund)基金在 2008 年 9 月开始为期 20 天的时间中基金资产规模减少了大约 1 270 亿美元。这些现象使监管机构开始加强对货币市场共同基金的监管，自 1991 年证券交易委员对其做了投资证券级别上的限定后，1996 年又加强了其投资于风险较大的衍生金融证券的限定，到 2011 年则开始研究货币市场共同基金是否应该采用浮动股价。这些监管措施的推出，较大的限制了货币市场共同基金投资于高风险的金融工具，这也使其收益水平回落。

总之，货币市场共同基金作为短期的融资工具在今天仍具有重要意义，目前美国的该基金在保持稳定的本金资产价值每股 1 美元的同时，还能为股东赚取利息，不失为颇具吸引力的投资选择。同时，其发展也面临着众多的挑战，如何通过优胜劣汰，兼并重组，不断创新使其在市场竞争中立足是所有货币市场共同基金的重要课题。

本 章 小 结

货币市场是以期限为一年或一年以下的短期金融工具交易所形成的供求关系及运行机制的总和。货币市场上的信用工具一般都具有期限短、低风险、高流动的特点。货币市场的产生晚于商业银行发展的短期存贷业务。其功能主要表现为弥补短期资金收入与支出之间缺口的渠道；短期闲置资金获得者可从中获益；中央银行可利用其实现货币政策的传导。

货币市场中的金融工具具有很强的货币性，通常期限较短，最短的只有一天，最长的不超过一年，可随时变现，因此也被称之为“准货币”。货币市场主要包括同业拆借市场、商业票据市场、大额可转让定期存单市场、银行承兑汇票市场、回购市场及短期政府债券市场以及货币市场共同基金市场等若干子市场。

同业拆借市场，又称同业拆放市场，是指金融机构之间以货币借贷方式进行短期的资金融通活动的市场。回购市场是指通过回购协议进行短期资金融通交易的市场。回购协议则是指卖方在出售证券的同时，与证券购买方签订协议，约定在一定期限后按原定价格或约定价格购回所卖证券，从而获得资金的合约。回购实质上是一种以证券为质押品的短期融资形式。商业票据是大公司为筹措资金，以贴现方式出售给投资者的一种短期无担保承诺凭证。银行承兑汇票市场就是以银行汇票为媒体，通过汇票的发行、承兑、转让及贴现来实现资金融通的市场，大额可转让定期存单是银行发给存款人按一定期限和约定利率计息，到期前可以转化为流通的证券化的存款凭证。短期政府债券市场是发行和流通短期政府债券所形成的市场。货币市场共同基金可以将许多零散的机构及个人投资者的资金汇集起来，投资于货币市场获利。

复习思考题

1. 货币市场的界定标准是什么，它包括哪些子市场？
2. 简述同业拆借市场的主要参与者、交易对象及利率形成机制。
3. 回购市场的交易原理是什么，它与同业拆借市场的区别是什么？

4. 简述商业票据市场与银行承兑票据市场的联系与区别。
5. 大额可转让定期存单是如何产生的，它具有哪些特点？
6. 短期政府债券的发行规则有哪几种，各有什么特点？
7. 货币市场共同基金的运作方式是什么，说明其与一般股票基金相比所具有的不同之处。

推荐阅读

[1] 张亦春. 金融市场与投资[M]. 厦门：厦门大学出版社，1990.

[2] B. G. 马尔基尔. 漫游华尔街. 苏云，译. 成都：四川人民出版社，1994.

[3] [美]William F. Sharp，Gordon J. Alexander，And Jeffery V. Bailey. Investment. 6th edition. Printice Hall Inc.，New Jersey，1998.

[4] 李嘉玲. 货币银行学[M]，北京：中国铁道出版社，经济科学出版社，2010.

[5] 祁群. 金融市场学[M]. 北京：北京大学出版社. 2010.

[6] [英]伊特韦尔. 新帕尔格雷夫经济学大词典[M]，北京：经济科学出版社，1996.

案例讨论

随着同业拆借市场的不断完善，我国同业拆借业务发展迅速，市场交易量逐年扩大，交易的期限结构也发生了根本性的改变，这些变化表明，同业拆借市场已成为金融机构之间调节短期头寸的重要场所。表 2.18 所示为 2011 年我国全国银行间同业拆借市场交易的分类统计数据。

表 2.18 Trading Statistics of National Interbank Market(categorized by maturity)

单位：亿元

Unit：100 Million Yuan Unless Otherwise Indicated

年份	1天 Overnight		7天 7 Days		14天 14 Days	
	交易量 Trading Volume	加权平均利率(%) Weighted Average Interest Rate(%)	交易量 Trading Volume	加权平均利率(%) Weighted Average Interest Rate(%)	交易量 Trading Volume	加权平均利率(%) Weighted Average Interest Rate(%)
2010 年累计	244 862.03		24 269.03		5 060.68	
2011.01	14 321.98	3.40	1 605.98	4.94	358.63	7.03
2011.02	13 061.56	2.45	2 099.40	3.70	549.94	4.53
2011.03	23 610.92	1.81	2 514.33	2.42	316.76	2.79

续上表

	1 天		7 天		14 天	
	Overnight		7 Days		14 Days	
	交易量	加权平均利率(%)	交易量	加权平均利率(%)	交易量	加权平均利率(%)
	Trading Volume	Weighted Average Interest Rate(%)	Trading Volume	Weighted Average Interest Rate(%)	Trading Volume	Weighted Average Interest Rate(%)
2011.04	22 682.99	2.02	2 650.25	3.01	183.74	2.94
2011.05	28 980.44	2.84	1 728.57	3.72	459.39	4.11
2011.06	23 471.79	4.31	3 149.17	5.95	287.42	6.30
2011.07	27 449.04	4.30	2 898.88	5.20	517.27	5.88
2011.08	28 006.04	3.13	4 890.64	3.83	1 342.44	4.00
2011 年累计	181 584.75		21 537.22		4 015.57	
	20 天		30 天		60 天	
	20 Days		30 Days		60 Days	
	交易量	加权平均利率(%)	交易量	加权平均利率(%)	交易量	加权平均利率(%)
	Trading Volume	Weighted Average Interest Rate(%)	Trading Volume	Weighted Average Interest Rate(%)	Trading Volume	Weighted Average Interest Rate(%)
2010 年累计	650.12		1 612.98		466.05	
2011.01	106.70	6.80	256.59	5.45	39.55	6.57
2011.02	12.40	4.98	47.40	4.98	27.00	5.30
2011.03	172.52	2.83	116.61	3.84	36.88	4.42
2011.04	34.20	2.75	103.45	4.03	27.00	4.53
2011.05	195.30	3.96	214.35	4.25	55.30	4.35
2011.06	23.40	6.35	501.90	5.77	162.86	4.89
2011.07	29.20	6.05	170.55	6.31	55.29	5.74
2011.08	49.40	3.66	143.15	5.40	244.70	5.34
2011 年累计	623.12		1 554.00		648.58	
	90 天		120 天		6 个月	
	90 Days		120 Days		6Months	
	交易量	加权平均利率(%)	交易量	加权平均利率(%)	交易量	加权平均利率(%)
	Trading Volume	Weighted Average Interest Rate(%)	Trading Volume	Weighted Average Interest Rate(%)	Trading Volume	Weighted Average Interest Rate(%)
2010 年累计	1 340.23		197.50		185.49	
2011.01	205.35	4.84	2.00	5.40	51.20	4.21
2011.02	133.00	4.84	21.40	4.80	43.36	4.71

续上表

	90天 90 Days		120天 120 Days		6个月 6Months	
	交易量 Trading Volume	加权平均利率(%) Weighted Average Interest Rate(%)	交易量 Trading Volume	加权平均利率(%) Weighted Average Interest Rate(%)	交易量 Trading Volume	加权平均利率(%) Weighted Average Interest Rate(%)
2011.03	121.86	4.08	58.82	3.90	117.80	4.29
2011.04	171.64	4.08	17.60	3.65	8.60	4.72
2011.05	96.07	4.75	0.21	5.26	4.70	4.71
2011.06	159.19	6.16	5.00	5.36	20.66	4.94
2011.07	180.08	6.06	67.60	5.75	65.01	5.48
2011.08	122.99	5.70	2.80	5.36	21.80	5.82
2011年累计	1 190.18		175.43		333.13	

	9个月 9Months		1年 1Years			
	交易量 Trading Volume	加权平均利率(%) Weighted Average Interest Rate(%)	交易量 Trading Volume	加权平均利率(%) Weighted Average Interest Rate(%)		
2010年累计	30.24		9.69			
2011.01	0.09	3.65	0.00	0.00		
2011.02	0.30	4.73	0.19	4.48		
2011.03	4.50	3.91	3.74	4.24		
2011.04	0.80	4.40	1.00	4.95		
2011.05	5.90	5.08	3.10	5.11		
2011.06	12.95	4.62	4.92	5.10		
2011.07	12.20	5.50	15.17	4.94		
2011.08	1.50	5.30	11.70	3.90		
2011年累计	38.24		39.81			

资料来源:中国人民银行统计数据 http://www.pbc.gov.cn

根据上述数据资料,分析我国银行间市场交易的结构及规模的变化,并说明该市场对商业银行的作用。

第 3 章　资本市场

本章提要

资本市场是金融市场重要的组成部分，在国民经济发展中发挥着越来越重要的作用。本章主要介绍了资本市场的股票市场、长期债券市场、证券投资基金市场，阐述了这三个市场的功能作用及其交易方式，并对股票、债券的定价方法及投资收益风险和证券投资基金绩效评价方法进行了分析。

学习目标

1. 了解股票与股票市场的概念、种类与发行程序以及股价指数
2. 了解债券与债券市场的概念以及种类
3. 了解证券投资基金的概念以及种类
4. 熟悉股票、债券以及证券投资基金的发行
5. 理解股票市场、债券市场和证券投资基金市场的作用
6. 理解股票、债券以及证券投资基金的投资收益及风险
7. 掌握股票、债券定价方法与交易形式以及基金的绩效评价方法

开篇案例

2004年1月31日，国务院出台了《国务院关于推进资本市场改革开放和稳定发展的若干意见》(简称《国九条》)。其中第四条意见为:建立多层次股票市场体系。在统筹考虑资本市场合理布局和功能定位的基础上，逐步建立满足不同类型企业融资需求的多层次资本市场体系，研究提出相应的证券发行上市条件并建立配套的公司选择机制。继续规范和发展主板市场，逐步改善主板市场上市公司结构。分步推进创业板市场建设，完善风险投资机制，拓展中小企业融资渠道。积极探索和完善统一监管下的股份转让制度。积极稳妥发展债券市场。在严格控制风险的基础上，鼓励符合条件的企业通过发行公司债券筹集资金，改变债券融资发展相对滞后的状况，丰富债券市场品种，促进资本市场协调发展。制定和完善公司债券发行、交易、信息披露、信用评级等规章制度，建立健全资产抵押、信用担保等偿债保障机制。逐步建立集中监管、统一互联的债券市场。稳步发展期货市场。在严格控制风险的前提下，逐步推出为大宗商品生产者和消费者提供发现价格和套期保值功能的商品期货品种。建立以市场为主导的品种创新机制。研究开发与股票和债券相关的新品种及其衍生产品。加大风险较低的固定收益类证券产品的开发力度，为投资者提供储蓄替代型证券投资品种。积极探索并开发资产证券化品种。(资料来源:人民日报，2004.2.2，第1版)

什么是资本市场?资本市场包括哪些子市场?这些市场如何运作?本章的内容将揭晓答案。

资本市场(capital market),又称长期资金市场、长期金融市场,是期限在一年以上的各种资金借贷和证券交易的场所。按市场工具划分,资本市场通常由股票市场、长期债券市场和证券投资基金市场构成。

3.1 股票市场

股票市场是资本市场最活跃、最重要的市场,是股票发行和流通的交易场所,它一方面为资金的需求者提供筹资的渠道,另一方面为资金的供给者提供投资的渠道。股票市场的发达与否直接关系到一国金融市场的发达程度。

3.1.1 股票市场概述

1. 股票的概念

股票是有价证券的主要形式,是股份有限公司签发和证明股东按其所持股份享有权利和承担义务的凭证。就性质来看,股票代表着股东对公司的所有权,是代表一定经济利益分配请求权的资本证券。在公司正常经营状态下,股东对公司的所有权由股东拥有的剩余索取权和剩余控制权构成。剩余索取权(residual claims)是指股东的权益在利润和资产分配上表现为索取公司对债务还本付息后的剩余。在公司破产的情况下股东通常将一无所获,但只付有限责任,即公司资产不足以清偿全部债务时,股东个人财产不受追究。剩余控制权(residual rights of control)是指股东对公司的控制表现为合同所规定的经理职责范围之外的决策权。如果公司破产,股东将丧失其控制权。

2. 股票的种类

(1)普通股和优先股。根据股东享有的权益不同,股票可分为普通股(common stock)和优先股(preferred stock)。①普通股是股票中最普遍的一种形式,普通股持有人享有股东的基本权利和义务。普通股股东享有的权利主要包括:经营决策的参与权、公司盈余的分配权、剩余资产索取权、优先认股权。由于普通股的股利分配不固定,并且在对公司盈利和剩余资产的分配顺序上,普通股股东次于债权人和优先股股东,所以普通股又是风险最大的股票。②优先股是相对于普通股而言的,指股东在公司盈余和剩余资产分配上享有优先权的股票。其优先权体现在:优先按规定的股息率领取股息、优先按票面金额获得清偿。优先股亦是一种股权凭证,代表着对公司的所有权,但优先股股东的权利受到一定限制。优先股股东限制参与公司经营决策,一般不享有公司利润增长的收益。优先股也可由发行公司赎回。根据其特点的不同,优先股可分为:累积优先股、非累积优先股、参加分配优先股、不参加分配优先股、可转换优先股和可赎回优先股等。由于优先股股息是固定的,因此其风险小于普通股。

(2)记名股票和不记名股票。根据股票是否记载股东的姓名,股票可分为记名股票和不记名股票。记名股票是指将股东姓名记载在股票票面和公司股东名册上的股票。不记名股票是指在股票票面和股份公司股东名册上均不记载股东姓名的股票。记名股票和不记名股票在股东权利上没有差异,不同的只是记载方法、权利使用方法、对股东的通知方法等。一般来说,不记名股票可以请求转换为记名股票,但记名股票不能转换为不记名股票,并可以用公司章程禁止转换。由于不记名股票有一定的弊端,因此有的国家不允许发行不记名股票。我国公司法规定,向发起人、法人发行的股票应为记名股票,向社会公众发行的股票,可以是记名股票,也可以是不记名股票。

(3)有面额股票和无面额股票。根据股票是否有票面金额,可分为有面额股票和无面额股票。①有面额股票是指在股票票面上记载一定金额的股票。记载的票面金额称作票面价值或股票面值。股票票面金额一般是用资本总额除以股份数求得,而实际上很多国家是通过法规直接予以规定,通常是以国家的主币为单位。大多数国家的股票都是有面额股票。我国规定,股份有限公司的资本划分为股份,每一股的金额相等。②无面额股票是指在股票票面上不记载金额,只注明它在公司总股本中所占比例的股票。因此又称为比例股票或份额股票。无面额股票没有票面价值,但有账面价值,其价值反映在股票发行公司的账面上。对于发行公司来说,发行无面额股票既可在股票发行时灵活掌握发行价格,又便于今后对股票进行分割,以提高股票的流动性。20 世纪早期,美国纽约最先允许发行无面额股票。目前,只有少数国家如美国、日本、比利时等国允许发行这类股票。中国不允许发行这种股票。

(4)不同风险特征的股票。根据股票风险特征的不同,普通股可分为蓝筹股、成长股、收入股、防守股、概念股、投机股、垃圾股等。①蓝筹股也称为绩优股,是指具备稳定盈利记录,能定期分派股利的,由大公司发行的,并被公认具有较高投资价值的普通股。②成长股是指销售额和利润迅速增长,并且其增长速度快于整个国家及其所在行业的公司所发行的股票。这类公司目前一般只对股东支付较低红利,而将大量收益用于再投资,随着公司的成长,股票价格上涨,投资者便可以得到大量的收益。③收入股是指那些当前能支付较高收益的普通股。周期股是指那些收益随着经济周期而波动的公司所发行的普通股。④防守股是指在面临不确定因素和经济衰退时期,高于社会平均收益且具有相对稳定性的公司所发行的普通股。公用事业公司发行的普通股是典型的防守股。⑤概念股是指适合某一时代潮流的公司所发行的、股价呈较大起伏的普通股。⑥投机股是指价格极不稳定,或公司前景难以确定,具有较大投机潜力的普通股。⑦垃圾股是指公司业绩较差、股价较低、成交不活跃、没有分红或极少分红的股票。在我国,还有红筹股的说法。

在我国,根据投资主体性质的不同,股票可分为国家股、法人股、社会公众股和外资股。国家股是指有权代表国家投资的部门或机构,以国有资产向公司投资形成的股份,包括公司现有国有资产折算成的股份。法人股是指企业法人或具有法人资格的事业单位和社会团体以其依法可支配的资产投入公司形成的股份。社会公众股是指社会公众依法以其拥有的财产投入公司时形成的可上市流通的股份。外资股是指由外国和我国香港、澳门、台湾地区投资者向股份制企业投资形成的股份。

3. 股票市场的功能

股票市场作为资本市场的重要组成部分,对国民经济的发展具有重要的作用,主要功能包括:

(1)筹资和投资功能。股票市场是重要的筹集资金的渠道。股份有限公司可以通过在股票市场上发行股票,将社会上分散的闲置资金集中起来,形成巨额的、可以长期使用的资本。而投资者可以通过在股票市场购买股票实现投资的目的,从而分享经济增长和企业业绩增长带来的好处。

(2)优化资源配置功能。投资者通过及时披露的各种信息,投资于经营业绩好、管理高效的股份公司,推动股票价格上涨,为上市公司利用股票市场进行资本扩张提供了良好的外部环境。而经营业绩不好、管理不佳的企业将会被投资者所抛弃,难以取得上市资格或继续筹集资金。实际上，这是利用市场的机制引导资金流向优质的企业，从而达到优化资源配置的作用。

(3)定价功能。股票市场上对股票的供给和需求共同决定了股票的交易价格。在一个有效的股票市场上，股票的交易价格就是股票的内在价值，也代表市场对股票发行公司的价值和未来成长潜力的判断。

(4)分散风险功能。在股票发行市场上，公司在筹集资金的同时也将公司的部分风险转移给了投资者，而在流通市场上，投资者可以根据自己的风险偏好选择不同的股票组合，通过投资组合来分散风险。

(5)完善公司治理功能。上市公司的股票价格往往可以反映公司的治理水平。在成熟的市场上，公司的管理层普遍注重自己公司的股票价格。这是因为，普通投资者可以采取“用脚投票”的方式，即在“二级市场”上抛售股票的方式否定管理层的业绩，而这种信号又会影响到管理层成员在经理人市场上的评价，进而影响到他们以后的职业前途。同时，因为管理问题而导致股票价格下跌的公司，又是其他公司兼并的对象，一旦被兼并，公司的管理层往往要被换掉。基于以上的原因，管理层必须努力经营，实现公司价值的最大化或股东利益最大化的目标，时刻注意股票市场的反应。股票市场间接地发挥了监督公司管理层的作用。

3.1.2 股票发行市场

股票市场按其功能可分为股票发行市场和股票流通市场。

股票发行市场是通过发行新的股票筹集资本的市场。包括股票从规划到销售的全过程，它既为资金的供应者提供投资的渠道，同时也为资金的需求者提供筹资的渠道。发行市场是实现资本职能转化的场所，通过发行股票，把社会闲散资金转化为生产资本，增加社会总资本和生产能力，促进社会经济的发展。由于发行活动是股票市场一切活动的源头和起始点，故发行市场又称为“一级市场”。

股票发行市场的特点：一是无固定场所，可以在投资银行、信托投资公司和证券公司等处发行，也可以在市场上公开出售新股票；二是没有统一的发行时间，由股票发行者根据自己的需要和市场行情走向自行决定何时发行。

1. 股票发行制度

股票市场的发行制度可以分为注册制和核准制两大类。

(1)注册制。注册制是指发行人在准备发行股票时，必须将依法公开的各种资料完全、准确地向证券主管机关呈报，并申报注册。证券主管机关只对申报资料的全面性、真实性、准确性和及时性作形式审查。如果申报资料没有包含任何不真实的信息，且证券主管机关对申报资料没有异议，则经过一定的法定期限，申请自动生效。一旦申请生效，发行人就有权发行股票，其发行无须再由证券主管机关批准。

(2)核准制。核准制是指发行人在准备发行股票时，不仅要充分公开企业的真实情况，而且必须符合有关法律和证券管理机关规定的必备条件，证券管理机关有权否定不符合条件的股票发行申请。在核准制下，证券管理机关不仅要进行注册制下所要求的形式审查，而且要对发行人的经营业绩、发展前景、发行数量和发行价格等条件进行实质审查，并由此做出发行人是否符合发行实质条件的判断，最终决定是否准予发行。

从以上两种发行制度的不同可以看出，在注册制下，证券主管机关只对发行人申报材料的真实性负责，不对发行人的业绩前景做出实质性的判断，将判断权交给投资人，由投资人决定是否购买发行人发行的股票。而在核准制下，证券主管机关必须对发行人的业绩前景做出实质性的判断，实际上是在投资人之前对发行人进行提前的判断。一般采取注册制的国家多是证券市场历史较长、证券市场较为规范、投资者较为理性的国家，如美国。而证券市场的历史较短、各种制度欠完善、投资者不够成熟的国家，则多采取核准制。

中国的股票发行实行核准制。发行申请须由保荐人推荐和辅导、发行审核委员会审核、中国证监会核准。在核准制下，证券发行审核委员会依法独立地审核股票发行申请，中国证监会根据发审委的审核意见，依法做出核准或不予核准的决定。保荐人有义务确保发行人符合发行上市的条件，并且在发行以后的一段时间内还负有督导发行人规范运作与信守承诺的义务。这一制度的安排，形成了市场各参与主体各司其职、各尽所能、各负其责、各担风险的责权关系。

2. 股票发行的类型

(1)初次发行。初次发行是指公司首次在发行市场上发行股票。初次发行一般都是发行人在满足必须具备的条件，并经证券主管部门审核批准或注册后，通过证券承销机构面向社会公众公开发行股票。通过初次发行，发行人不仅募集到了所需资金，而且完成了股份有限公司的设立或转制。

(2)增资发行。增资发行是指股份公司上市以后，为达到增加资本金的目的而发行股票的行为。公司增资的方式有：向社会公众发行股份、向现有股东配售股份、向特定对象发行股份、公司债转换为公司股份等。

(3)向社会公众发行股份，又称增发。增发是指公司以一定的价格，向社会公众出售股票。投资者可以按照一定的程序申请购买股票，公司按照增发的数量和合格的申请数量，以及一定的规则确定可以购买股票的投资者和他们所能购买的股票数量。

(4)向现有股东配售股份，又称为配股。配股是指公司以一定的价格，按照股东所持有股份的一定比率向现有股东出售股票。现有股东购买新发行的股份不能超过规定的数额，现有股东也有权放弃新股的购买。

(5)向特定对象发行股份，又称非公开发行或定向发行。定向发行是指股份公司向特定对象发行股票的增资方式。认购者可以按规定的时间和价格认购一定数量的股票，公司也可以对认购者的持股期间有所限制。这种增资方式会直接影响原股东的利益，须经股东大会特别批准。

(6)公司债转换为公司股份，称为可转换债券。公司如果发行了可转换债券，当转债持有人行使转换权力时，公司应按照可转换的股票数量向债券持有人支付股票，同时收回债券。通过这一过程，公司的负债减少了，同时增加了公司的股本。

3. 股票发行的方式

股票发行方式在各国不同的政治、经济、社会条件下，特别是金融体制和金融市场管理的差异使股票的发行方式也是多种多样的。根据不同的分类方法，可以概括如下：

(1)按照发行对象的不同，股票发行可分为公开发行和不公开发行两类。①公开发行又称公募，是指事先没有特定的发行对象，向社会广大投资者公开推销股票的方式。采用这种方式，可以扩大股东的范围，分散持股，防止囤积股票或被少数人操纵，有利于提高公司的社会性和知名度，为以后筹集更多的资金打下基础。也可增加股票的适销性和流通性。公开发行可以采用股份公司自己直接发售的方法，也可以支付一定的发行费用通过金融中介机构代理。②不公开发行又称为私募，是指发行者只对特定的发行对象推销股票的方式。通常在两种情况下采用:一是股东配股,又称股东分摊,即股份公司按股票面值向原有股东分配该公司的新股认购权,动员股东认购。这种新股发行价格往往低于市场价格,事实上成为对股东的一种优待,一般股东都乐于认购。如果有的股东不愿认购,他可以自动放弃新股认购权,也可以把这种认购权转让他人,从而形成了认购权的交易;二是私人配股,又称第三者分摊,即股份公司将新股票分售给股东以外的本公司职工、往来客户等与公司有特殊关系的第三者。采用这种方式往往出于两种考虑:一是为了按优惠价格将新股分摊给特定者,以示照顾;二是当新股票发行遇到困难时,向第三者分摊以求支持,无论是股东还是私人配售,由于发行对象是既定的,因此,不必通过公募方式,这不仅可以节省委托中介机构的手续费,降低发行成本,还可以调动股东和内部职工的积极性,股东和发展公司的公共关系。但缺点是这种不公开发行的股票流动性差,不能公开在市场上转让出售,而且也会降低股份公司的社会性和知名度,还存在被杀价和控股的危险。

公募发行和私募发行各有优劣。公募发行是股票发行中最常见、最基本的发行方式,而在成熟的证券市场上,随着大量机构投资者的出现,私募发行也呈逐年增长的趋势。

(2)按照有无发行中介分类,股票发行可分为直接发行和间接发行。①直接发行又称直接招股,是指股份公司自己承担股票发行的一切事务和发行风险,直接向认购者推销出售股票的方式。采用直接发行方式时,要求发行者熟悉招股手续,精通招股技术并具备一定的条件。如果当认购额达不到计划招股额时,新建股份公司的发起人或现有股份公司的董事会必须自己认购来出售的股票。因此,只适用于有既定发行对象或发行风险少、手续简单的股票。在一般情况下,不公开发行的股票或因公开发行有困难(如信誉低所致的市场竞争力差、承担不了大额的发行费用等)的股票;或是实力雄厚,有把握实现巨额私募以节省发行费用的大股份公司股票,才采用直接发行的方式。②间接发行又称间接招股,是指发行者委托证券发行中介机构出售股票的方式。这些中介机构作为股票的推销者,办理一切发行事务,承担一定的发行风险并从中提取相应的收益。股票的间接发行有三种方法:一是代销,又称为代理招股,推销者只负责按照发行者的条件推销股票,代理招股业务,而不承担任何发行风险,在约定期限内能销多少算多少,期满仍销不出去的股票退还给发行者。由于全部发行风险和责任都由发行者承担,证券发行中介机构只是受委托代为推销,因此,代销手续费较低;二是承销,又称余股承购,股票发行者与证券发行中介机构签订推销合同明确规定,在约定期限内,如果中介机构实际推销的结果未能达到合同规定的发行数额,其差额部分由中介机构自己承购下来。这种发行方法的特点是能够保证完成股票发行额度,一般较受发行者的欢迎,而中介机构因需承担一定的发行风险,故承销费高于代销的手续费。三是包销,又称包买招股,当发行新股票时,证券发行中介机构先用自己的资金一次性地把将要公开发行的股票全部买下,然后再根据市场行情逐渐卖出,中介机构从中赚取买卖差价。若有滞销股票,中介机构减价出售或自己持有,由于发行者可以快速获得全部所筹资金,而推销者则要全部承担发行风险,因此,包销费更高于代销费和承销费。股票间接发行时究竟采用哪一种方法,发行者和推销者考虑的角度是不同的,需要双方协商确定。一般说来,发行者主要考虑自己在市场上的信誉、用款时间、发行成本和对推销者的信任程度;推销者则主要考虑所承担的风险和所能获得的收益。

(3)按照投资者认购股票时是否交纳股金,股票发行可分为有偿增资、无偿增资和搭配增资。①有偿增资是指认购者必须按股票的某种发行价格支付现款,方能获得股票的一种发行方式。一般公开发行的股票和私募中的股东配股、私人配股都采用有偿增资的方式，采用这种方式发行股票，可以直接从外界募集股本，增加股份公司的资本金。②无偿增资，是指认购者不必向股份公司缴纳现金就可获得股票的发行方式。发行对象只限于原股东，采用这种方式发行的股票，不能直接从外部募集股本，而是依靠减少股份公司的公积金或盈余结存来增加资本金，一般只在股票派息分红、股票分割和法定公积金或盈余转作资本配股时采用无偿增资的发行方式，按比例将新股票无偿交付给原股东，其目的主要是增强股东信心和公司信誉或为了调整资本结构。由于无偿发行要受资金来源的限制，因此，不能经常采用这种方式发行股票。③搭配增资，是指股份公司向原股东分摊新股时，仅让股东支付发行价格的一部分就可获得一定数额股票的方式，例如股东认购面额为 100 元的股票，只需支出 50 元就可以了，其余部分无偿发行，由公司的公积金充抵。这种发行方式也是对原有股东的一种优惠，只能从他们那里再征集部分股金，很快实现公司的增资计划。

(4)按照发行价格与股票面额的关系可分为平价发行、溢价发行、折价发行、中间价发行。①平价发行又称面额发行，股票票面金额即为发行价格。平价发行一般用于股东分摊发行时，这种方式不受股票市场行情的左右，而且由于市价往往高于面额，一定程度上保证了股票公司顺利地实现筹措股金的目的。②溢价发行又称时价发行，是以流通市场上的股票价格为基础确定发行价格。这种价格一般都是时价高于票面额，二者的差价称溢价，溢价带来的收益归该股份公司所有。溢价发行能使发行者以相对少的股份筹集到相对多的资本，从而减轻负担，同时还可以稳定流通市场的股票时价，促进资金的合理配置。③折价发行是指发行价格低于票面金额的发行。折价发行有两种情况：一种是优惠性的，通过折价使认购者分享权益；另一种情况是该股票行情不佳，发行有一定困难，发行者与推销者共同议定一个折扣率，以吸引那些预测行情要上浮的投资者认购。由于各国均规定发行价格不得低于票面额，因此，这种折扣发行需经过许可方能实行。我国《公司法》明确规定，股票发行时，不得采取折价发行的方式。④中间价发行是指以票面金额和市场价格的中间值为发行价格的发行方式。这种价格通常在市场价格高于股票面额，公司需要增资但又需要照顾原有股东的情况下采用。中间价格发行对象一般为原股东，这种发行方式实际上是将差价收益一部分归原股东所有，一部分归公司所有用于扩大经营。

上述各种股票发行方式，各有利弊及条件约束，股份公司在发行股票时，都是从自己的实际情况出发，采用其中的某一种方式或几种方式的组合。当前，世界各国采用最多、最普遍的方式是公开和间接发行。

4. 股票发行的定价方法

股票发行价格的确定是股票发行过程中最基本和最重要的内容，它关系到发行人与投资者的根本利益及股票上市后的表现。若发行价过低，将难以满足发行人的筹资要求，甚至会损害原有股东的利益；若发行价太高，又将增大投资者的风险，增大承销机构的发行风险和发行难度，抑制投资者的认购热情，并影响股票上市后的表现。股票发行定价的方式有协商定价、一般询价、累积投标询价等方式。我国现行的做法是：首次公开发行股票以向询价对象询价方式确定股票发行价格。询价对象是符合条件的基金管理公司、证券公司、保险机构投资者、信托投资公司、财务公司、合格境外机构投资者等。询价分为初步询价和累积投标询价两个阶段。通过初步询价确定发行价格区间和发行市盈率区间，根据累积投标询价结果，确定发行价格和发行市盈率。

无论采取哪种定价方式，发行人和承销商都要事先商定一个发行价格区间。通常有以下几种估算方法。

(1)市盈率定价法。市盈率是指股票的二级市场价格与每股净利润的比率。计算公式为

$$市盈率=\frac{股票市场价格}{每股净利润} \tag{3.1}$$

在市盈率法下，新发行股票的定价公式为

$$新股发行价格=经过调整后的预测每股净利润\times发行市盈率 \tag{3.2}$$

发行市盈率一般是根据二级市场上同类公司的平均市盈率、发行人经营情况和成长性综合确定。

(2)竞价确定法。竞价确定法又称可比公司竞价法，是主承销商通过对可比较的或具有代表性的同行业公司的股票发行价格和它们的二级市场表现进行分析比较，然后以此为依据估算发行价格的定价方法。

(3)市价折扣法。市价折扣法是指发行公司和主承销商采用该股票一定时点上或时段内二级市场的价格的一定折扣，作为发行底价或发行价格区间的断点。这种方法只适合增资发行方式。

(4)净资产倍率法。净资产倍率法又称资产净值法，是指通过资产评估和相关会计手段，确定发行公司拟募集股份资产的每股净资产值，然后乘以一定的倍率，以此确定股票发行价格的方法。其计算公式为

$$新股发行价格=每股净资产\times溢价倍率(或折扣倍率) \tag{3.3}$$

(5)贴现现金流量法。贴现现金流量法是通过预测公司将来的现金流量，按照一定的贴现率计算公司的现值，从而确定股票发行价格的定价方法。这种方法需要预测公司未来的现金流量，在理论上是最好的方法，但在现实中要准确预测公司未来的现金流量是不可能的，所以很难用此确定股票的发行价，更多的是以此为一个辅助指标，和别的方法结合使用。

5. 我国的股票发行市场

(1)我国股票发行定价方式。目前，我国的股票发行定价主要采用市盈率定价法，即在发行前由主承销商和发行人根据市盈率法来确定新股发行价，其计算公式为

$$新股发行价=每股税后利润\times发行市盈率 \tag{3.4}$$

式(3.4)中每股税后利润等于发行当年预测利润除以发行当年加权平均股本数，发行市盈率是股票市场价格与每股税后利润的比率。每股税后利润是衡量公司业绩和股票投资价值的重要指标。发行市盈率是确定发行价格的重要因素。发行公司在确定市盈率时，应考虑所属行业的发展前景、同行业公司在股市上的表现以及近期二级市场的规模供求关系和总体走势等因素，以利于一、二级市场之间的有效衔接和平衡发展。

总地来说，经营业绩好、行业前景佳、发展潜力大的公司，其每股税后利润多，发行市盈率高，发行价格也高，从而能募集到更多的资金；反之，则发行价格低，募集资金少。

(2)我国现行的股票发行方式。我国股票发行主要采取公开发行并上市方式，同时也允许上市公司在符合相关规定的条件下向特定对象非公开发行股票。根据规定，我国股份公司首次公开发行股票和上市后向社会公开募集股份，采取对机构投资者网下配售和公众投资者上网发行相结合的方式。

3.1.3 股票流通市场

股票流通市场是对已发行的股票按市场价格进行转让、买卖和流通的市场，包括交易所市

场和场外交易市场两部分。由于它是建立在发行市场基础上，因此又称作二级市场或交易市场。股票流通市场的存在保证了股票的流动性，为股票持有者提供了随时变现的机会，也为新的投资者提供了投资机会，保证了股票发行市场的正常运行。相比而言，股票流通市场的结构和交易活动比发行市场更为复杂，其作用和影响也更大。

股票发行市场和流通市场相辅相成。发行市场是流通市场的前提和基础，没有发行市场，就不存在流通市场。发行市场的规模决定了流通市场的规模，并在一定程度上影响流通市场上证券的交易价格。在一定时期内，发行市场规模过小，容易使流通市场供需脱节，造成过度投机，股价飙升；发行节奏过快，股票供过于求，对流通市场形成压力，股价低落，市场低迷，反过来影响发行市场的筹资。而流通市场又是发行市场得以存在和更好发展的条件。通过流通市场，可以使股票具有流通性，保证投资者可以随时出售自己持有的股票，以达到变现和分散风险的目的。正是由于流通市场的存在，才能够吸引大量的投资者进入股票市场，这样又推动了股票发行市场的发展。所以股票发行市场和流通市场是相辅相成的整体。

1. 股票流通市场的交易方式

转让股票进行买卖的方法和形式称为交易方式，它是股票流通交易的基本环节。现代股票流通市场的买卖交易方式种类繁多，股票的交易方式也在不断地变化和创新，从不同的角度可以分为以下几类：

(1)议价买卖和竞价买卖。从买卖双方决定价格的不同，分为议价买卖和竞价买卖。①议价买卖就是买方和卖方一对一地面谈，通过讨价还价达成买卖交易。它是场外交易中常用的方式。一般在股票上不了市、交易量少，需要保密或为了节省佣金等情况下采用。②竞价买卖是指买卖双方都是由若干人组成的群体，双方公开进行双向竞争的交易，即交易不仅在买卖双方之间有出价和要价的竞争，而且在买者群体和卖者群体内部也存在着激烈的竞争，最后在买方出价最高者和卖方要加最低者之间成交。在这种双方竞争中，买方可以自由地选择卖方，卖方也可以自由地选择买方，使交易比较公平，产生的价格也比较合理。竞价买卖是证券交易所中买卖股票的主要方式。

(2)直接交易和间接交易。按达成交易的方式不同，分为直接交易和间接交易。①直接交易是买卖双方直接洽谈，股票也由买卖双方自行清算交割，在整个交易过程中不涉及任何中介的交易方式。场外交易绝大部分是直接交易。②间接交易是买卖双方不直接见面和联系，而是委托中介人进行股票买卖的交易方式。证券交易所中的经纪人制度，就是典型的间接交易。

(3)现货交易和期货交易。按交割期限的不同，分为现货交易和期货交易。①现货交易也称现金现货交易，是指股票的买卖双方在谈妥一笔交易后，马上办理交割手续的交易方式，即卖出者交出股票，买入者付款，当场交割，钱货两清。它是证券交易中最古老的交易方式。最初证券交易都是采用这种方式法进行。②期货交易是指股票成交后交易双方按合同中规定的价格、数量，过若干时期再进行交割清算的交易方式。

(4)信用交易。信用交易又称为垫头交易或保证金交易，是指证券买方或卖方通过交付一定的数额的现款或股票作为保证金，得到证券经纪人的信用而进行的证券买卖。信用交易实际是期货交易的一种，又可分为信用买进交易(融资买入，买空)和信用卖出交易(融券卖出，卖空)。

由于经纪人的垫款通常是从银行以可赎回资金的利率贷款得来，所以投资者借款的总成本是银行利率加上服务费。所有用保证金信贷购买的股票都必须由经纪人保管，因为该股票被用来作为贷款的抵押。证券管理机构会对信用交易购买的股票数量进行限制，通常用保证金与买卖股票的总值的比率(保证金率)来表示，各国大多定在30%以上。保证金又分为起始保证金和最低保证金。起始保证金是指交易前缴纳的保证金。最低维持保证金是指交易后缴纳的，为弥补因证券价格发生变化造成亏损而追加的保证金。此外，信用交易中投资者与经纪人之间的抵押借贷关系一般定在6个月，不可无限推迟下去。

由于信用交易的风险大，而且过多的信用交易会造成市场的虚假需求，造成泡沫经济，加上中国证券市场上的投资者和证券商都还不成熟，因此中国以前严禁信用交易。但随着中国股票市场的日益发展成熟，2006年中国证监会发布了《证券公司融资融券业务试点管理办法》和《证券公司融资融券业务的试点内部控制指引》，并于当年8月1日起实施，标志着信用交易在中国正式开始。

(5)期权交易。股票的期权交易也称为选择权交易，是指投资者与特定的交易商签订合同，投资者有权在特定的时期内按协议的价格买进或卖出一定数量的股票，而不管此时的股票价格如何变动。期权交易的合同中要规定期权的有效期、股票的种类和数量、股票的价格(协定价格)、期权的价格(购买期权的费用)、期权合同的种类等内容。

股票的期权交易分为买进期权和卖出期权两种。买进期权，又称看涨期权，是指在期权的有效期内，期权的买方有权按规定的价格和数量买进股票的权利。投资者购买这种买进期权，是因为其认为股票价格看涨，将来可以获利。当股票价格高于协议价格和期权费之和时，买方选择执行期权，以协议价格和数量买入股票，在现货市场按市场价格卖出，从中赚取利润。当股票价格低于协议价格时，买方选择不执行期权，此时买方的损失只有期权费用和佣金等其他费用。卖出期权又称看跌期权，就是在期权的有效期内，期权的买方只有按规定的价格和数量卖出股票的权利。投资者购买这种卖出期权，是因为他认为股票价格看跌，将来可以获利。

期权交易方式有两个好处：一是风险小，买方的损失是已知和固定的；二是只需缴纳少量的期权费就可以做大额交易，而且利润比现货交易高。

2. 股票流通市场的构成

股票流通市场按照组织程度不同，分为证券交易所市场和场外交易市场。

(1)证券交易所市场。证券交易所是依据国家有关法律，经证券管理部门批准设立的证券集中交易的高度组织化的市场。交易所市场是股票流通市场的最重要的组成部分，也是交易所会员、证券自营商或证券经纪人在证券市场内集中买卖上市股票的场所，是二级市场的主体。

证券交易所的功能。从股票交易实践可以看出，证券交易所有助于保证股票市场运行的连续性，实现资金的有效配置，形成合理的价格，减少证券投资的风险，联结市场的长期与短期利率。但是，证券交易所也可能产生下列消极作用：扰乱金融价格、易受虚假信息影响、从事不正当交易、内幕人士操纵股市、股票经纪商和交易所工作人员作弊等。

证券交易所的组织形式。证券交易所分为公司制和会员制两种。这两种证券交易所均可以是政府或公共团体出资经营的(称为公营制证券交易所)，也可以是私人出资经营的(称为民营证券交易所)，还可以是政府与私人共同出资经营的(称为公私合营的证券交易所)。①公司制证券交易所是以股份有限公司形式设立的，并以盈利为目的的法人团体。公司制证券交易所提供交易场所和服务人员，以便利证券商的交易与交割。从股票交易实践可以看出，这种证券交易所要收取发行公司的上市费与证券成交的佣金，其主要收入来自买卖成交额的一定比例。但任何成员公司的股东、高级职员、雇员都不能担任交易所高级职员，也不能参与证券买卖，以保证交易的公正性。②会员制证券交易所是由会员自愿组成的、不以盈利为目的的法人团体，一般由证券公司、投资银行等证券商组成。会员制交易所的佣金和上市费用较低，参与经营的会员可以参加股票交易中的股票买卖与交割。会员制证券交易所规定，只有会员才能进入交易大厅进行证券交易，其他人要买卖证券交易所上市的证券，必须委托会员进行。但是，由于经营交易所的会员本身就是股票交易的参加者，因而在股票交易中难免出现交易的不公正性。同时，由于参与交易的买卖方只限于证券交易所的会员，新会员的加入一般要经过原会员的一致同意，这就形成了一种事实上的垄断，不利于提供服务质量和降低收费标准。我国上海和深圳证券交易所均实行会员制。

证券交易所的上市制度。股票的上市就是证券交易所接纳某种股票在证券交易所市场上挂牌交易。股票上市可以增加股票的流动性，扩大公司的知名度，有利于推动上市公司建立完善的治理结构，有利于公司进一步融资。对投资者来说，股票上市使股票的买卖方便快捷，成交价格也较为合理，行情和公司信息也较易获得。申请上市的股票必须要满足证券交易所规定的一些条件，方可挂牌上市。各国法律虽然很少直接对股票上市条件做出明确的规定，但各证券交易所为了提高在本证券交所交易股票的质量，都要求各种股票在本证券交易所交易之前办理申请上市手续，经审查合格后，由股票的发行公司与交易所签订上市协议，缴纳上市费后，才能在本证券交易所交易。各证交所的上市标准大同小异，主要包括以下几点：一是股票发行要有足够的规模；二是要满足股票持有分布的要求，私募股票通常无法满足这个标准因而不能上市；三是发行者的经营状况良好等。股票上市以后，如果不能满足证券交易所关于股票上市的条件时，它的上市资格可以被取消。交易所停止股票的上市交易，称为终止上市或摘牌。

证券交易所的交易制度。①根据价格决定的特点，证券交易所的交易制度可分为做市商交易制度和竞价交易制度。做市商交易制度也称报价驱动(quote-driven)制度。在典型的做市商制度下，证券交易的买卖价格均由做市商(market maker)给出，买卖双方并不直接成交，而向做市商买进或卖出。做市商的利润主要来自于买卖差价。但在买卖过程中，由于投资者的买卖需求不均等，做市商就会有证券存货，从而使自己面临价格变动的风险。做市商要根据买卖双方的需求状况，自己的存货水平以及其他做市商的竞争程度来不断调整买卖报价，并由此直接决定价格的涨跌。竞价交易制度也称指令驱动(order-driven)制度。在此制度下，买卖双方直接进行交易或将委托通过各自的经纪商送到交易中心，由交易中心进行撮合成交。②按证券交易在时间上是否连续，竞价交易制度又分为间断性竞价交易制度和连续竞价交易制度。间断性竞价交易制度也称为集合竞价制度。在该制度下，交易中心(如证交所的主机)对规定时段内收到的所有交易委托并不进行一一撮合成交，而是集中起来在该时段结束时进行。因此，集合竞价制度只有一个成交价格，所有委托价在成交价之上的买进委托和在成交价之下的卖出委托都按该唯一的成交价格全部成交。成交价格的确定原则通常是最大成交量原则，即在所确定的成交价格上满足成交条件的委托股数量最多。集合竞价制度是一种多边交易制度，其最大优点在于信息集中功能，即把所有拥有不同信息的买卖双方集中在一起共同决定价格。当市场意见分歧较大或不确定性较大时，这种交易制度的优势就较明显。因此，很多交易所在开盘、收盘和暂停交易后的重新开市都采用集合竞价制度。连续竞价制度是指证券交易可在交易日的交易时间内连续进行。在连续竞价过程中，当新进入一笔买进委托时，若委托价大于等于已有的卖出委托价，则按卖出价委托价成交；当新进入一笔卖出委托时，若委托价小于等于已有的买进委托价，则按买进委托价成交。若新进入的委托不能成交，则按"价格优先，时间优先"的顺序排队等待。这样循环往复，直至收市。连续竞价制度是一种双边交易制度，其优点是交易价格具有连续性。目前世界上大多数证券交易所都是实行混合的交易制度。如伦敦证券交易所部分股票实行做市商制度，部分股票实行竞价制度。巴黎、布鲁塞尔、阿姆斯特丹证交所对交易活跃的股票实行连续竞价交易，对交易不活跃的股票实行集合竞价。包括我国在内的亚洲国家和新兴证券市场大多实行竞价交易。

交易所交易委托种类。证券交易委托是指投资者通知经纪人进行证券买卖的指令。其主要种类有市价委托和限价委托。市价委托是指委托人自己不确定价格，而委托经纪人按市场上最有利的价格买卖证券。限价委托是指委托人给定一个价格限制，经纪人按照规定价格或更有利的价格进行证券买卖。具体来说，对于买进委托，成交价格不能高于限定价格；对于卖出委托，成交价不能低于限定价格。

(2)场外交易市场。场外交易市场是相对证券交易所市场而言的，凡是在证券交易所以外进行的股票交易活动都可以称为场外交易。由于这种交易方式最早是在证券公司的柜台上进行的，因而也称为柜台市场(OTC)或店头市场。它与交易所市场共同构成了一个完整的证券交易市场体系。

场外交易市场是一个分散的、没有固定交易场所的无形市场。它由许多各自独立的证券商组成，每个证券商兼具经纪人和自营商的双重身份。交易依靠证券商报价驱动，证券商同时报出买价和卖价，并根据投资人是否接受加以调整，主要依靠电话和计算机网络达成交易。场外交易市场分散，没有统一的章程，不易管理和监督，其交易效率也不及交易所市场。

场外交易市场具有三个特点：一是交易品种多，上市与不上市的股票都可以在此进行交易；二是相对的市场，不挂牌，自由协商的价格；三是抽象的市场，没有固定的场所和时间。

(3)第三市场。第三市场是指在柜台市场上从事已在交易所挂牌上市的证券交易。第三市场是20世纪60年代开创的一种证券交易市场，是为了适应大额投资者的需要发展起来的。一方面，机构投资者买卖证券的数量往往以千万计，如果将这些证券的买卖由交易所的经纪人代理，这些机构投资者就必须按交易所的规定支付相当数量的标准佣金。机构投资者为了降低投资费用，于是便把目光逐渐转向了交易所以外的柜台市场。另一方面，一些非交易所会员的证券商为了招揽业务，赚取较大利润，常以较低廉的费用吸引机构投资者，在柜台市场大量买卖交易所挂牌上市的证券。正是由于这两方面的因素相互作用，推动了第三市场的迅速发展。第三市场的交易价格，原则上是以交易所的收盘价为准。

第三市场并无固定交易场所，场外交易商收取的佣金是通过磋商来确定的，因而使同样的股票在第三市场交易比在股票交易所交易的佣金要便宜很多，所以第三市场一度发展迅速。直到1975年美国证券交易管理委员会取消固定佣金比率，交易所会员自行决定佣金，投资者可选择佣金低的证券公司来进行股票交易，第三市场的发展便有所减缓。

第三市场交易属于场外市场交易，但它与其他场外市场的主要区别在于第三市场的交易对象是在交易所上市的股票，而场外交易市场主要从事上市的股票在交易所以外的交易。

(4)第四市场。第四市场是投资者直接进行证券交易的市场。在这个市场上，证券交易由买卖双方直接协商办理，不用通过任何中介机构。同第三市场一样，第四市场也是适应机构投资者的需要而产生的，当前第四市场的发展仍处于萌芽状态。

由于机构投资者进行的股票交易一般都是大数量的，为了保密，不致因为大笔交易影响股票价格，也为了节省经纪人的手续费，一些大企业、大公司在进行大宗股票交易时，就通过计算机网络，直接进行交易。第四市场交易的程序是：用计算机将各大公司股票的买进或卖出价格输入储存系统，机构交易双方通过租赁的电话与机构网络的中央主机联系，当任何会员将拟买进或卖出的委托储存在计算机记录上以后，在委托有效期间，如有其他会员的卖出或买进的委托与之相匹配，交易即可成交，并由主机立即发出成交证实，在交易双方的终端上显示并打印出来。由于第四市场的保密性及其节省性等优点，对第三市场及交易所来说，它是一个颇具竞争性的市场。

3.1.4 股票投资的收益与风险

1. 股票投资的收益

投资股票的目的是为了获得收益。股票的投资收益是指投资者从买入股票开始到出售股票为止整个持有期的收入，它由股息收入、资本利得和公积金转增股本的收益组成。

(1)股息收入。股息是指股东在持有股票期间从发行公司分得的利润。股息来源于公司的税后净利润，常见的股息形式有：现金股息和股票股息。两者的区别在于：现金股息将未分配利润直接分配给股东；股票股息的来源是未分配利润，公司将未分配利润转化为股本，即减少未分配利润，增加股本。现金股息会减少公司的资金，而股票股息只是调整了资本的结构。投资者要实现现金收入，须将分得的股票股息出售变现，收益的多少受股票市场价格的影响。

(2)资本利得。股票持有者买入股票和卖出股票的差价收入就是资本利得或称资本损益。当股票卖出价高于买入价时，为资本收益；当股票的卖出价低于买入价时，为资本损失。资本利得主要受股票市场价格变动的影响，与公司的经营业绩、宏观经济运行态势、投资者的预期和心态、市场的供求关系等都有很大的关系。

(3)公积金转增股本收益。公积金转增股本是指公司将提取的公积金在法律规定范围之内转为股本，按股东的持股比例派送红股或增加每股面值。公积金转增股本以后，股票的交易价格会有所变化，投资者持有的股票的总市值也有可能发生变化。当持有的股票总市值高于原来股票的总市值时，投资者就获得了公积金转增股本的收益。投资者要实现现金收益，也需将转增股份变现。

2. 股票投资的风险

股票投资风险就是股票投资收益的不确定性。股票投资是高风险投资，在股票投资过程中，投入的本金是一定的，而收益的获得与否及数额是不确定的。在持有股票期间，投资人必须承担收益变动的风险。

与股票投资相关的所有风险统称为总风险，包括系统性风险和非系统性风险两大类。

(1)系统性风险。系统性风险是指由于某种全局性的因素引起的股票投资收益可能的变动，这种因素对市场上所有的股票收益都产生影响。产生系统性风险的因素来自股份公司外部，包括社会、政治、经济等各个方面的变动。系统性风险不能通过投资组合加以分散。

系统性风险主要包括政策风险、市场风险、利率风险和购买力风险等。政策风险是指政府有关股票市场的政策发生重大变化或是有重要的法规、举措出台，引起股票市场的波动，从而给投资者带来的风险。市场风险是指由于股票市场的长期趋势发生了改变而引起的风险。利率风险是指市场利率变动引起股票投资收益变动的可能性。购买力风险又称为通货膨胀风险，是指由于通货膨胀、货币贬值给投资者带来的实际收益水平下降的风险。

(2)非系统性风险。非系统性风险是指只对某个行业或某个公司的股票产生影响的风险。

通常是由某种局部的、特殊的因素引起，只对个别或少数股票的收益产生影响，而不会对整个股票市场的价格产生影响。非系统性风险可以通过多样化的组合投资加以分散，因此又称为可分散风险。

股票的非系统性风险主要包括经营风险、财务风险、信用风险等。经营风险是指由于公司经营状况变化，引起盈利水平改变，从而产生投资者收益下降的可能。财务风险是指公司财务结构不合理、融资不当，而导致投资者收益下降的风险。信用风险是指公司发行的证券到期无法还本付息，而使投资者遭受损失的风险。股票没有还本的要求，普通股票也没有固定的股息，但是同样有信用风险。

(3)股票投资风险的衡量。由于股票投资风险就是股票投资收益的不确定性，因此对股票投资风险的计量就是计算股票收益变动的范围和程度。对于单一股票一般采用股票收益的方差和标准差来衡量股票投资的总风险。具体来说，首先通过股票未来收益率及其概率分布，计算出股票的预期收益率，然后根据股票的预期收益率和概率分布计算出股票收益率的方差和标准差。

当投资者投资多种股票时，对股票组合风险的衡量应考虑各种股票收益率之间的关系，有的股票收益率之间呈现正相关关系，即两种股票收益率的上升和下降是同向的；有的股票收益率之间呈现负相关关系，即两种股票收益率的上升和下降是反向的；同时，相关的程度也不一样，有的相关程度大，有的相关程度小。因此，对于股票投资组合的总风险，一般采用协方差来表示。股票投资组合的收益率是各种股票收益率的加权平均数。

系统性风险一般用β值衡量。β值是用以衡量一种股票的收益率随整个股票市场收益率变动反应程度的相对指标。为计算简便，可以用某一综合股价指数收益率代表整个股票市场的收益率。因为综合股价指数包含大多数有代表性的上市股票，甚至包含了所有的上市股票，它的非系统风险趋向于零，只剩下系统风险。对单一股票的β值，其计算公式为

$$\beta_i = \frac{\mathrm{cov}(r_i r_m)}{\sigma_m^2} \tag{3.5}$$

式中：r_i 表示股票 i 的收益率；r_m 表示综合股价指数的收益率；$\mathrm{cov}(r_i r_m)$表示 r_i 与 r_m 的协方差；σ_m^2 表示综合股价指数的方差。

β值大于1时，表示该股票的系统风险大于股票市场平均水平；小于1时，表示该股票的系统风险小于股票市场平均水平；等于1时，表示与股票市场平均风险相同。

股票组合的β值等于组合中各种股票β值的加权平均数。

3.1.5 股票价格指数

股票价格指数简称股价指数，是反映股票价格综合变动趋势和程度的相对数，是将两个不同时期股票价格平均数进行比较的结果。作为比较基础的分母称为基期水平，用来与基期作比较的分子称作报告期水平。

1. 编制股票价格指数的意义

(1)股价指数不仅能反映一定时点上市股票价格的相对水平，同时也能反映一定时期股票市场价格平均涨跌变化的情况和幅度。

(2)股价指数具有代表性和敏感性特征，使股价指数不仅反映了股票市场的发展变化趋势，而且也大致反映了该国国民经济的基本情况和发展态势，因此，成为衡量一国政治经济的“晴雨表”和“指示器”。

(3)股价指数为股票投资者提供了公开和合法的参考依据。投资者通过股价指数的起伏可以观察和分析股票市场的发展趋势,从而做出自己的投资判断。

(4)股价指数本身为投资者提供了一种新的投资机会。

2. 股票价格指数的编制

编制股票价格指数,通常先选择样本股票并确定一个基期,将基期股价或市值作为基期值(通常定为1 000点、100点、50点、10点等),并据此计算以后各期股价或市值的指数值。股票价格指数的编制方法有简单算术平均法、加权算术平均法和几何平均法。其中加权算术平均法是最常用的股票价格指数计算方法。

加权股价指数是以样本股票发行量或成交量为权数加以计算,又可以分为基期加权和计算期加权两种方法。

(1)基期加权股价指数,又称拉斯拜尔加权指数(lsapeyre index),采用基期发行量或成交量为权数,计算公式为

$$\text{股价指数}=\frac{\sum_{i=1}^{n}P_{1i}Q_{0i}}{\sum_{i=1}^{n}P_{0i}Q_{0i}}\times\text{基期值} \tag{3.6}$$

式中:n为样本数;Q_{0i}为第i种股票基期发行量或成交量;P_{0i}为第i种股票基期价格;P_{1i}为第i种股票计算期价格。

(2)计算期加权股价指数,又称派许加权指数(paasche index),采用计算期发行量或成交量作为权数。其适用性较强,使用较广泛,很多著名的股价指数,如标准普尔指数等,都使用这一方法。计算公式为

$$\text{股价指数}=\frac{\sum_{i=1}^{n}P_{1i}Q_{1i}}{\sum_{i=1}^{n}P_{0i}Q_{1i}}\times\text{基期值} \tag{3.7}$$

式中:n为样本数;Q_{1i}为第i种股票计算期发行量或成交量;P_{0i}为第i种股票基期价格;P_{1i}为第i种股票计算期价格。

3. 我国主要的股票价格指数

(1)上海证券交易所指数(以下简称上证指数)。上证指数系列均采用派许加权综合价格指数公式计算。目前,上海证券交易所指数系列共有8大类82个指数。最常用的有上证综合指数、上证180成分指数。上证综指是以上海证券交易所全部股票为计算范围,以发行量为权数的加权综合股价指数。该指数自1991年7月15日起开始实时发布,基期为1990年12月19日,基点为100。1992年2月21日第一只B股上市后,增设了上证A股指数和B股指数分别反映全部A股和B股的股价走势。此后,又陆续发布了其他综合指数,包括工业指数、商业指数、地产指数、公用指数、新综指数及中型综指和上证流通指数。上证成分指数(简称上证180指数)是上海证券交易所对原上证30指数进行了调整并更名而成的,其样本股是在所有A股股票中抽取最具市场代表性的180种样本股票,自2002年7月1日起正式发布。选择样本股的标准是遵循规模(总市值、流通市值)、流通性(成交金额、换手率)及行业代表性三项指标。

(2)深圳证券交易所指数。深圳证券交易所指数系列均采取派许加权法编制。目前,深圳证券交易所指数系列共有5大类10个指数。其中深证成分指数系列是最常用的。深圳成分

指数系列包含三只相关联的指数:深证成分指数、深圳成分 A 股指数和深圳成分 B 股指数。深证成分指数为包含 40 只 A 股样本的价格指数;深圳成分 A 股指数为包含 40 只 A 股样本的全收益指数,指数样本与深圳成分指数相同;深圳成分 B 股指数为包含 10 只 B 股样本的全收益指数。深圳成分指数以 1994 年 7 月 20 日为基日,基日指数为 1 000。

3.2 长期债券市场

3.2.1 债券市场概述

1. 债券的概念及特征

债券是债券发行人(也称债务人或借款人)按照法定程序发行、并按约定的时间和方式向债权人支付利息和偿还本金的一种债务凭证。债券是债券购买者与发行者之间债权债务关系的证明书,具有法律效力。其要素包括借贷货币资金的数额、期限、面值、利息、求偿等级、限制性条款、抵押与担保及选择权(如赎回与转换条款)。

债券具有偿还性、收益性、流动性、安全性等特征。债券的偿还性是指债券有规定的偿还期限,债务人必须按期向债权人支付利息和偿还本金。债券的收益性是指债券能为投资者带来一定的收入。债券的流动性是指债券能够以其理论值或接近于理论值的价格出售的难易程度。债券的安全性是指债券与股票相比,投资风险低、安全性较高。

2. 债券的种类

债券的种类众多,从不同的角度可划分为不同的种类。

(1)按发行主体的不同,债券可分为政府债券、公司债券和金融债券。政府债券的发行主体是政府,包括中央政府、地方政府和政府机构。由中央政府以财政部名义发行的债券是国家债券,简称国债,是国家信用的主要形式。由于国债以一国政府的信用做保证,中央政府既有征税权,又有货币发行权,因此国债享有最高的信用度,一般没有信用风险,故又称为“金边债券”。国债一般可享受税收优惠,其利息收入可免缴所得税。在一些国家,除财政部外,一些政府机构也可发行债券,称作政府机构债券。政府机构债券的收支偿付均不列入政府预算,由发行单位自行负责。政府机构发行债券目的是增加信贷资金和降低融资成本,其债券最终由中央政府做后盾,因而信誉也很高。地方政府债券是以地方政府为发债主体的债券。地方政府通过发行债券募集资金,用于当地经济发展和公共设施建设。地方政府债券也是由政府担保,其信用风险仅次于国债及政府机构债券,同时也具有免税待遇。

公司债券是公司按照法定程序发行,约定在一定期限还本付息的有价证券。公司债券发行的主体是股份公司,但有些国家也允许非股份制的企业发行债券。公司发行债券的目的主要是为了经营的需要。公司债券的风险比政府债券要大一些。公司债券有中长期的、也有短期的,视公司的需要而定。

金融债券的发行主体是银行或非银行金融机构。金融债券是金融机构补充附属资本的主要渠道,是较为理想的筹集长期资金的工具。与公司债券相比,金融债券的发行条件较为宽松。金融债券的发行一般采取公募方式,即使认购额达不到预计的发行额度,也不会影响发行的正常进行。金融机构的资信度高,易为社会公众接受,因而不仅具有较高的安全性和收益性,也具有广泛的流动性。欧美等西方国家的金融机构一般都是股份公司,习惯上,将金融机构发行的债券归类于公司债券。我国和日本则将金融机构发行的债券定义为金融债券,以突出金融机构发行主体的地位。

(2)按债券的利率是否固定,债券可分为固定利率债券和浮动利率债券。固定利率债券是指在偿还期内利率固定不变的债券。浮动利率债券是指发行时规定债券利率随市场利率定期浮动的债券。浮动利率债券的利率按照预先确定的基准利率予以定期调整,一般高于基准利率一定百分点。浮动利率债券可以避开因市场利率波动而产生的风险。

(3)按利息支付方式的不同,债券可分为附息债券、一次性还本付息债券、贴现债券和零息债券。附息债券是指在债券表面附有各项息票的中长期债券。息票上标明利息额、支付利息的期限和债券号码等内容。通常息票以 6 个月为一期,凭息票于付息日领取本期利息。中长期国债及公司债券大多为附息债券。一次性还本付息债券又称累息债券,是指规定票面利率,但不设息票,不分期付息,也不计复利,只是在到期时将本金和多期利息一并支付给投资者。我国发行的中期国债多为累息债券。贴现债券也称贴水债券,是指券面上不附息票,发行时按规定的折扣率(贴现率),以低于债券面值的价格发行,到期时按债券面值兑付而不另付利息,其发行价与面值的差额即为支付的利息。短期国债的发行常采用贴现方式。零息债券是指在存续期内不支付利息,发行价格是债券面值按票面利率折现后的现值,到期按票面额还本付息的债券。零息债券与贴现债券的区别在于,贴现债券期限通常短于 1 年,发行价格是债券面值扣除贴现息后的差额;零息债券的期限一般长于 1 年,最长可到 20 年,发行价格是债券面值按预期收益率折现后的现值。零息债券于 20 世纪 80 年代初首次在美国债券市场上出现。

(4)按有无担保分类,债券可分为信用债券和担保债券。信用债券也称无担保债券,仅凭发行人的信用而发行,没有特定的物品作担保。一般国债、金融债券、信用良好的公司发行的公司债券,大多为信用债券。担保债券是指以抵押财产为担保而发行的债券。按担保品不同,分抵押债券、质押债券和保证债券。一般公司债券多为担保债券。

(5)按内含选择权不同,债券可分为可赎回债券、偿还基金债券、可转换债券、附认股权证债券和可交换债券。可赎回债券是指公司债券附加提前赎回和以新偿旧条款,允许发行公司选择于到期日之前购回全部或部分债券。偿还基金债券是指要求发行公司每年从盈利中提存一定比例存入信托基金,定期偿还本金,即从债券持有人手中购回一定数量的债券。可转换债券是指由公司发行的、投资者在一定时期内可选择一定条件转换成公司股票的公司债券,通常称为可转债。这种债券兼具股权和债权双重属性。大部分可转债都是没有抵押的低等级债券,并且是风险较大的小型公司所发行的。这类公司筹借债务资本的能力较低,使用可转换债券的方式将增强对投资者的吸引力。附认股权证债券是指公司发行的附有认购该公司股票权利的债券。可交换债券是指允许债券持有人可以按约定条件,交换一定数量与债券发行公司不同的其他公司的普通股票的债券。

(6)按债券面值货币和市场所在地不同,债券可分为国内债券和国际债券。国内债券是指发行人在本国境内发行,以本国货币标示面值的债券。国际债券是指发行人在外国市场发行,且不以发行人所在国货币标示面值的债券。国际债券又可分为外国债券和欧洲债券。外国债券是指发行人在外国市场发行的、以市场所在国货币标示面值的债券。欧洲债券是指发行人在外国市场发行的、以市场所在国以外的第三国货币标示面值的债券,又称为境外债券。

3. 债券市场的功能

债券市场是发行、交易债券的场所,是金融市场的重要组成部分,在社会经济中占有重要的地位。其功能主要有以下几个方面:

(1)融资功能。与股票市场一样，债券市场也是金融市场的一个重要组成部分，具有调剂闲散资金，为资金需求者提供了一个直接融资渠道的功能。

(2)资金优化配置功能。效益好的企业发行的债券通常比较受投资者的青睐，因而发行利率低、筹资成本小；效益差的企业发行的债券风险相对较大，受投资者青睐的程度较低，因而发行利率高、筹资成本高。因此，通过债券市场，资金得以流向优势企业，有利于资金的优化配置。

(3)宏观调控功能。政府通过债券市场发行国债，不仅可以加大政府投资，还能带动民间投资、促进经济增长、调整经济结构、提高经济效益。债券市场为中央银行宏观调控提供良好的市场基础和操作平台，促进货币政策有效实施。

(4)为其他金融工具提供定价基准功能。在金融市场上，国债利率被视为无风险利率，是其他金融工具和金融衍生工具定价的基准。发达的债券市场能形成较完整的债券收益率曲线，为发行市场债券价格的确定和流通市场交易报价提供了参考依据，对其他金融工具、利率衍生品的定价及通货膨胀合理预期的形成具有重要意义。

(5)防范金融风险功能。一个较为完备的债券市场可以有效地降低一国金融系统的风险。一方面，通过发行债券，发行人的经营活动受到来自股东和债权人的双重监督，有利于发行人稳健经营；另一方面，发行人通过债券市场筹集资金，可以减少对银行贷款的依赖，分散金融风险，在金融风险爆发时减少对银行系统的直接冲击。

3.2.2 债券市场的运行

1. 债券发行市场

债券的发行与股票类似，不同之处主要有发行合同书和债券评级两个方面。同时，由于债券是有期限的，因而其一级市场多了一个偿还的环节。

(1)发行合同书。发行合同书也称信托契据，用以说明公司债券持有人和发行公司双方权益的法律文件，由受托管理人代表债券持有人利益监督合同书中各条款的履行。债券发行合同书一般很长，其中各种限制性条款占有很大篇幅。对于有限责任公司来说，一旦资不抵债而发生违约时，债权人的利益会受到损害，这些限制条款就是用来设法保护债权人利益的，它一般可分为否定性条款和肯定性条款。

否定性条款是指不允许或限制股东做某些事情的规定。最一般的否定性条款是有关债券清偿的条款，例如利息和偿还基金的支付，只要公司不能按期支付利息或偿还基金，债券持有人有权要求公司立即偿还全部债务。典型的限制性条款对包括追加债务、分红派息、营运资金水平与财务比率、使用固定资产抵押、变卖或购置固定资产、租赁、工资以及投资方向等方面都可能作出不同程度的限制。这些限制实际上是要对公司相关活动设置某些最高限。有些债券还包括“交叉违约”条款，该条款规定，对于有多笔债务的公司，只要对其中一笔违约，则认为公司对全部债务违约。

肯定性条款是指公司应该履行某些责任的规定，如要求营运资金、权益资本达到一定水平以上。这些肯定性条款可以理解为对公司运作设置了某些最低限。

无论是肯定性条款还是否定性条款，公司都必须严格遵守，否则可能导致“违约”。但在违约的情况下，债权人并不总是急于追回全部债务，一般情况下会设法由债券受托管理人找出变通办法，要求公司改善经营管理，迫使公司破产清算一般是债权人的最后手段，因为破产清算对于债权人通常并不是最有利的。

(2)债券的信用评级。债券的信用评级是指信用评级机构对于公开发行的债券,按照其偿还能力的大小对其信用质量进行级别的评定,以供投资者参考。进行债券信用评级的最主要原因,是方便投资者进行债券投资决策。投资者购买债券要承担一定风险,如果发行者到期不能偿还本息,投资者就要蒙受损失。发行者不能偿还本息是投资债券的最大风险,称为信息风险。对广大投资者尤其是中小投资者来说,由于受到时间、知识和信息的限制,无法对众多债券进行分析和选择,因此需要专业机构对准备发行的债券还本付息的可靠程度,进行客观、公正和权威的评定,以方便投资者决策。债券信用评级的另一个重要的原因,是减少信誉高的发行人的筹资成本。一般来说,资信等级越高的债券,越容易得到投资者的信任,能够以较低的利率出售;而资信等级越低的债券,风险越大,只能以较高的利率发行。

目前,国际上公认的最具权威性的信用评级机构,主要有美国标准普尔公司和穆迪投资服务公司。上述两家公司负责评级的债券很广泛,包括地方政府债券、公司债券、外国债券等,也都建立了各自的评估系统来鉴别公司债券的等级,它们制定的等级标准也为世界各地所采用。两家公司(标准普尔、穆迪)的债券等级比较如表 3.1 所示。

表 3.1 债务等级比较

标准普尔		穆迪公司	
AAA	最高级	Aaa	最高级
AA	高级	Aa	高级
A	中上级	A	中上级
BBB	中级	Baa	中级
BB	中下级	Ba	中下级
B	投机级	B	投机级
CCC,CC	高度投机级	Caa,Ca	高度投机级
C	无收入	C	最低级
D	破产		

(3)债券发行的条件。为了防止发行人因举债过多影响其财务的健全性、安全性,防止债权人蒙受意外损失,各国对债券发行人都有一定的条件规定。

由于国债和金融债的资信较好,一般无违约风险,所以对国债和金融债的发行限制较少。

各国对公司债的发行条件规定较为具体,一般有:①无担保公司债的发行总额不得超过公司现有全部资产减去全部负债及无形资产余额的二分之一;②无论有无担保,公司债的发行总额都不得超过公司现有全部资产减去全部负债及无形资产后的余额;③对于以前发行的公司债或其他债务,曾有违约或延迟支付本息情况的公司,不得发行无担保公司债。如果违约或不履约实施仍在继续之中,则既不能发现无担保公司债,也不能发行担保公司债;④无论发行何种债券,发行人都必须有足够的偿债能力及偿债措施。

(4)债券发行的方式。债券发行的方式分为直接发行和间接发行两种。

直接发行是发行人自己完成发行程序进行募集的方式。直接发行又可分为直接募集和出售发行两种情况。直接募集是发行人不通过中介机构,自己承担发行事务的方式。出售发行是预先不规定发行数额,由发行人在确定的时间内向公众或特定的投资者出售债券,该期限内出售的债券总额即为发行总额。

间接发行是发行人通过中介机构处理债券发行事务的方式。现代债券发行，特别是国债发行大部分是采取间接发行的方式。主要有承购包销、招标发行等方式。承购包销是由若干家银行、证券公司等组成承销团包销全部债券，再由承销团成员利用自己的销售网络将债券分销给公众投资者的发行方式。招标发行是债券发行者通过招标的方法，决定债券投资者和债券发行条件的发行方式。根据标的物不同，招标发行可分为价格招标、收益率招标和缴款期招标。

2. 债券流通市场

债券流通市场是已经发行的债券进行交易的场所，也称债券转让市场。与股票流通市场类似，债券流通市场也可分为证券交易所、场外交易市场以及第三市场和第四市场几个层次。债券在证券交易所上市交易，要符合一定的条件和规定，并经过严格审核。但国债一般不用申请即可上市，享有上市豁免权。然而，上市债券与非上市债券相比，它们在债券总量中所占的比重较小，大多数债券的交易是在场外市场进行的。场外交易市场是债券流通市场的主要形态。

债券流通市场的交易机制，与股票流通市场的交易机制相同。

3. 债券的交易方式

债券常用的交易方式有：现货交易、期货交易、期权交易、信用交易以及回购协议交易等。

(1)现货交易。债券的现货交易是指交易双方在成交后立即交割，或在极短的期限内完成交割的交易方式。通常为 T+1 至 T+3 的交易方式，即在交易达成之后的 1 到 3 个工作日内进行交割。

(2)期货交易。债券期货交易源于商品期货交易，是为了规避债券价格波动风险的一项金融创新。市场利率与债券价格存在着反向变动关系，利率水平上升，债券价格下降；利率水平下降，债券价格上升。债券的期货交易是指交易双方在成交后，按照期货合约约定的条件远期交割的交易方式，从而使债券持有人可以锁定未来的收益。

(3)期权交易。期权交易也是规避债券价格波动风险的一项金融创新。期权交易是指交易者在给付一定的期权费后，取得一种可按照约定价格在规定期限内买进或卖出一定数量的金融资产或商品的权利，买卖这一权利的交易即为期权交易。

(4)信用交易。信用交易是指交易者凭借自己的信誉，通过缴纳一定数额的保证金取得经纪人信用进行债券买卖的交易方式。当某种债券行情看涨时，交易者通过缴纳一定数额的保证金，由经纪人垫款代其购入债券；当某种债券行情看跌时，交易者通过缴纳一定数额的保证金，向经纪人融券向市场抛售。

(5)回购协议交易。回购协议交易是指在卖出(或买入)债券的时候，事先约定一定期间后按规定的价格再买回(或卖出)同一品种的债券。其实质与同业拆借一样，是一种短期资金的借贷交易，债券在此充当质押物。债券的回购交易又可以分为质押式回购和买断式回购。两者的主要区别在于标的债券的所有权归属不同。在质押式回购中，融券方不拥有标的债券的所有权，在回购期内融券方无权对标的债券进行处置；在买断式回购中，标的债券的所有权发生了转移，融券方在回购期内拥有标的债券的所有权，可以对标的债券进行处置，只要到期有足够的同种债券返售给正回购方即可。

4. 债券的报价方式

为了交易方便，债券交易的报价通常采用面值百分数方式。以面值出售的债券报价为

100，以折价出售的债券报价小于100，以溢价出售的债券报价大于100。

(1)全价交易。全价交易是指将应计利息包含在债券报价中的报价方式。其中，应计利息包括付息债券从前一起息日至交割日所含的利息金额。

(2)净价交易。净价交易是指在债券买卖时以不含应计利息的价格报价，并成交的报价方式。即将债券的报价与应计利息分离，价格只反映本金市值的变化，利息按票面利率以天计算，债券持有人享有持有期的利息收入。在净价交易方式下，债券以净价报价，以全价交割，即净价加上应计利息才是实际交割价(全价)。我国银行间债券市场和交易所债券市场实行净价交易。

(3)应计利息。当投资者买入处于两次息票支付之间的债券时，必须补偿给债券卖方从过去一次息票支付到债券交割日之间的息票利息。买方支付给卖方的该息票利息金额称为应计利息。我国市场计算应计利息的公式为：

$$\text{应计利息}=\frac{\text{债券票面利息}}{365}\times\text{已计息天数} \tag{3.8}$$

式中：已计息天数是从前一付息日到交割日，但不包含交割日的天数。

3.2.3 债券投资的收益与风险

投资者放弃当前的货币财富，购买债券是为了获取未来的收益，但也会面临风险。

1. 债券投资收益的构成及衡量

(1)债券投资收益的构成。投资者购买债券的收益由三部分构成：一是发行人定期支付的利息；二是资本利得，即债券期满或被赎回或被出售时与买入时的价差；三是定期所获现金流量在投资中的利息收入。

(2)债券投资收益的衡量。通常用债券收益率来衡量债券投资的收益。债券收益率是债券收益与投入本金的比率，通常用年利率表示。

2. 债券投资风险

(1)利率风险。利率风险是债券投资的主要风险。债券价格与利率呈反向变化，即利率升高，债券价格下降；利率下降，债券价格上升。当市场利率提高时，投资者持有的债券的价格将下降；当市场利率下降时，投资者拟买入债券的价格将上涨。

(2)违约风险。违约风险又称信用风险，是指当债券发行者发生债券危机，没有能力履行付息和还本义务时给投资者带来的风险。一般来说，中央政府债券几乎没有信用风险，因为即便政府无力还债，也可动用货币发行权，通过增发货币来偿还债务，但是这会带来货币供给量增加、物价上涨，干扰正常的经济秩序。

(3)再投资风险。再投资风险是指投资者将债券持有期间的利息收入用于再投资时，因市场利率变化而引起再投资收益的不确定。再投资收益也称为利息的利息，这一收益取决于投资时的利率水平。若市场利率下降，投资者的利息收入用于再投资的收益将减少。再投资风险与利率风险是此消彼长的关系。

(4)通货膨胀风险。通货膨胀风险又称购买力风险是指由通货膨胀所导致的债券实际收益率下降而形成的风险。相对而言，浮动利率债券的通货膨胀风险要低一些，固定利率债券的通货膨胀风险要高一些，因为固定利率债券的现金流是固定的，不会随通货膨胀率的升高而增加。

(5)流动性风险。流动性风险主要取决于债券能以其理论值或接近于理论值的价格出售的难易程度。若债券的二级市场不发达，交易量小，则投资者在急需资金时可能无法顺利变现或低价脱手，遭受资本损失。对流动性风险进行评估的基本手段是交易商所报出的买价和卖价间的价差，差额越大，流动性风险越大。对于计划持有债券直至到期日的投资者来说，流动性风险是不重要的。

(6)赎回风险。许多债券契约允许发行人在到期日前全部或部分赎回已发行的债券，发行人通常保留此项权力，以便在市场利率下降到低于息票利率时能够提前赎回，再以较低的利率筹得资本，此时投资者将面临赎回风险。

3.2.4　债券的价格

1. 债券的定价

债券的理论价格是由债券的内在价值所决定的，债券的内在价值等于债券所有现金流的现值（未来各期利息支付额的现值与到期偿还本金的现值之和）。债券预期现金流一般是确定的，但不同类型债券的现金流是不同的，对应定价公式的形式也不同。

(1)附息债券的定价公式为

$$P=\sum_{t=1}^{n}\frac{C}{(1+r)^t}+\frac{V}{(1+r)^n} \tag{3.9}$$

式中：P 为价格；C 为年利息；V 为债券面值或到期价值；r 为必要的到期收益率；n 为债券的年限。

若为半年付息，则附息债券的价格计算公式为

$$P=\sum_{t=1}^{2n}\frac{C/2}{(1+r/2)^t}+\frac{V}{(1+r/2)^{2n}} \tag{3.10}$$

(2)无息票债券的定价公式为

$$P=\frac{V}{(1+r)^n} \tag{3.11}$$

(3)一次还本付息债券的定价公式为

$$P=\frac{V(1+i^n)}{(1+r)^n} \tag{3.12}$$

式中：i 为债券的票面利率。

2. 马奇尔债券定价规律

马奇尔(Burfan G. Malkiel)研究了债券价格波动后总结出的五条规律，它们对预测债券价格如何随利率变动很有价值。

(1)债券的市场价格与到期收益率呈反向变动。债券的到期收益率上升，价格下降；债券到期收益率下降，则价格上升。

(2)当债券的到期收益率与息票利率不相等时，债券价格必然与债券面值不等。到期年限越长，两者差距越大。

(3)如果债券的收益率在整个有效期内不变，则其折价或溢价减少的速度将随着到期日的临近而逐渐加快，直至到期时债券价格等于面值。

(4)债券收益率的下降会引起债券价格的上升，且上升幅度要超过债券收益率以同样比率上升而引起的债券价格下跌的幅度。

(5)如果债券的息票利率越高，则由其收益率变化引起的债券价格变化的百分比就越小。

3.3 证券投资基金市场

3.3.1 证券投资基金的概述

1. 证券投资基金的含义

证券投资基金是指通过发售基金份额，将众多投资者分散的资金集中起来，形成独立财产，由基金托管人托管，由基金管理人分散投资于股票、债券或其他金融资产，并将投资收益分配给基金份额持有人的集合投资方式。

世界各国和地区对证券投资基金的称谓有所不同。在美国，证券投资基金称为共同基金(mutual fund)或投资公司(investment company)；在英国和中国香港，被称为单位信托基金(unit trust)；在欧洲一些国家，被称为集合投资基金或集合投资计划(collective investment scheme)；在日本、韩国和中国台湾，则被称为证券投资信托基金(securities investment trust)。

证券投资基金起源于英国。1868 年，英国批准成立的"国外及殖民地政府信托"是世界上第一家真正意义的证券投资基金。证券投资基金虽然诞生于英国，但在美国得到了更大的发展。成立于 1924 年的"马萨诸塞投资信托基金"，被认为是现代开放式基金的雏形。第二次世界大战之后，随着各国经济的发展，证券投资基金也不断地扩张，规模不断增加，品种不断创新。进入 21 世纪以后，全球的证券投资基金继续继续稳步发展。

2. 证券投资基金的性质

证券投资基金是一种金融工具，同时又是证券市场的机构投资者，可以说，它集投资主体、投资客体和金融中介于一体。证券投资基金的性质主要有以下两点：

(1)证券投资基金体现了一种信托关系，属于金融信托。证券投资基金是基于信托关系而成立的。信托关系是一种特殊的委托—代理关系。基金管理人和基金托管人作为代理人，为委托人—基金持有人利益的最大化运作和保管基金资产。

(2)证券投资基金是一种间接投资工具。基金份额是一种金融工具。一般说来，证券投资基金所筹集到的资金，不直接用于实体经济，而是投向有价证券，基金投资者则以购买基金份额的方式间接进行证券投资。因此，相对于股票和债券这些直接投资工具而言，证券投资基金是间接投资工具。

3. 证券投资基金的作用

证券投资基金在资本市场中发挥着重要的作用。其作用表现在以下几个方面：

(1)金融媒介。证券投资基金是中小投资者和资本市场间联系的纽带和桥梁。证券投资基金汇聚众多中小投资者的资金，在资本市场进行专业化的组合投资，使中小投资者可以间接参与资本市场交易。一方面降低了中小投资者进入资本市场的交易成本和交易风险，另一方面又增加了中小投资者的收益。

(2)有利于证券市场的稳定。证券投资基金作为专业化的投资机构，投资行为较中小投资者更为成熟和理性。较大的持股份额也有利于对上市公司的经营管理进行监督。

(3)推动了社会经济的增长。证券投资基金为企业直接融资提供了资金来源，从而将储蓄资金转化为生产资金，通过有效配置，促进企业发展，经济结构优化，间接推动社会经济的增长。

(4)推动了资本市场的国际化。通过 QFII(合格境外机构投资者)和 QDII(合格境内机构投资者)的形式，加强了境内和境外的资本流动，推动了国内资本市场的国际化。

4. 证券投资基金的类型

证券投资基金按不同的分类标准有不同的类型。根据组织形式的不同,可分为契约型基金和公司型基金。根据基金运作方式的不同,可分为封闭型基金和开放型基金。根据投资目标的不同,可分为收入型基金、成长型基金和平衡型基金。根据募集方式的不同,分为公募基金和私募基金。根据投资对象不同,可分为股票型基金、债券型基金、混合型基金和货币市场基金等。根据资金来源或投向的地域的不同,可分为国内基金、国际基金、离岸基金和海外基金。除此之外还有一些特殊类型的基金,如对冲基金、指数基金、伞形基金、基金中的基金、保本基金、专门基金及交易所交易基金(ETFs)等。

3.3.2 证券投资基金市场的运行

1. 证券投资基金的发行

(1)证券投资基金的设立。设立基金首先需要发起人,发起人在基金设立过程中起着非常重要的作用。国外基金的发起人多数为有竞争实力的金融机构,可以是一个或多个。在我国,根据《证券投资基金管理暂行办法》的规定,基金的主要发起人为按照国家有关规定设立的证券公司、信托投资公司及基金管理公司,基金发起人的数目为两个以上。在现行的《证券投资基金法》中,没有对发起人做具体的规定,基金的发行由基金管理人担任。

发起人要确定基金的性质并制定相关的要件,如属于契约性基金,则包括信托契约;如属于公司型基金,则包括基金章程和所有重大的协议书。这些文件规定基金管理人、保管人和投资者之间的权利义务关系,会计师、律师、承销商的有关情况以及基金的投资政策、收益分配、变更、终止和清算等重大事项。发起人准备好各项文件后,报送主管机关,申请设立基金。

在很多情况下,基金是由基金管理公司或下设基金管理部的投资银行作为发起人,在基金设立后往往成为基金的管理人,如果发起人不能直接管理该基金,则需要专门设立基金管理公司或聘请专业的基金经理公司作为基金管理人,几乎所有的大型投资银行都设有基金部或基金管理公司,他们经常以经理公司的身份出现在基金市场上。设立基金的另一重要当事人是保管人,即基金保管公司,一般由投资银行、商业银行或保险公司等金融机构充当,担任保管公司也是投资银行基金管理的重要业务之一。

基金的设立申请一旦获主管机关批准,发起人即可发表基金招募说明书,着手发行基金股份或收益凭证,该股票或凭证由基金管理公司和基金保管公司共同签署并经签证后发行。

(2)证券投资基金的发行。由于封闭式基金和开放式基金的交易机制不同,因此,它们的发售和认购途径也不相同。

封闭式基金的发售由基金管理人办理,基金管理人会选择证券公司组成承销团代理基金发售。基金发售一般通过证券交易所的网络系统,以及网下配售进行。投资者可以委托经纪人认购封闭式基金份额。封闭式基金的发售价格一般为面值加上发售费。

开放式基金一般不在证券交易所上市,它的发售通常由基金管理公司负责办理。基金管理公司可以委托商业银行、证券公司、证券投资咨询机构、专业基金销售机构等代理开放式基金份额的发售。投资者一般通过基金管理公司的直销中心、商业银行,以及证券公司进行开放式基金的认购。开放式基金的认购采取金额认购的方式,即投资者在认购基金时,不是按认购份数而是按认购金额申请。开放式基金一般会规定一个最低的认购金额和追加认购金额。投资者认购开放式基金时,需缴纳一定的认购费。认购费的支付分两种模式,即前端收费模式和后端收费模式。前端收费模式是指在认购基金时必须支付认购费用;后端收费模式是指在认购基金时无需支付任何费用，到赎回时才支付认购费用。不同种类开放式基金的认购费率不完全相同。一般而言，基金的认购费率随着基金风险的增加而增加。货币市场基金一般没有认购费用，债权型基金的认购费率一般低于 1%，股票型基金的认购费率最高，可达到 1.5%。开放式基金的认购费率通常随着投资者赎回时间的推后和认购金额的增加而递减。

认购费用的确定和计算用公式表示为

$$买入份额=[买入金额/(1+买入费率)]/基金单位净值 \tag{3.13}$$

因此金额费率法又称为价内法、内扣法，净额费率法又称为价外法、外扣法。我国于 2007 年 3 月统一规范“外扣法”为基金认购费用及份额计算办法。

2. 证券投资基金的交易

按照国际惯例，基金在发行结束后一段时间内，通常为 3～4 个月，就应安排基金证券的交易事宜。

(1)封闭式基金的交易。封闭式基金募集完毕后，如果满足规定的条件，就可以在证券交易所挂牌上市交易。封闭式基金的交易是在基金投资者之间进行的，其交易规则和在交易所挂牌的股票债券基本类似，只是不需要缴纳印花税，佣金和过户费也比买卖股票低。由于封闭式基金的绝对价格一般较低，因此基金交易的最小变动价位对它的流动性有很大影响。我国自 2003 年 3 月起规定，封闭式基金交易的最小变动价位为 0.001 元。

封闭式基金的二级市场价格经常偏离其份额净值，用折价率可以反映这种偏离程度。折价率的计算公式为

$$折价率=\frac{基金市场价格-基金份额净值}{基金份额净值}\times 100\% \tag{3.14}$$

当折价率为正值时，表明封闭式基金的市场价格高于其份额净值，基金为溢价交易；当折价率为负值时，表明封闭式基金的市场价格低于其份额净值，基金为折价交易。

(2)开放式基金的交易。开放式基金的交易是在基金投资者和基金管理人之间进行的。在募集期结束后，基金投资者可以通过基金公司的直销中心或其代理机构进行开放式基金的申购和赎回。

开放式基金的申购是指申请购买基金份额的行为。开放式基金的赎回是指基金持有人要求基金管理人购回其持有基金份额的行为。开放式基金的申购和赎回会相应地增加或减少基金的总份额。

开放式基金的申购以金额申请，即投资者申报申购的金额而不是份额；而赎回则采用份额申请，即投资者申报赎回的份数而不是金额。通常会规定一个最小的申购金额和赎回金额。

开放式基金的申购和赎回与认购一样，也有前端收费和后端收费两种模式。基金投资者在进行开放式基金的申购和赎回时，申购和赎回价格的确定一般按照当日每只基金的净资产价值来计算，大部分基金每天报价一次。有已知价和未知价两种计价方法：已知价方法是指以开放式基金申购日或赎回日前一日的份额净值计价的方法；未知价方法是指投资者在申购和赎回时并不知道成交的价格，只有到当天市场收盘后才能确切地知道申购和赎回的价格。由于已知价的方法确定的申购和赎回价格对基金投资者的收益产生很大影响，所以开放式基金的计价方式主要采用未知价方法。

3.3.3 证券投资基金的收益、风险与评价

1. 证券投资基金的收益及分配

证券投资基金在投资运作过程中产生的收益，在扣除相应的费用后要分配给基金持有人。

(1)证券投资基金的收益。证券投资基金的收益是指基金在运作过程中,所产生的超过本金部分的价值。证券投资基金的主要来源是基金投资所得的股息收入、利息收入、证券买卖的资本利得、其他收入等。

股息收入。基金在购买上市公司的普通股后,便获得了股息分配权。股息包括现金股息和股票股息两种。前者使基金的现金持有量增加,后者则增加了基金持有该股票的股份数。股息是股票型基金收益来源的重要组成部分。

利息收入。利息收入是指基金投资于各种债券而定期取得的收入。如资产支持证券利息收入、货币市场工具利息收入、存款利息收入等。利息收入是债券型基金和货币市场基金收益来源的重要组成部分。

资本利得。基金的资本利得是指基金所持证券的市场价格高于成本的部分。资本利得是所有基金收益来源的重要组成部分。

其他收入。其他收入包括手续费返还、替代损益等除上述收入之外的各项收入。

(2)证券投资基金的收益分配。证券投资基金的收益分配关系到基金投资者的利益和继续持有基金的信心,也关系到基金规模的稳定性。

证券投资基金的收益分配基础是基金净收益。证券投资基金的收益扣除按照法律法规规定可以在基金收益中扣除的费用后的余额,构成了基金净收益。

为了保障基金持有人的利益,各国的法律法规及基金合同都对基金的收益分配的来源、比例、频率及方式等作了明确的规定。

证券投资基金收益分配的来源是基金净收益。如果基金净收益为负,即发生亏损,一般不得进行分配。如果基金以前年度有亏损,则基金当年的净收益应当在弥补以前年度的亏损后再进行分配。

证券投资基金收益分配的比例是指基金净收益中,有多少可用于对基金持有人的分配。由于证券投资基金不像生产性企业一样需要将收益留存,进行扩大再生产,因此法律法规规定基金收益分配的比例一般超过基金净收益的90%。例如,美国规定基金必须将净收益的95%以上用于分配;我国封闭式基金的分配每年不得少于一次,年度分配比例为基金年度已实现收益的90%。

证券投资基金收益分配的频率是指基金在一段时间内分配次数的多少以及相邻两次分配间隔时间的长度。各个国家和地区对基金收益分配频率的规定各不相同。一般而言,货币市场基金一个月分配一次,债券型基金每季度分配一次,股票型基金则每半年或一年分配一次。基金收益的分配并不是越频繁越好。因为如果基金采用现金分配,分配前可能需要大规模地卖出证券,从而会对证券市场产生压力,因此频繁地现金分配可能加剧证券市场的波动。

证券投资基金的分配方式是指基金采取何种形式进行分配。证券投资基金收益分配可以采取现金分红、分配基金份额和分红再投资三种形式。现金分红是最普遍的分配方式,即证券投资基金将现金直接汇入基金持有人的账户;分配基金份额是指将用于分配的净收益按一定的价格折算成新的基金份额分配给投资者。这种分配类似于股票的送红股,从而使基金保留现金,扩大基金的规模;分红再投资是指证券投资基金既不分配现金,也不分配基金份额,而是直接将净收益用于投资,即相当于没有发生分配。不过在这种方式下,基金的净资产会增加,投资者间接获得了收益。

各国法律法规一般规定了基金应当采取的收益分配方式。基金在招募说明书和基金合同中，一般还会给予投资者不同收益分配方式的选择权。

根据我国有关法律规定，我国的封闭式基金一般采取现金方式分配；开放式基金应当采用现金方式，但基金持有人可事先选择将分配的现金按约定转为基金份额；货币市场基金的收益分配方式为红利再投资，并应当每日进行收益分配。

2. 证券投资基金的风险

(1)价格风险。一方面基金投资于证券市场，而证券市场的价格受多种因素的影响，经常处于波动中，从而使基金的净值和收益受到影响。另一方面开放式基金的申购份额、赎回金额的成交价格是以基金交易日的基金份额净值加减有关费用来计算的。但是，投资者在当日进行申购、赎回时，当日的基金份额净值，要等股市闭市后才能计算出来。因此，投资者在申购、赎回的当时，无法准确预知会以什么价格成交。

(2)管理风险。管理风险也称操作风险，主要是指由于基金管理人和基金托管人内部控制机制的不完善，导致基金在投资时发生操作上的失误乃至违规，造成基金投资的损失。

(3)技术风险。技术风险主要来源于交易系统、通信系统的故障。当技术风险发生时，可能导致投资者的交易指令不能及时提交，开放式基金投资者的申购或赎回无法及时完成，基金净值的揭示不能正常进行等不良后果。

(4)流动性风险。流动性风险也称巨额赎回风险，这是开放式基金特有的风险。当市场价格出现大幅下跌时，投资者预见到基金净值的下降，可能会要求赎回基金份额。如果基金没有足够的现金，只能通过抛售所持证券来满足投资者的赎回，这样势必使市场抛售压力增大、价格继续下跌，从而导致更大规模的赎回。一旦陷入这种市场价格下跌—赎回—市场价格继续下跌—更大规模赎回的恶性循环中，基金份额就会急剧下降，严重的还会导致基金被迫清盘。

另外由于战争、自然灾害等不可抗拒因素也会给投资者带来损失。证券投资基金所面临的各种风险相互交织、互为因果。

3. 证券投资基金的绩效评价

(1)证券投资基金绩效评价指标。传统的基金绩效评价指标有特雷诺比率(Treynor Ratio)、夏普比率和詹森测度。三大基金绩效评价指标的思路均是通过计算基金的收益、风险与业绩基准的收益、风险来考察基金是否获取了超额收益，是否将风险控制在一定范围内。这些指标对基金所构建投资组合的风险类别和风险水平的假设不尽相同，因此存在不同的形式。

特雷诺比率是由J·特雷诺于1965年提出的、衡量基金绩效的一种指标。它以证券市场线为基础、以基金投资组合的β系数为风险衡量的尺度，其计算公式为

$$T_i=\frac{\overline{R_i}-\overline{R_f}}{\beta_i} \tag{3.15}$$

式中：T_i 为基金 i 的特雷诺比率；$\overline{R_i}$为基金 i 在样本期内的平均收益率；$\overline{R_f}$为样本期内的平均无风险收益率；β_i 为样本期内基金 i 的β 系数。

基金投资组合的收益与无风险收益之差可以看作风险溢价，组合的β系数体现了系统风险。特雷诺比率等于基金投资组合的风险溢价与组合系统风险的比值，表示基金单位系统风险的报酬。特雷诺比率为正数且值越高，表明基金单位系统风险获得的报酬越高。一个基金的特雷诺比率若高于业绩基准的特雷诺比率，说明它的绩效好于业绩基准；反之，若一个基金的特雷诺比率低于业绩基准的特雷诺比率，则说明它的绩效不及业绩基准。

夏普比率是由威廉·夏普于1966年提出的用来衡量基金绩效的一种指标。它以资本市场线为基础，以基金投资组合的标准差为风险衡量的尺度，其计算公式为

$$S_i=\frac{\overline{R_i}-\overline{R_f}}{\sigma_i} \tag{3.16}$$

式中：S_i 为基金 i 的夏普比率；$\overline{R_i}$为基金 i 在样本期内的平均收益率；$\overline{R_f}$为样本期内的平均无风险收益率；σ_i 为样本期内基金 i 收益率的标准差。

投资组合的标准差体现了它的总风险。夏普比率等于基金投资组合的风险溢价与组合总风险的比值，表示基金单位总风险的报酬。夏普比率为正数且越高，表明基金单位总风险获得的报酬越高。一个基金的夏普比率若高于业绩基准的夏普比率，则说明它的绩效好于业绩基准；反之，若一个基金的夏普比率低于业绩基准的夏普比率，则说明它的绩效不及业绩基准。

詹森测度是由C. M. 詹森于1968年根据资本资产定价模型和证券市场线提出的，其计算公式为

$$J_i=\overline{R_i}-[\overline{R_f}+\beta_i(\overline{R_m}-\overline{R_f})] \tag{3.17}$$

式中：J_i 为基金 i 的詹森测度；$\overline{R_i}$为基金 i 在样本期内的平均收益率；$\overline{R_f}$为样本期内的平均无风险收益率；$\overline{R_m}$为样本期内的市场组合的平均收益率；β_i 为样本期内基金 i 的 β 系数。

基金的詹森测度表示基金的实际收益与按资本资产定价模型得出的理论预期收益之差。詹森侧度的优点在于可以非常方便地进行显著性检验，因此成为学术界最为常用和推崇的基金绩效评价指标。

(2)三种指标的比较。特雷诺比率、夏普比率和詹森测度作为传统的三种基金绩效评价指标，在实践中得到了广泛的应用。然而由于三种指标适用的假设前提不一样，在对同一组基金的绩效进行排序时，按三种指标分别得到的结果可能不完全一致。因为三种指标对基金承担风险的假设不完全相同。夏普比率假设基金的风险包含系统风险和非系统风险；而特雷诺比率和詹森测度假设基金的投资组合已经消除了非系统风险，只含有系统风险。如果基金已经完全分散了非系统风险，则夏普比率和特雷诺比率的评价结果是一致的。因此，夏普比率一般适用于投资组合不是很分散的基金，特雷诺比率和詹森测度比较适用于投资组合接近于市场组合的基金。

三种传统的绩效评价指标都有一定的合理性，但也存在着一些不足，主要表现在：经济意义不够直观、明确。夏普比率和特雷诺比率在数值上难以进行直观的经济解释，特别是当基金的平均收益低于无风险收益时，夏普比率和特雷诺比率为负值，在基金风险溢价相同时，基金的风险越大，基金的夏普比率和特雷诺比率反而越大，这很难进行合理的解释。需要满足很多假设，但这些假设在实际中很难成立；不能直接反映基金经理的选股能力和择时能力；难以给出基金的总体评价。

本章小结

资本市场是由股票市场、长期债券市场和证券投资基金市场三个子市场构成的。股票是股份有限公司签发和证明股东按其所持股份享有权利和承担义务的凭证。根据不同的分类标准，有不同种类的股票，最基本的分类是普通股和优先股。债券是按照法定程序发行的，要求发行人(也称债务人或借款人)按约定的时间和方式向债权人支付利息和偿还本金的一种债务

凭证。债券最基本的分类是政府债券、公司债券和金融债券。证券投资基金是指通过发售基金份额，将众多投资者分散的资金集中起来，形成独立财产，由基金托管人托管，由基金管理人分散投资于股票、债券或其他金融资产，并将投资收益分配给基金份额持有人的集合投资方式。股票市场和债券市场的组织结构可分为发行市场和流通市场。发行市场是发行新股票和债券的市场；流通市场是买卖已经发行的股票和债券的市场。流通市场通常可分为证券交易所和场外交易市场以及第三市场和第四市场等层次。投资于股票、债券及证券投资基金都有风险和收益，股票的风险最大、收益最高。

复习思考题

1. 股票的发行制度有几种？各有何优点于缺点？

2. 股票的发行方式有哪些？如何确定股票的发行价格？

3. 股票流通市场有哪些交易形式？

4. 3 月 1 日，甲某按每股 16 元的价格卖空 1 000 股 Z 股票。4 月 1 日，该公司支付每股 1 元的现金红利。5 月 1 日，甲某按每股 12 元的价格买回该股票平掉空仓。在两次交易中，交易费用都是每股 0.3 元。那么，甲某在此交易中赚了多少钱？

5. 3 个月贴现式国库券价格为 97.64 元，6 个月贴现式国库券价格为 95.39 元，两者面值都是 100 元。请问哪种国库券的年收益率较高？

6. 如何确定债券的价格？

7. 证券投资基金的作用是什么？

8. 证券投资基金绩效的评价方法有哪些？

推荐阅读

[1] 上海证券交易所网站：http://www.sse.com.cn/

[2] 深圳证券交易所网站：http://www.szse.cn/

[3] 霍文文.金融市场学[M].上海：复旦大学出版社.2010.

[4] 张亦春，郑振龙.金融市场学[M].北京：高等教育出版社.2006.

案例讨论

据 2008 年 2 月 26 日《南方日报》报道，前一段时间，中国平安推出了千亿元再融资议案，近期也有不少上市公司在酝酿类似的计划，引起市场各方关注，并引发了股市出现连续暴跌。尽管上周末证监会再批新基金，但权重股之一中国联通 600 亿元再融资的传闻抵消了这些利好作用。昨天，沪深两市再度大跌超过4%，沪指最低跌至4 182.77点，创出始于1月中旬的本轮调整以来的新低。（资料来源：作者根据网络资料改编，原文见《南方日报》。）

据2010年6月2日《大众证券报》报道，5月29日，方大集团公告称，定向增发申请获得证监会审核有条件通过。不过，消息公布后，公司股价连续两个交易日下跌，累计跌幅达8.48%。公司目前股价10元多，但增发价却仅为5元左右，是当前股价的一半。

方大集团定向增发的预案，早在2009年3月份就已经酝酿并公布。按照最初的方案，公司拟向基金、券商、信托公司等机构投资者定向增发不超过1亿股，计划募集资金净额不超过5.5亿元，将用于光电幕墙及节能幕墙扩产项目、地铁屏蔽门扩产项目。但增发计划一波三折，2010年3月20日，公司再次对增发预案进行了调整，将拟募集资金由5.5亿元下调至不超过3.5亿元，。2010年4月6日，由于公司实施了10转增0.7的分配方案，相应的增发价下限调整为5.04元/股，增发数量上限调整为1.07亿股。2010年4月26日，方大集团的增发申请获证监会审核有条件通过。此时，离公司最初制定增发预案，已过去足足一年多时间。

资料来源：作者根据网络资料改编，原文见《大众证券报》

根据以上资料，分析我国股票市场存在的问题？应如何解决？

第 4 章　外汇市场

本章提要

外汇市场作为金融市场的一个重要组成部分，是以各种货币为买卖对象的交易市场。为了清偿国际间的债权、债务，进行跨国投资以及投机获利等等，各种类型的外汇交易不可避免。随着世界经济全球化趋势的不断加强，外汇市场成为最具全球化特色的市场。通过外汇市场相关知识的了解与掌握，为进一步认识外汇市场乃至金融市场在新的世界经济格局中对世界经济的发展所起重要作用奠定了基础。

学习目标

1. 了解外汇市场的含义、特征及构成
2. 掌握外汇交易的种类和方式
3. 掌握外汇市场的汇率的决定与变动

开篇案例

1971年12月在华盛顿史密森博物馆召开的西方十国财政部长会议上，美日双方通过谈判决定日元升值16.88%，达到1美元兑308日元，并以此为基准汇率，上下浮动2.25%。这就是“史密森协议”，通常被划定为日元升值的第一阶段，以此为起点，日本继续由固定汇率制向浮动汇率制转换。

“史密森协议”签订当年，日本经济曾一度衰退，但在1972年1～3月达到谷底后立即回升。没有达到击垮对手的目的，美国人再度出手，1973年2月宣布美元兑黄金贬值10%，日本只得让日元向浮动汇率制过渡。由此，日元升值进入第二阶段，从1973年到1985年，日元逐步在1美元兑240日元～250日元之间浮动。这段时期，日本的汽车产业以惊人的速度发展着，1975年，日本一跃成为世界汽车出口第一大国。汽车市场格局的严重不均衡引发了日美间长达数年的贸易摩擦，也为日元再度升值埋下伏笔。

1985年9月，在美国的发动下，OECD(经济合作与发展组织)七国财长与中央银行行长签订了日本人迄今耿耿于怀的“广场协议”，规定美元对世界其他主要货币的汇率在两年内贬值30%，日元被迫升值。此后日元汇率进入了长达10年的升值周期，这便是日元升值“登峰造极”的第三阶段，日元兑美元比率由250∶1升至87∶1，在1995年还达到过80∶1的水平。后来公认的观点认为：正是“广场协议”吹起了日本的泡沫经济，也引发日本长时间的经济衰退至今。

汇率的变动会引发如此剧烈的影响，需要我们对当今外汇市场的发展加以重视。

4.1 外汇市场构成

4.1.1 外汇与汇率

1. 外汇

外汇(foreign exchange)是指国际汇兑的简称,“汇”是指货币的异地转移,“兑”则是货币之间进行转换。外汇的含义有动态和静态之分:从动态的角度看,外汇就是把一国货币转换成另一国货币,并在国际间流通用以清算因国际经济往来而产生的债权债务。从静态的角度看,外汇又表现为进行国际清算的手段和工具,如外国货币,以外币计价的各种证券等。国际货币基金组织(IMF)给外汇的定义是:“外汇是货币行政当局(中央银行、货币管理机构、外汇平准基金及财政部)以银行存款、财政部国库券、长短期政府债券等形式所保有的在国际收支逆差时可以使用的债权。其中包括由中央银行及政府间协议而发生的在市场上不流通的债券,而不管它是以债务国货币还是以债权国货币表示。”根据《中华人民共和国外汇管理条例》的规定,所称外汇,是指下列以外币表示的可以用作国际清偿的支付手段和资产:①外币现钞,包括纸币、铸币;②外币支付凭证或者支付工具,包括票据、银行存款凭证、银行卡等;③外币有价证券,包括债券、股票等;④特别提款权;⑤其他外汇资产。

外汇必须具备三个基本特征:①外汇是以外币计值或表示的金融资产。所以任何以本币表示的支付手段、有价证券等对本国人来说就不能称其为外汇;②外汇必须具有可靠的物资偿付的保证,能为各国所普遍接受;③外汇必须具有充分的可兑换性,能用于国际多边结算。基于这三个基本特征,不能将外汇简单地理解为外国货币。

2. 汇率及标价方法

汇率(exchange rate)也称为“外汇牌价”,是一国货币兑换另一国货币的比率,即以一种货币表示另一种货币的价格。由于各国货币的名称不相同,币值不相等,所以一国货币对其他国家的货币要规定一个兑换的比率,即汇率。

确定两种不同货币之间的比价,先要确定用哪个国家的货币作为标准。由于确定的标准不同,于是便产生了几种不同的外汇汇率标价方法——直接标价法、间接标价法和美元标价法。直接标价法,又称应付标价法,是以一定单位(1、100、1 000、10 000)的外国货币为基准可以折合多少单位的本国货币。即计算购买一定单位的外币应该支付多少单位的本币,所以就称为应付标价法。包括中国在内的世界上绝大多数国家目前都采用直接标价法。如在我国某外汇银行的外汇牌价中,美元兑人民币汇率为 622.31 即 100 美元兑 622.31 元人民币。间接标价法又称应收标价法。它是以一定单位(1、100、1 000、10 000)的本国货币为基准计算折合若干单位的外国货币。在国际上,欧元、英镑、澳元等货币均为间接标价法。比如在英国伦敦,英镑兑美元汇率为 1.550 5 即 1 英镑兑 1.550 5 美元。但是在国际外汇市场上经常进行的外汇交易不涉及本币,比如英国的商人用美元买日元,此时就不能用直接标价法或间接标价法了,而要采用美元标价法。美元标价法是指在国际外汇市场上标价时不考虑本币和外币,以美元为基准货币,其他货币为标价货币(英镑、澳元等货币除外)的标价方法。英镑、澳元等货币则是以其本身为基准货币,美元为标价货币,称为非美元标价法。这是目前国际外汇市场上通行的标价法。

表 4.1 所示为汇率标价方法对比表,由此表可知,采用不同的标价方法,汇率变动时,对本

币和外币的影响不同。

表 4.1　汇率标价方法对比表

标价方法	基准货币	标价货币	汇率上升	汇率下降
直接标价法	外币	本币	本币数额增多	本币数额减少
间接标价法	本币	外币	外币数额增多	外币数额减少
美元标价法	美元	非美元	非美元数额增多	非美元数额减少
非美元标价法	非美元	美元	美元数额增多	美元数额减少

4.1.2　外汇市场的含义

外汇市场是指分布在世界各地、进行外汇交易的设施和场所。它有狭义和广义之分。狭义的外汇市场是指进行外汇交易的固定的、有形的场所，由一些从事外汇业务的银行、外汇经纪人和客户组成外汇交易所，交易各方于每个营业日的规定时间，在交易所内进行交易。广义的外汇市场则是指有形和无形外汇买卖市场的总和，它不仅包括上面提到的有固定场所的外汇交易所的外汇交易，还包括没有专门交易场所，通过电话、电报、电传等方式进行的外汇交易。因此，广义的外汇市场实际上是指由各国中央银行、外汇银行、外汇经纪商和客户等外汇经营主体以及由它们形成的外汇供求买卖关系的总和。

外汇市场具体分类如表 4.2 所示。

表 4.2　外汇市场分类表

分类依据		定义	特点
有无固定场所	有形市场	有具体交易场所，外汇买卖各方在每个营业日的规定时间集中在外汇交易所进行外汇交易	早期外汇市场的主要形式
	无形市场	没有固定交易场所，外汇交易主体通过电话、电传、电报及其他通讯工具进行交易的抽象交易网络	运作成本低；交易效率高；有利于市场一体化；现在外汇市场的主要形式
外汇交易主体不同	外汇批发市场	外汇银行之间相互买卖外汇而形成的市场	占整个外汇市场交易量 90%以上
	外汇零售市场	外汇银行与一般顾客（进出口商、个人等）进行交易的市场	外汇市场存在的基础
政府对市场交易的干预程度	官方外汇市场	受所在国政府控制，按照中央银行或外汇管理机构规定的官方汇率进行交易	对市场的汇率进行控制
	自由外汇市场	不受所在国家政府控制，汇率完全由外汇市场供求决定	买卖外汇不受管制，交易公开
	外汇黑市	在政府限制或法律禁止外汇交易的条件下产生的	交易过程具有非公开性
外汇买卖的交割期不同	现货市场	外汇交易协议达成后，必须在指定日内交割清算	现钱现货
	期货市场	外汇交易双方购买或销售一种标准的外汇买卖合约，交易现在完成，但在未来某一规定的日期按事先确定的汇率交割	既是现货市场的延伸，又是市场的一个高级发展阶段

4.1.3 外汇市场的特征

外汇市场主要是为交易者交换不同的货币以完成国际贸易和投资，当然它也可以进行货币投机和套利交易。虽然它作为一个国际性的资本投机市场的历史要比股票、黄金、期货等市场短得多，但是它却以惊人的速度迅速发展，其规模已远远超过股票、期货等其他金融商品市场，已成为当今全球最大的单一金融市场和投机市场。随着新的交易工具和交易方式的不断涌现，外汇市场逐渐呈现出以下几个典型的特征：

1. 有市无场

投资者较为熟悉的一个金融市场——股票市场大多属于有形的市场，比如我国有上海股票交易所和深圳股票交易所，有固定的场所和设施进行股票交易。而外汇市场则更多是无形市场，没有集中统一的交易场所，外汇交易的双方是通过电话、计算机、网络等来进行交易的，真正是有市无场。

2. 24 小时不间断运转

世界主要的外汇市场分散于全球，由于时差的原因，通常是“你方唱罢我登场”，从周一早晨四点(北京时间)位于新西兰的惠灵顿外汇市场开始营业到周六早晨四点(北京时间)纽约外汇市场停止营业形成从周一到周五，全天 24 小时不间断的全球连锁外汇交易。这样就像一个接力棒把外汇交易由一个地区传到另一个地区，世界各地的外汇交易连接成为一个整体。

3. 零和游戏

“零和游戏”是博弈论的一个概念，是指在游戏中，一方得益必然意味着另一方吃亏。在外汇市场上，汇率波动所表示的价值量变化和股票市场完全不同。汇率变化反映出的是一种货币价值的减少和另一种货币价值的增加。所以说外汇市场是零和游戏意味着外汇市场并不创造财富，汇率的变化通过外汇交易带来了财富转移，一部分投资者的赢利，必然来自于另一部分投资者的亏损，因为外汇金额相等，总的盈利为零。

4.1.4 外汇市场的构成

1. 外汇市场的参与者

外汇市场的参与者包括中央银行(central bank)、外汇银行(appointed or authorized bank)、外汇经纪人(foreign exchange broker)和顾客(customer)。表 4.3 所示为外汇市场参与者的构成。

表 4.3 外汇市场参与者构成表

参与者	定义	参与方式	作用
中央银行	管理一国货币流通和监控一国金融体系的官方机构	介入外汇市场的交易；对外汇市场进行监管	参与和监管外汇市场，为国家的外汇储备保值，维持本币稳定，保持国内货币政策的有效实施
外汇银行	由中央银行指定或授权经营外汇业务的银行，包括专营外汇业务的本国专业银行、兼营外汇业务的本国商业银行、其他金融机构、外国银行设在本国的分支机构或其他金融机构	受客户委托从事外汇买卖，其目的是获取代理佣金或交易手续费；以自己的账户直接进行外汇交易，以调整自己的外汇头寸，其目的是减少外汇头寸可能遭受的风险，以及获得买卖外汇的差价收入	参与国际外汇市场交易

续上表

参与者	定义	参与方式	作用
外汇经纪人	经中央银行批准,介于外汇银行之间,或外汇银行与顾客之间,为买卖双方接洽业务并收取佣金的汇兑商	为客户提供代理买卖;部分信用较高、资金较雄厚的外汇经纪人也从事自营外汇业务	掌握外汇市场的供求信息,促成外汇买卖双方成交,起联络作用
顾客	进出口商、国际投资者、旅游者、保值性的外汇买卖者和投机性的外汇买卖者	外汇交易	外汇市场的最终供给者和最终需求者

2. 外汇交易的层次

中央银行、外汇经纪人、外汇银行等参与者就形成了外汇交易的三个层次,如图4.1所示。

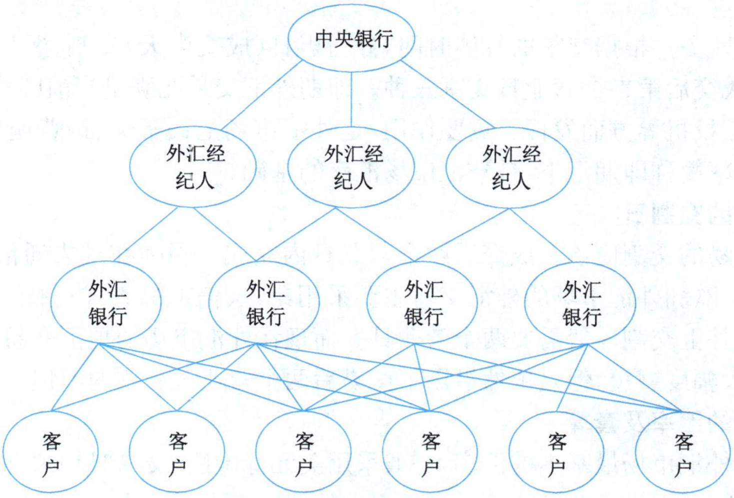

图4.1　外汇交易层次图

(1)外汇银行与顾客之间的外汇交易。外汇银行一方面从一些顾客手中买入外汇,另一方面又向一些顾客卖出外汇,它实际是外汇的最终供给者和需求者之间的中介,外汇买卖的差价是外汇银行进行这一层次外汇交易赚取的利润。

(2)外汇银行之间的外汇交易。外汇银行为了避免汇率变动的风险,要做到外汇交易的"买卖平衡"。若在营业日内与顾客进行的外汇交易出现各种外汇头寸的"多头"(long position)或"空头"(short position)时,外汇银行就需要借助同业间的交易及时抛出多头,补进空头,通过外汇头寸调拨,最终轧平各种外汇的头寸。同时外汇银行为了赚取利润还会进行投机、套利、套汇等目的的外汇交易。因此银行同业间的外汇交易汇集了外汇市场主要的供求流量,要占外汇交易总额的90%以上。

(3)外汇经纪人在外汇交易层次中主要充当外汇交易的中介,其作用已在表4.3中体现,不再详述。

(4)外汇银行与中央银行之间的外汇交易。中央银行作为外汇市场的实际管理者,要通过与外汇银行之间的交易对外汇市场进行干预。当某种外币汇率上涨高于期望值时,中央银行就动用该种外币储备卖给外汇银行,使该外币供给增加,汇率下跌;反之当某种外币汇率下跌低于期望值时，中央银行就收进外汇储备同时抛出本币，使该外币供给减少，汇率上升。

4.2　外汇市场的交易方式

外汇市场的交易依照不同的标准可有多种分类。若按交割的期限和交易的形式来区分，可分为即期外汇交易和远期外汇交易两大类；若按交易的目的和交易的性质来区分，则除了因国际结算、信贷融通和跨国投资等所引起的一般商业性外汇交易以外，外汇买卖还可分成套利交易、掉期交易、套期保值交易、投机交易和互换交易以及中央银行的外汇干预交易等。此外，随着国际金融业的竞争于发展以及金融工具的不断创新，外汇市场上还出现了许多新的交易方式，如外汇期货交易、期权交易等。这里只简单地介绍几种常见的外汇交易方式。

4.2.1　即期外汇交易

即期外汇交易(spot exchange transaction)是指外汇买卖成交后，原则上在两个营业日内办理交割的外汇业务。根据交割的具体时间，分为当日(成交当天)交割、翌日(成交后第一个营业日)交割和成交后第二个营业日交割三种。即期外汇交易在满足当前的货币需求、调拨外汇头寸、进行外汇投机等方面发挥了重要作用，是外汇市场上最常见、最普遍的交易方式。即期外汇交易的汇率简称即期汇率，是外汇市场汇率的基础。

1. 即期交易的交割日

即期外汇交易的交割应该在成交后两个营业日内完成。因为在过去通信技术、交通工具不发达的情况下，欧洲外汇市场的外汇交易主要采用票汇、信汇的方式进行，在欧洲的两个外汇市场之间完成外汇交割一般需要两个营业日。而现在外汇市场的现汇交易多采用电汇方式进行，交易时间大幅度缩短，但是依然沿用了交易后两个营业日交割的习惯。

2. 即期交易的汇率及套算

即期汇率是外汇市场最基本的汇率，一般采用美元标价法，交易时均须同时报出买价(bid price)和卖价(offer price)。两种非美元货币之间的即期汇率必须通过两种货币各自与美元的汇率两两套算而成。这种通过套算得出的汇率称为交叉汇率。

【例 4.1】 假定目前外汇市场上的汇率是：USD1＝HKD 7.794 4～7.795 1，USD1＝JPY95.640 0～95.642 0

如果两个即期汇率都以美元作为基准货币，那么，汇率的套算方法就是交叉相除，即以美元对日元的买入价除以美元兑港币的卖出价，美元兑日元的卖出价除以美元兑港币的买入价，如图 4.2 所示。

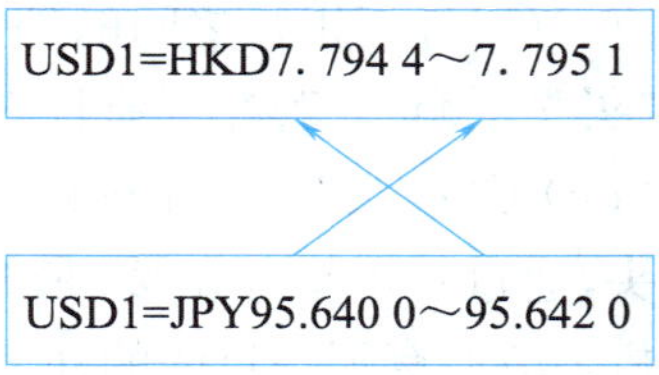

图 4.2　即期汇率计算图——以美元作为基准货币

这时单位港币兑换日元的汇价为：HKD1＝JPY12.269 2～12.270 6

如果两个即期汇率都以美元作为计价货币，那么，汇率的套算方法也是交叉相除。

【例 4.2】 假如目前外汇市场上的汇率是：

GBP1＝USD1.512 5～1.513 5，AUD1＝USD1.038 0～1.039 6

如果两个即期汇率中一种货币的即期汇率以美元作为计价货币，另一种货币的即期汇率以美元为基准货币，那么，此两种货币间的汇率套算方法应为同边相乘，即以英镑兑美元的买入价乘以澳元兑美元的买入价，英镑兑美元的卖出价乘以澳元兑美元的卖出价，如图 4.3 所示。

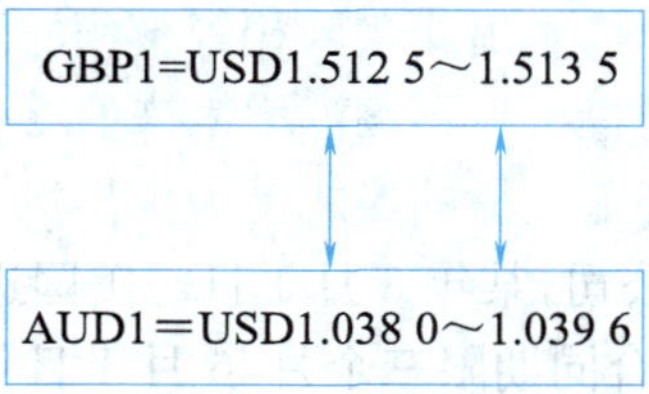

图 4.3　即期汇率计算图——一种以美元作为计价货币，另一种以美元作为基准货币

则单位英镑换取澳元的汇价为：GBP1＝AUD1.570 0～1.573 4

4.2.2　远期外汇交易

远期外汇交易(forward exchange transaction)是买卖双方成交后签订合同，在合同中约定买卖外汇的种类、金额、汇率和将来交割的时间，到规定的交割日再按合同规定交割，也就是卖方交汇，买方付款的外汇业务。远期外汇交易是外汇的预约买卖，签订合同后不管交割日当天的即期外汇汇率比远期外汇汇率高还是低，买卖双方必须依约履行合同，否则，违约方要承担因此产生的一切损失。

1. 远期外汇交易的参加者

远期外汇的购买者主要包括有远期外汇支出的进口商、有短期外币债务的债务人、输入短期资本的牟利者和对远期汇率看涨的投机商等。远期外汇的卖出者主要包括远期外汇收入的出口商、持有不久到期的外币债权的债权人、输出短期资本的牟利者和对远期汇率看跌的投机商等。

2. 远期外汇的汇率表示

(1)直接标明远期外汇汇率。像日本、瑞士等少数几个外汇市场上的远期外汇汇率会直接标明即期汇率是多少，几个月的远期汇率是多少。这种方法不需要经过计算就简单明了的使交易者获得远期汇率，但对于远期汇率和即期汇率之间的关系未作显示。

(2)间接表明。美国、英国、德国等国是在即期汇率基础上，用升水、贴水、平价表明即期汇率和远期汇率之间的差额。升水表示远期汇率比即期汇率贵，贴水表示远期汇率比即期汇率便宜。升水数是远期汇率高于即期汇率的差额，贴水数是远期汇率低于即期汇率的差额，平价表示两汇率的差额为零。采用此种报价方法要知道远期汇率的具体数字，需要注意汇率的标价方法。直接标价法下，远期汇率等于即期汇率加升水数，减贴水数。反之，间接标价法下远期汇率等于即期汇率减升水数，加贴水数。

有时银行在实际外汇交易中报价时不报升水还是贴水，只报出远期汇水的点数。一个点数是货币报价小数点以后的最后一位数字。若远期汇水点数前面的点数大后面的点数小，即前大后小时，表示单位货币的远期汇率贴水，计算远期汇率时应用即期汇率的买入卖出价对应减去远期汇水的前后点数。若远期汇水点数前小后大时，表示单位货币的远期汇率升水，计算远期汇率时应用即期汇率的买入卖出价对应加上远期汇水的前后点数。

3. 远期外汇交易的目的

交易者从事远期外汇交易的具体目的多种多样，但是主要归纳起来不外乎是套期保值或是投机获利。

(1)套期保值(hedging)。套期保值是指当交易者未来某一时间有外汇的收入或者支出，预计汇率波动可能带来经济损失时，卖出或买入相等金额的远期外汇，其目的就是为了保值。

(2)投机获利。投机获利是指投机者预测汇率未来的变化，买入或者卖出远期外汇从汇率的涨落中赚取利润，其进行远期外汇交易的目的是为了投机获利。

【例 4.3】 瑞士的一家出口公司，某年 3 月 1 日与美国进口商签订出口合同，出口商品以美元计价付款，价值 100 万美元，合同期限三个月，6 月 1 日付款提货，按当时即期汇率 USD/CHF=0.940 0/10 计算，出口商品可折合 94 万瑞士法郎。但瑞士公司预测美元有贬值趋势，为避免汇率变动带来的风险，瑞士公司以签约当时的远期汇率卖出未来将收入的 100 万美元，当时三个月远期美元汇水 80/70。

解析：三个月远期汇率为：USD 1=0.940 0/10-0.008 0/70=0.932 0/40，即 USD/CHF=0.932 0/40。

按买入汇率计算(0.932 0)，无论汇率如何变化，6 月 1 日该公司可收回：

100 万(美元)×0.932 0=93.2 万(瑞士法郎)

和原来预计的出口收入 94 万瑞士法郎比，少收入 0.8 万瑞士法郎。但如果不做这笔远期外汇交易，如果 6 月 1 日美元贬值为 USD/CHF=0.930 0/10，按此汇率 100 万美元只能收回 93 万瑞士法郎，瑞士公司将比原计划少收入 1 万瑞士法郎。

在该案例中，出口商未来有外汇货款的收入，他担心外汇汇率下跌使自己遭受经济损失，为了规避汇率波动的风险，该出口商通过远期外汇交易卖出与应收货款数额相等的远期外汇，事先锁定汇率风险。若未来有外汇支出则会担心汇率上升的风险，就应该事先买入与要支付的外汇支出金额相等的远期外汇。

4.2.3 择期交易

择期交易(optional forward exchange)也称交割日不固定的远期外汇交易，是指远期外汇的买入者或卖出者有权要求银行在合约有效期内的任何一天进行交割的一种外汇业务。交易者可以从交易日的第二天起至约定期限内的任何一天，要求银行进行外汇交割，也就是说客户在约定期限内可以选择交割的具体日期。比如，客户选择期限为 5 月 10 日至 6 月 9 日的择期，客户有权在 5 月 10 日至 6 月 9 日期间的任何一个工作日要求银行进行远期外汇买卖的交割。

择期外汇交易与远期外汇交易的相同点是不论汇率发生什么样的变化，买卖双方均不能放弃合约的履行，不同点是远期外汇交易只能在合约的到期日交割，而择期交易则可在合约有效期内的任何一天要求银行进行交割。

因为择期交易的交易者有选择具体交割日期的权利，这对银行不利，所以银行有权选择择期交易的交割汇率。银行当然会选择最有利于自身的汇率进行交割，故遵循以下原则：①若银行买入择期外汇，且远期外汇升水时，银行按最接近择期期限开始时的远期汇率计算；②若远期汇率贴水，银行则按最接近择期期限结束时的汇率计算；③若银行卖出择期外汇，且远期外汇升水时，银行按最接近择期期限结束时的远期汇率计算；④若远期汇率贴水，则银行按最接近择期期限开始时的汇率计算。

我国现有的远期结售汇业务是指外汇指定银行与境内机构协商签订远期结售汇合同，约定将来办理结汇或售汇的外汇币种、金额、汇率和期限，到期外汇收入或支出发生时，即按照该远期结售汇合同订明的币种、金额、汇率办理结汇或售汇。目前远期结售汇业务币种包括美元、港币、欧元、日元、英镑、瑞士法郎、澳大利亚元、加拿大元等可以自由兑换的货币。交易可以是固定期限交易，也可以是择期交易。期限有 7 天、20 天、1 个月、2 个月、3 个月等等。

4.2.4　套汇交易

很久以前在美国与墨西哥的某段边境处，存在着一种特殊的货币兑换情形：即在墨西哥境内，美元兑换墨西哥比索的汇率为 1∶0.9，即 1 美元可以兑换墨西哥比索 90 分(1 比索等于 100 分)。而在美国境内，美元兑换墨西哥比索的汇率为 0.9∶1，即 1 墨西哥比索可以兑换 90 美分(1 美元等于 100 美分)。于是一个人先在一家墨西哥酒吧喝了一杯啤酒，价格是 10 个墨西哥分，于是他用余下的 90 个墨西哥分换了 1 个美元。然后，这个人走过边境又走进一家美国酒吧喝了一杯啤酒，价格是 10 个美分，他用余下的 90 美分换了 1 个墨西哥比索。如此这般，这个人每天快乐地喝着啤酒，而口袋里的 1 个墨西哥比索始终没有减少。这到底是为什么呢？原来这个人一直在用两地套汇的收益在喝啤酒。

这个国际金融中的“喝啤酒难题”实际是关于套汇的问题。套汇交易(point arbitrage)是利用不同市场上的汇率差异，在汇率低的市场上大量买进，同时在汇率高的市场上大量卖出，利用贱买贵卖原理，套取投机利润的活动。

套汇主要有两地套汇和三地套汇两种方式。

1. 两角套汇

两角套汇(two point arbitrage)又称直接套汇(direct arbitrage)，是利用同一时间在两个不同的外汇市场存在的汇率差异进行的套汇活动。

【例 4.4】　假定在同一时间，两个外汇市场英镑兑美元的汇率如下：

纽约外汇市场：GBP1＝USD1.554 0～1.555 0

伦敦外汇市场：GBP1＝USD1.550 0～1.551 0

首先分析：通过观察，英镑对美元的汇率在纽约贵，在伦敦便宜。

其次是套汇过程：假设用 100 万英镑套汇。

(1)在纽约卖出 100 万英镑，获得 1 000 000×1.554 0 美元

(2)在伦敦买入 100 万英镑，支付 1 000 000×1.551 0 美元

所以若不考虑手续费，获利(1.554 0－1.551 0)×1 000 000＝3 000 美元。

套汇利用不同外汇市场的汇率差异赚取利润，同时通过套汇活动也使不同市场的汇率差异缩小。如例 4.5 中，套汇者会选择在伦敦买入英镑在纽约卖出英镑，使伦敦外汇市场的英镑需求增加，英镑汇率上升，同时纽约外汇市场的英镑供给增加，使该市场的英镑汇率下跌，从而使两个市场英镑兑美元的汇率差异逐渐消失。

2. 三角套汇

三角套汇(three point arbitrage)也称间接套汇(indirect arbitrage)，是利用同一时间三个或三个以上外汇市场之间出现的汇率差异，同时在这些市场贱买贵卖有关货币，从中赚取汇差的一种外汇交易方式。

【例 4.5】　在同一时间，三个外汇市场报价如下：

伦敦市场：GBP1＝CHF1.643 5～1.648 5

苏黎世市场：SGD1＝CHF0.282 7～0.285 6

新加坡市场：GBP1＝SGD5.664 0～5.668 0

问：在三个市场有无套汇机会？若可以套汇，以英镑套汇不计其他费用的套汇毛利是多少？

分析：套汇过程可以分成下列步骤来做：

(1)汇率报出买入卖出价的，先变为中间价。

(2)将不同市场的不同标价方法均转换为同一种标价方法表示，基准货币的单位均为1(具体是选择直接标价法还是间接标价法，按照“少数服从多数”的原则最简单)。

(3)将几个市场标价货币的汇率值相乘，乘积为1则没有套汇机会，不为1则存在套汇机会。

(4)计算不同市场的汇率比价，确定套汇路线。

①计算中间价：

伦敦市场：GBP1＝CHF1.646 0

苏黎世市场：SGD1＝CHF0.284 2

新加坡市场：GBP1＝SGD5.666 0

②统一三个外汇市场的标价方法，即同为直接标价法或者同为间接标价法。本例中有两个市场采用直接标价法，一个市场采用间接标价法，所以全部转换为直接标价法比较方便，即为：

伦敦市场：CHF1＝GBP0.607 5

苏黎世市场：SGD1＝CHF0.284 2

新加坡市场：GBP1＝SGD5.666 0

③计算三地汇率中间价连乘积，判断有无套汇机会。计算的结果不论是大于1，还是小于1，只要是不等于1，就说明存在套汇机会。

本例中三地汇率连乘积为

0.607 5×0.284 2×5.666 0＝0.978 2≠1，说明有套汇机会存在。

④选择套汇路线。如果套汇者手里先持有英镑外汇，可以考虑先在伦敦或者新加坡中的某一个市场下手，然后以苏黎世市场为中介，在最后一个外汇市场收手，收回英镑本金，获得套汇利润。

由于伦敦市场GBP1＝CHF1.646 0，借助新加坡市场套算出苏黎世市场英镑/瑞士法郎为：5.666 0×0.284 2＝1.610 3，说明伦敦市场英镑/瑞士法郎比价高于苏黎世市场英镑/瑞士法郎比价。故手中持有英镑外汇的套汇者应该先在伦敦市场卖出英镑获得瑞士法郎，然后以瑞士法郎在苏黎世市场买入新加坡元，最后在新加坡市场卖出新加坡元收回英镑本金。

同理，若套汇者手中持有新加坡元，已知苏黎世市场SGD1＝CHF0.284 2，借助伦敦市场套算出新加坡市场新加坡元/瑞士法郎比价为：1.646 0÷5.666 0＝0.290 5，说明苏黎世市场新加坡元/瑞士法郎比价低于新加坡市场新加坡元/瑞士法郎比价。这次套汇路线就为先新加坡，然后伦敦，最后到苏黎世。

若套汇者手中持有瑞士法郎，套汇路线就为先苏黎世，然后新加坡，最后到伦敦。

套汇者拿出100万英镑套汇，因为套汇者在三个市场均要买外汇，应该使用卖出价。所以以1英镑在伦敦换得1.643 5瑞士法郎，在苏黎世换得5.754 6新加坡元(1.643 5÷0.285 6)，在新加坡换得1.015 3英镑(5.754 6÷5.668 0)。

通过三角套汇，套汇者每拿出1英镑可获得毛利：

1.015 3英镑－1英镑＝0.015 3英镑

100万英镑套汇的毛利为15 300英镑。

4.2.5 套利交易

套利交易(interest arbitrage)是利用两地间的利率差异而赚取利润的行为,即利用两个国家货币市场的利率差,将资金从利率低的国家转移到利率高的国家,以赚取利润的交易活动。

【例 4.6】 某时期的美国金融市场三个月定期存款的年利率为 8%,英国金融市场三个月定期存款的年利率为 6%,套利者利用两地利差将资金从英国转移到美国。套利者以 6%的利率向英国银行借入英镑,将其在即期外汇市场上兑换成美元,再存入美国银行三个月,不考虑其他费用,可赚取 2%利差。假设套利资金总额为 100 万英镑,则该投资者获得的利润为:1 000 000×2%×3/12=5 000 英镑。

思考:上述套利活动假定三个月间英镑对美元的汇率没有发生变化,在实践中,如果考虑到英镑对美元的汇率变动,该投资者还能获利吗?

假定当前英镑对美元即期汇率为 GBP1=USD1.6,三个月后汇率下跌为 GBP1=USD 1.5,这时投资损益情况如何呢?

解析:

套利成本本息和为:1 000 000×(1+6%×3/12)=1 015 000 英镑

投资本息和为:1 000 000×1.6×(1+8%×3/12)=1 632 000 美元

三个月后,投资者将收回的投资本息和按当前的汇率兑换成英镑为:

1 632 000/1.5=1 088 000 英镑

套利损益为:1 088 000−1 015 000=73 000 英镑,套利者获益。

若当前英镑对美元即期汇率为 GBP1=USD1.6,三个月后汇率上升为 GBP1=USD1.8,这时投资损益情况如何呢?

三个月后,投资者将收回的投资本息和按当前的汇率兑换成英镑为:

1 632 000÷1.8=906 667 英镑

套利损益为:1 015 000−906 667=108 333 英镑,套利者受损。

虽然两地存在利差可使套利者获利,但是利率低的货币其远期汇率升水可能抵消套利的利润,甚至会给套利者带来损失。为了降低在套利期限内汇率波动的风险,套利者可以做抵补套利。能否进行套利取决于两地利差是否大于升(贴)水率。

从 20 世纪 70 代起,随着国际贸易的发展和世界经济一体化进程的加快,国际外汇市场上外汇期货和外汇期权交易一直保持着旺盛的发展势头,它们不仅为广大投资者和金融机构等经济主体提供了有效的套期保值的工具,而且也为套利者和投机者提供了新的获利手段。鉴于其他章节有详细介绍,在此不做赘述。

4.3 汇率的决定与变动

4.3.1 汇率的决定

汇率是两国货币之间的比价,也就是两国货币所代表的价值量的比,这就意味着汇率决定的基础是货币所具有或代表的价值。汇率的本质是两国货币所具有或所代表的价值交换的比率。两种货币之间的比价在不同时期并非固定不变,因为不同时期货币所代表的价值量是不同的。货币的价值量与其当时的货币制度有关,因此,不同的货币制度下汇率决定的基础不同。

1. 金本位制下决定汇率的基础

19 世纪 80 年代到第一次世界大战前，世界各国盛行金本位制。金币本位制是以黄金为本位货币的货币制度。典型的金本制是金币本位，实行金币本位制的国家，货币由黄金铸造而成，金币可以自由铸造，银行券可以自由兑换黄金、黄金可以自由输出输入该国。

金本位制下的各个国家都会规定每一单位金币所含有的黄金的重量和成色。金币所含有的黄金重量和成色称为含金量，也称为金平价(gold par)。两个实行金本位制国家的货币之间的比价就是其各自的含金量之比，称为铸币平价(mint par)。因此在金本位制下，汇率决定的基础是铸币平价。例如，在金本位制下，英国货币英镑 1 单位含有的黄金重量为 123.274 47 格令，成色为 22 开金，即含金量为 113.001 6 格令(123.274 4×22/24＝113.001 6 格令＝7.323 38克)纯金；美国货币美元 1 单位含有的黄金重量为 25.8 格令，成色为 90％，即含金量为 23.22 格令(25.8×90％＝23.22 格令＝1.504 6 克)纯金。英镑与美元含金量的比，即铸币平价，因此铸币平价为 4.866 6(113.001 6/23.22)，这说明 1 英镑的含金量是 1 美元含金量的 4.866 6 倍，因此，1 英镑＝4.866 6 美元。这个铸币平价就是英镑与美元之间汇率决定的基础。

当然，这个由铸币平价决定出来的汇率只是基础汇率或名义汇率。实际汇率与它总是有差异。因为受外汇供求关系的影响，实际汇率可能会高于或低于铸币平价决定的基础汇率，而且并不总是与基础汇率相等，但是也不会与基础汇率相差太远。实际汇率总是以铸币平价决定的汇率为中心，围绕其上下波动，这是因为，金本位制下进行国际结算可以选择外汇也可以选择直接运送黄金。运送黄金要有运费、保险费、包装费以及运送期间的利息等费用。若汇率的变动使外汇结算不划算时，可以选择直接运送黄金结算。故实际汇率总是在一定的界限或范围之内围绕铸币平价上下波动。这个界限或范围就称为黄金输送点(gold transport-point)。

当时在英国和美国之间运送黄金的各样费用合计为黄金价值的 5‰～7‰，取中间值 6‰，运送 1 英镑的费用为 0.03(4.866 6×6‰)美元，那么，英镑对美元的基础汇率是 4.866 6，围绕这一汇率上下波动的界限是 4.896 6(4.866 6＋0.03)和 4.836 6(4.866 6－0.03)。当 1 英镑的汇率高于 4.896 6 美元时，美国原打算用外汇结算的交易者会选择直接运送黄金到英国进行支付，黄金的价值 4.866 6 美元加上各种费用 0.03 美元共计 4.896 6 美元就是美国黄金输出点或英国黄金输入点；当 1 英镑的汇价低于 4.836 6 美元时，交易者会选择把黄金从英国运到美国，即黄金的价值 4.866 6 美元减去各种费用 0.03 美元等于 4.836 6 美元就是美国黄金输入点或英国黄金输出点。(见图 4.4)。汇价的波动，总是以黄金的输出点为上限，即铸币平价加上运送黄金的费用是汇价上涨的最高点；而总是以黄金输入点为下限，即铸币平价减去运送黄金的费用是汇价下跌的最低点。两国间运送黄金的费用不会发生太大的变化，故在金本位货币

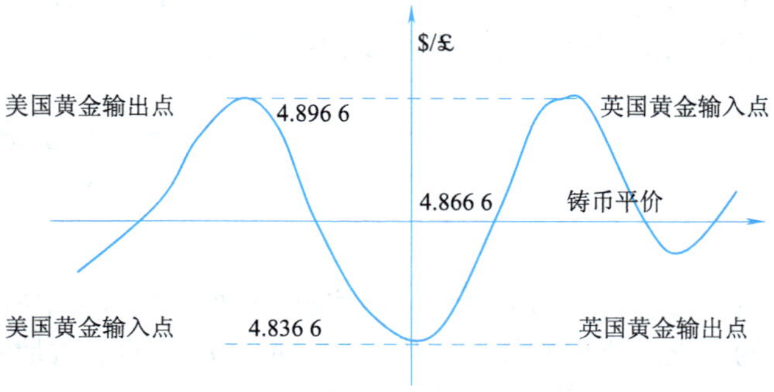

图 4.4 金本位制下汇率波动图

制度下汇率是比较稳定的。

2. 纸币本位制下决定汇率的基础

纸币是一国发行强制通用的货币，它不像金属货币那样有实实在在的价值，而是人为赋予其价值。那么在纸币本位制下决定汇率的基础是什么呢？因为纸币本位制下，纸币已经与黄金或贵金属脱钩，汇率实际上是两国货币各自所代表的价值量的比例。纸币的价值量具体体现在其购买力上，即在既定的价格水平上纸币购买商品和劳务的能力。所以，货币的购买力对比就成为纸币制度下汇率决定的基础。因为发行纸币的各国经常会发生通货膨胀，使纸币的实际购买力与其代表的名义价值之间经常发生偏离，通货膨胀越严重，偏离的值越大。

4.3.2 影响汇率变动的主要因素

20世纪70年代，以美元为中心的布雷顿森林体系崩溃，主要西方国家实行浮动汇率制度。在各种因素的影响下，汇率频繁发生波动。汇率波动最直接的原因是外汇的供给与需求发生了变化，外汇的需求大于供给，则外汇汇率上升，外汇的需求小于供给，则外汇汇率下降。那是什么因素引起了外汇的供给与需求变化，也就是影响汇率变动的具体因素有哪些，可以从以下方面分析。

1. 国际收支

国际收支包括贸易、服务、资本流动等项目，可以反映本国的外汇供求状况，是影响汇率变动的重要经济因素。若一国国际收支持续顺差，外汇收入相应增多，国际储备随之增长，就会引起外国对该国货币需求增长和外国货币供给的增加，在其他条件不变时，外汇汇率下降，本币汇率上升。反之，一国国际收支持续逆差，外汇支出增多，外汇储备减少，将会导致本国对外汇的需求增加，使外汇汇率上升，本币汇率下降。

2. 通货膨胀

根据购买力平价理论，通货膨胀是影响汇率变动的最重要的基本因素。在目前世界各国普遍实行纸币本位制度的条件下，分析汇率的变动因素，不仅要分析本国的通货膨胀率，还应考察其他国家的通货膨胀率。若一国相较其他国家通货膨胀严重时，该国物价水平相对较高，从而使该国的出口减少，进口增加，进而使外汇供求发生变化，使本币汇率下降，外汇汇率上升。当然，需要注意的是一国货币的对内贬值转移到对外贬值，需要一个相对较长的时间过程。

3. 利率

利率是影响一国汇率变动的重要因素之一。一方面当利率上升时，信用紧缩，贷款减少，投资和消费减少，物价下降，在一定程度上有利于出口，不利于进口，减少外汇需求，增加外汇供给，促使外汇汇率下降，本币汇率上升。另一方面，利率上升会吸引国际资本流入，从而增加对本币的需求和外汇的供给，使本币汇率上升、外汇汇率下降。当利率下降时，信用扩张，货币供应量增加，刺激投资和消费，促使物价上涨，不利于出口，有利于进口。在这种情况下会加大对外汇的需求，促使外汇汇率上升，本币汇率下降，同时，利率下降可能导致国际资本流出，增加对外汇的需求，减少国际收支顺差，促使外汇汇率上升、本币汇率下降。

4. 政治因素

国内、国际性的政治、军事等突发事件，对汇率变动有着不可忽视的影响。例如，国内的政局不稳，政权交替；国际政治局势的恶化或好转；地区性、局部的军事冲突的爆发、升级、缓和等都会对汇率变动产生重大影响。以美元为例，美国以外的国家发生政治事件，通常会使美元升值，而美国本身卷入某政治事件，会使美元贬值。

5. 心理因素

人们对外汇市场信息的获取及听信程度、人们的市场预期心理及其采取的相应措施对汇率的变化有着重要的影响。如果人们普遍对某种货币的发展前景看好，该种货币在市场上就会被大量买进，造成该种货币汇率上升。反之，人们普遍预期某种货币发展前景不佳，就会纷纷抛售该种货币，这种货币的汇率就会下跌。

6. 投机因素

大的外汇投机活动，特别是跨国公司的外汇投机活动，经常会使汇率发生剧烈动荡。

7. 偶然因素

大的天灾如地震、洪涝等偶然因素，有时甚至只是一个谣传，有时也会直接引起汇率发生变动。

一些主要影响因素对汇率变动的影响，如表 4.4 所示。

表 4.4 汇率变动的影响因素及影响表

影响因素		本币汇率
国际收支状况	顺差	上升
	逆差	下跌
通货膨胀	较他国严重	下跌
	较他国轻	上升
利率	一般成正比	
政治局势	稳定	稳定
	动荡	不稳
军事动态	地区不安全	不利
	远离动乱	有利
市场心理	预期升值	升值
	预期贬值	贬值
投机活动		不利和有利双向作用
突发事件		影响市场心理

某一种因素对汇率的影响是在假定其他条件不变时发生的，但是在现实世界中，这些影响汇率变动的因素是相互联系，相互作用的。有时汇率的变动是受某一主要因素的影响。比如政治因素对汇率的影响，1989 年前苏联发生突发事件，正在黑海别墅度假的总统戈尔巴乔夫被副总统软禁，并对外宣称“总统因为健康原因不能履行职责，由副总统代为履行”。事件发生时，投资人均以为苏联发生政变，资金蜂拥涌向美元(当时的美元仍享有避风港地位)，导致当日美元暴涨。而因为当时德国在苏联有大量投资，德国马克对美元的汇率大跌。两天后，戈尔巴乔夫重新露面，投资人相信政变失败，德国马克反弹，美元又出现大跌，重归跌势。有时是各种因素共同作用，有时一些因素相互抵消，而且随着世界政治经济形势的发展，这些因素所占的地位又经常发生变化，如 2003 年美伊战争期间的战争局势就成为当时汇市的主导因素。

4.3.3 汇率变动对经济的主要影响

汇率受多种因素的影响发生变动，但反过来汇率的变动又会对国内经济、国际经济产生重大影响。掌握汇率变动的影响因素和掌握汇率变动对经济的影响，并采取相应对策，对保持一国汇率与经济的稳定是相当重要的。

1. 汇率变动对贸易收支的影响

如果本币贬值，外汇汇率上升，在国内物价稳定或物价变动幅度不大时，本币对外国商品、劳务的购买力减弱，不利于进口，出口商外汇收入折合本币的数额增加，有利于出口。反之，本币升值，外汇汇率下降有利于进口，不利于出口。

2. 汇率变动对资本流动的影响

本币贬值时，以本币表示的外汇汇率上涨，为了减少贬值的损失，国内资本会调往国外，大量流出。同时本币汇率上升有利于吸引外国资本流入。相反，如果以本币表示的外币汇率下降，本币币值上升，则会对资本流动产生与上述情况不同的影响，即会引起在国外的本国资本回流和不利于外国资本流入。

3. 汇率变动对外汇储备的影响

外汇储备是一国国际储备的重要组成部分，它具有弥补国际收支逆差，维持汇率稳定等作用。储备货币汇率的变动会影响储备资产的价值，影响储备货币的国际地位，本国货币汇率波动会影响外汇储备的数额。

(1)储备货币汇率变动影响一国外汇储备的价值。储备货币汇率上升，会使储备资产的实际价值增加，储备货币汇率下降，会使储备资产的实际价值减少。比如在布雷顿森林体系下，各国都以美元作为储备货币。当发生美元危机时美元对黄金贬值7.89%，因为美元这一储备货币的汇率下降使发展中国家的外汇储备价值缩水10亿美元。之后的美元危机又因美元汇率下降使发展中国家外汇储备价值又缩水10亿美元。当然，储备货币汇率下跌对发达国家的外汇储备价值也有影响，只是没有对发展中国家的影响那么大。因为发达国家黄金储备在国际储备中的比重比发展中国家的要大，所以储备货币贬值的损失要小。

(2)储备货币汇率变动影响某些国际储备货币的地位与作用。充当储备货币的货币一般以其汇率长期稳定为前提。如果某种储备货币的发行国国际收支长期恶化，汇率不断下跌，各国为了维持外汇储备价值的稳定，必然要减少该种货币的储备资产，转而选择汇率稳定的货币充当储备货币。比如自2007年美国次贷危机后，美元汇率不稳定，美元对多种货币贬值，许多国家借此调整了外汇储备中的美元资产数量。

(3)本币汇率变动对本国外汇储备数额的影响。一般来讲，一国货币汇率稳定，外国资本流入能够获得稳定的投资收入，会促使本国外汇储备增长；反之，本币汇率不稳定容易造成资本外流使本国的外汇储备减少。另外，若本币汇率下降增加了出口则可能会使本国外汇储备增加，反之则可能减少。

4. 汇率变动对一国国内经济的影响

汇率变动对一国国内经济的影响表现在会在短期内引起进出口商品的国内价格发生变化，继而波及整个国内物价发生变化，从而影响整个经济结构发生变化，导致汇率变动对经济发生长期影响。

(1)汇率变动对国内物价的影响。本币汇率上升，会使进口商品的国内价格降低，本国进口的消费资料和原材料的国内价格就随之降低。本国货币汇率下降，会使进口商品的国内价格提高，本国进口的消费品和原材料因本币汇率下跌而不得不提高售价以减少亏损。

(2)汇率变动会对出口商品的国内价格发生影响。外国货币汇率上升，会使出口商品的国内价格提高。因为以本币所表示的外汇汇率上涨，即外币购买力提高。外国进口商会增加对本国出口商品的需求，若出口商品的供应数量不能相应增长，则出口商品的国内价格必然会有较大幅度的增长。外国货币汇率下降，会使出口商品的国内价格下降。因为外汇购买力下降，会引起对本国出口商品需求的减少，从而引起出口商品价格的下降。

(3)汇率变动会对国内其他商品的价格发生影响。汇率变动不仅影响进出口商品的国内价格，也影响着国内其他商品的价格。外币汇率的上升即本币汇率下降，导致进口商品和出口商品在国内的售价提高，必然要导致国内其他商品价格的提高，从而会推动整个物价的上涨。外币汇率下降或本币汇率上升，导致进口商品和出口商品在国内的价格降低、必然会促进国内整个物价水平下降。如本币汇率上升，进口商品国内价格降低，以进口原料生产的本国商品价格由于生产成本的降低而下降。

当然，由于经济运行的复杂性、汇率变动对国内物价的影响及程度有时不是那么直接和明显，还要视商品的生产等许多条件而定，但是，无论如何，汇率的变动总会引起国内物价的变动，而一国国内物价发生变化必然会程度不同的对国民经济各部门产生影响，发生作用。

本 章 小 结

(1)外汇市场有广义和狭义之分。狭义的外汇市场是指进行外汇交易的固定的、有形的场所，由一些从事外汇业务的银行、外汇经纪人和客户组成外汇交易所，交易各方于每个营业日的规定时间，在交易所内进行交易。广义的外汇市场是指由各国中央银行、外汇银行、外汇经纪商和客户等外汇经营主体以及由它们形成的外汇供求买卖关系的总和。

(2)当前外汇市场的典型特征：有市无场；24 小时不间断运转；零和游戏。

(3)外汇市场的参与者主要有外汇银行、外汇经纪人、中央银行和顾客。因此外汇市场的交易层次包括外汇银行与顾客之间的外汇交易，外汇银行之间的外汇交易以及外汇银行与中央银行之间的外汇交易。

(4)随着国际金融业的竞争发展与金融工具的不断创新，外汇市场上还出现了许多交易方式，包括即期外汇交易、远期和择期外汇交易、套汇交易、套利交易以及外汇期货交易、期权交易等。

(5)金本位货币制度下，决定汇率的基础是铸币平价。由于受外汇供求关系的影响，实际汇率总是以铸币平价决定的汇率为中心，在黄金输送点内围绕中心汇率上下波动。

(6)在纸币本位下，纸币所代表的价值量或纸币的购买力是决定汇率的基础。

(7)受国际收支、通货膨胀、利率等多种因素影响的汇率，其变动及其作用从来就不是被动的，它反过来会对一国的经济、政策甚至整个世界经济产生重大影响。

复习思考题

1. 什么是外汇？
2. 什么是汇率？ 汇价的标价方法有哪些？
3. 简述外汇市场的构成层次。
4. 外汇交易方式主要包括哪些？
5. 举例解释金币本位制下汇率如何围绕铸币平价上下波动？
6. 简析影响汇率变动的主要因素以及它们对汇率的影响。
7. 简述汇率变动对一国经济的影响。

推荐阅读

[1] 刘舒年.国际金融[M].4版.北京:对外经贸大学出版社,2010.8.
[2] 姜波克.国际金融新编[M].4版.上海:复旦大学出版社,2008.8.
[3] 韩博印.国际金融[M].北京:北京大学出版社、中国林业出版社,2007.9.
[4] 大卫·爱德华.外汇交易室.这不是绅士的游戏[J].MBA,1978.06.
[5] 许祥云.20世纪90年代后日本外汇市场干预的经验[J].经济学动态,2010.07.
[6] 李诒.2011年全球外汇市场将如何演义[J].产权导刊,2011.26.

案例讨论

2011年4月29日人民币对美元汇率中间价为6.499 0,一举突破6.5的重要关口。2011年以来,人民币对美元的月平均汇率逐月稳步攀升。4月以来人民币对美元快速升值迹象越发明显。月末,人民币对美元中间价接连突破了6.51和6.5的重要关口,陆续创下历史新高。

离岸市场上,人民币对美元已经在6.48一线进行交易。一年期NDF则再度走低至6.32一线,意味着市场预期人民币兑美元将在一年内升值将近3个百分点。

对于此次人民币出现的较快一轮升值,经济学家们从内因和外因两方面阐释。首先是由于美联储主席伯南克坚持现行量化宽松政策不变,美国现行利率水平较低,经济成长缓慢,联邦预算赤字庞大,导致美元在国际市场持续走弱,美元指数从年初的79下滑至73一线附近。另一方面是中国基于抑制输入性通胀的需求。国务院发展研究中心金融研究所副所长巴曙松分析判断,近期蔬菜价格升幅已明显回落,接下来输入性通胀将为通胀提供主要动力,适当加快人民币升值有助于抑制通胀。

根据以上资料分析人民币在年内进一步升值的影响是什么?(提示:考虑人民币升值对国内经济及对外贸易的影响)

第 5 章　衍生金融工具市场

本章提要

衍生金融工具(derivative financial instruments),又称衍生证券、衍生金融产品、金融衍生商品。根据《中华金融辞库》的词条解释:"衍生金融工具是指根据利率或债务工具的价格、外汇汇率、股票价格或股票指数、商品期货价格等金融资产的价格走势的预期而定值,并从这些金融商品的价值中派生出自身价值的金融商品。"亦即,衍生金融工具的价值依赖于基本标的资产价格。这也是当今世界上发展最快、交易量最大的金融工具。自 1972 年的芝加哥商品交易所的国际货币市场正式开展金融期货和 1993 年的芝加哥期权交易所正式开展期权交易以来,虽然历史时期很短,但其发展速度之快、交易量之大、影响面之广已远非其他金融工具所能企及。

学习目标

1. 理解远期利率协议的合约构成,掌握远期利率合约结算金的计算方法
2. 掌握远期利率的定义及计算方法
3. 理解金融期货合约的交易特征,以及金融期货合约与远期合约的不同之处
4. 理解期权交易与期货交易的不同之处
5. 掌握期权的交易方式与履约方式以及对期权合约的盈亏分析
6. 理解金融互换的意义
7. 掌握利率互换与货币互换的原理并能根据需要设计互换协议

开篇案例

亚洲金融危机过后，亚洲国家加快了在金融领域的合作步伐。2000年5月，东盟十国和中日韩三国通过了“清迈倡议”，决定建立区域性货币互换网络，以维护亚洲金融市场的稳定。随后中国人民银行先后和泰国、日本、韩国、中国香港、马来西亚、印尼、阿根廷、白俄罗斯等8个国家和地区的中央银行签署了货币互换协议，见下表所示。

伴随着2010年底人民币国际化进程的启动，中国人民银行与他国的货币互换合作步伐明显加快。2011年11月22日，中国人民银行与香港金融管理局续签货币互换协议，互换规模由原来的2 000亿元人民币扩大至4 000亿元人民币。随后，人民银行又与泰国、马来西亚、白俄罗斯、阿根廷、蒙古、澳大利亚、新加坡、巴西等多国签署或续签了货币互换协议。

中国人民银行与多国(地区)之间的货币互换

时间	2001年12月	2002年3月	2008年12月	2009年1月	2009年2月	2009年3月	2009年3月	2009年3月
对象	泰国央行	日本央行	韩国央行	中国香港金管局	马来西亚央行	印尼央行	阿根廷央行	白俄罗斯央行
亿美元	20	30	1 800	2000	800	1 000	700	200
用途	维护金融市场稳定	维护金融市场稳定	为韩国在华企业融资	满足资金供给	用于双方商贸结算	用于双方商贸结算	用于双方商贸结算	将人民币作为储备货币

资料来源：根据中国人民银行货币政策二司公布的业务资料整理而来。网址：http://www.pbc.gov.cn/publish/huobizhengceersi/3135/index.html

5.1 金融远期市场

5.1.1 金融远期合约定义

根据《中华金融辞库》的词条解释：金融远期合约（financial forward contracts）是指交易双方约定在未来某个时期按照预先签订的协议交换某一特定资产的合约。亦即双方约定在未来的某一确定时间，按确定的价格买卖一定数量的某种金融资产的合约。在合约中规定在将来买入标的物的一方称为多方（long position），而在未来卖出标的物的一方称为空方（short position）。合约中规定的未来买标的物的价格称为交割价格（delivery price）。

5.1.2 远期合约的产生

远期合约是适应规避现货交易风险的需要而产生的。比如，一个农业耕作者的命运完全依赖于他的农作物收割时农作物的现货市场价格。如果在播种时就能确定农作物收割时卖出的价格，农业耕作者就可安心致力于农作物的生产了。

金融远期合约是远期合约的一种，其标的物是金融资产，作为一种保值工具，它规定交易双方规定在未来的某一确定时间，以确定的价格买卖一定数量的某种金融资产。亦即，在合约中要规定交易的标的物、有效期和交割时的执行价格等项内容。

金融远期合约是非标准化合约，它不在交易所交易，而是在金融机构之间或金融机构与客户之间通过谈判后签署，已有的远期合约也可以在场外市场交易。在签署合约之前，双方会对交割时间、交割地点、标的物的品质、合约规模、交割价格等要素进行商谈，以尽可能让合约满足双方需求。因此远期合约灵活性较大，这是远期合约的主要优点。

但较大的灵活性也使金融远期合约交易存在三方面的缺陷：缺乏集中的交易场所，导致信息交流和传递效率低，不利于统一市场价格的形成；合约的多样性和非标准化造成转手流通困难，因此流动性较差；履约缺乏保证，交易者可能出现无力或无诚意履行合约的现象，因此违约风险较高。

金融远期合约主要包括远期利率合约、远期汇率合约、债券类资产（定期存款单、短期债券、长期债券、商业票据等固定收益证券）的远期合约、股权类资产（单个股票、一篮子股票或股票价格指数）的远期合约等类型。

5.1.3 远期利率协议

根据《中华金融辞库》的词条解释：远期利率协议（forward rate agreements）是指交易双方商定某种利率，同意在未来特定日期（即清算日）按特定期限支付某一名义存款的利息的合约。

远期利率协议中的买方是名义借款人，其订立远期利率协议的目的主要是为了规避利率上升的风险。远期利率协议的卖方则是名义贷款人，其订立远期利率协议的目的主要是为了规避利率下降的风险。到期交割时，借贷双方根据协议利率和参考利率之间的差额以及名义本金数额，由交易一方付给另一方利息差额。

1. 交易中的基本术语和规则

英国银行家协会于 1985 年颁布了《远期利率标准化文件》（简称 FRABBA），作为市场实务的指导原则，以规范远期利率协议的市场运用。目前世界上大多数远期利率协议均根据 FRABBA 规则进行签订，基本术语如表 5.1 所示。

表 5.1 远期利率合约中的基本术语

基本术语	术语解释
合同货币	借贷货币的币种
合同金额	借贷的名义本金额
交易日	远期利率协议成交的日期
起算日	开始计算相关交易期限的日子，一般与交易日相隔两个营业日
结算日	名义借贷开始的日期，也是交易的一方对另一方交付结算金的日期
结算金	在结算日，根据合同利率和参照利率的差额计算出来的由交易一方付给另一方的金额
到期日	名义借贷到期的日期
确定日	确定参照利率的日期，一般与结算日相隔两个交易日
合同期	结算日至到期日之间的天数
合同利率	在协议中双方商定的借贷利率
参照利率	在确定日用以确定结算金的在协议中指定的某种市场利率

2. 案例分析

【例 5.1】 2012 年 10 月 2 日星期二，甲乙双方同意成交一份了 1×4、名义金额为 100 万美元、合同利率为 2.5%的远期利率协议。

(1)交易日程的确定。

起算日:2012 年 10 月 4 日星期四。

1×4:起算日和结算日之间为 1 个月，起算日至名义贷款最终到期日之间为 4 个月。

结算日:2012 年 11 月 5 日星期一(11 月 4 日为非营业日)，到期时间为 2013 年 2 月 4 日星期一。

确定日:2012 年 11 月 2 日星期五。

参照利率:2012 年 11 月 2 日 LIBOR，为 1.85%。

合同期:2012 年 11 月 5 日至 2013 年 2 月 4 日，91 天。

结算金的支付:参照利率高于合同利率，名义贷款方就要支付结算金给名义借款方。

(2)结算金的计算。参照利率超过合同利率，卖方应该支付买方一笔资金，以补偿买方在实际借款中因利率上升而造成额外的利息支出，该笔资金被称为结算金。但结算金与实际利息支出不同，因为实际借款利息是在贷款到期时支付的，而结算金则是在结算日支付的。因此结算金等于实际额外利息支出在结算日的贴现值，具体计算公式为

$$\text{结算金}=\frac{(r_r-r_k)\times A\times\dfrac{D}{B}}{1+\left(r_r\times\dfrac{D}{B}\right)} \tag{5.1}$$

式中：r_r 为参照利率，r_k 为合同利率，A 为合同金额、D 为合同期天数，B 为天数计算惯例(如美元为 360 天，英镑为 365 天)。

在例 5.1 中，卖方应向买方支付的结算金为

$$\frac{(0.025-0.0185)\times 1\,000\,000\times\dfrac{91}{360}}{1+0.025\times\dfrac{91}{360}}\approx 1\,632.77 \tag{5.2}$$

3. 合同利率的确定

例 5.1 中的合同利率实际上是远期利率，指的是现在时刻确定的将来某个时间段的利率。如例 5.1 中的合同利率 2.5%表示的是 1 个月之后开始的期限为 3 个月的远期利率为 2.5%。

那么，远期利率是如何确定的呢？理论上来说，远期利率由一系列即期利率决定。在均衡市场里，同样的投资期限内，单位资金通过连续投资所获得的总收益应当等于该笔资金进行一次性投资所获得总收益。

【例 5.2】 某金融市场上 1 年期的即期利率为 10.0%，2 年期的即期利率为 10.2%，该市场 1～2 年期的远期利率为 $\hat{r}$。

则单位资金在 2 年的投资期内先进行 1 次 1 年期的投资，在到期后再进行 1 次 1 年期的投资，其总收益为(1+10.0%)$(1+\hat{r})$；单位资金在 2 年的投资期内进行一次性投资的总收益为$(1+10.2\%)^2$。在均衡市场里，必然存在：

$$(1+10.0\%)(1+\hat{r})=(1+10.2\%)^2$$

得 $$\hat{r}=10.4\%$$

上述计算数据如果以变量来表示，计算过程的推广如下：

假定现在时刻为 t，T 时刻到期的即期利率为 r，T^* 时刻($T^*>T$)到期的即期利率为r^*，则 t 时刻的 T^*-T 期间的远期利率为 $\hat{r}$，1 年计息 1 次，则有：

$$(1+r)^{T-t}(1+\hat{r})^{T^*-T}=(1+r^*)^{T^*-t} \tag{5.3}$$

式(5.3)采用的是一年计算利息一次的方法，假设一年中计算利息无穷次，则称为连续复利方式。在连续复利方式计息下，远期利率的计算过程及结果如下：

假定现在时刻为 t，T 时刻到期的即期利率为 r，T^* 时刻($T^*>T$)到期的即期利率为r^*，设时刻 T 的 $T\sim T^*$ 期间的远期利率为 $\hat{r}$，一年计算利率 m 次，则有：

$$\left(1+\frac{r}{m}\right)^{m\times(T-t)}\times\left(1+\frac{\hat{r}}{m}\right)^{m\times(T^*-T)}=\left(1+\frac{r^*}{m}\right)^{m\times(T^*-t)} \tag{5.4}$$

若 m 趋向于无穷大，即为连续复利方式，此时，$\left(1+\frac{R_m}{m}\right)^m=e^{R_m}\ (m\to\infty)$，表达式(5.4)可转换为：

$$e^{r(T-t)}\times e^{\hat{r}(T^*-T)}=e^{r^*(T^*-t)} \tag{5.5}$$

5.1.4 我国利率远期与货币远期的开展情况

1997 年，中国银行获得独家授权，开始办理以实际需要原则为基础的经常项目和指定资本与金融项下的远期结售汇业务。2003 年，工行、农行和建行也开办了此项业务。2004 年，交行、招行、中信实业等股份制银行相继跟人。2005 年，中国人民银行进一步扩大办理人民币对外币远期业务的银行主体，只要银行具有即期结售汇业务和衍生产品交易业务资格，备案后均可从事远期结售汇业务，这表明人民币远期外汇交易全面在银行间市场展开。2006 年 4 月，人民币外汇掉期业务也被推向了市场。

2005 年 6 月，工商银行与兴业银行达成了首笔债券远期交易；2007 年 10 月，远期利率协议正式开始启动。

5.2 金融互换市场

金融互换虽然历史较短,但品种创新却日新月异。除了传统的货币互换和利率互换外,一大批新的金融互换品种不断涌现,比如交叉货币利率互换、基点互换、零息互换等。

5.2.1 金融互换的概念

根据《中华金融辞库》的词条解释:"金融互换(financial swaps)是一种将不同的债务、不同利率的债务或交割期不同的同种货币的债务,由交易双方按照市场行情签订预约,在约定期限内相互交换,并进行一系列支付的金融交易行为。"互换市场源于 20 世纪 70 年代末的英国货币交易商为了逃避英国的外汇管制而开发的业务。

5.2.2 互换市场的参与者

互换市场参与机构包括最终用户和中介机构。最终用户是指各国政府、国际银行和跨国公司、储蓄机构和保险公司、国际性代理机构与证券公司等等。最终用户参与互换的主要目的是获得高收益的资产或进行低成本融资,实施资产与负债的有效管理,回避正常经济交易中的利率或汇率风险以及进行套利、套汇等。中介机构主要包括美国、英国、日本、德国、加拿大等国的投资银行和商业银行、证券交易中心等等。中介机构参与互换的重要目的是为了从承办业务中获取手续费收入和从交易机会中得到盈利。

5.2.3 互换市场的意义

首先,通过金融互换可实现资金在全球各市场间套利,用以降低筹资成本或提高资产收益。

其次,商业银行等机构还可以利用金融互换来管理资产负债组合中的利率风险和汇率风险。

再次,金融互换为表外业务,还可以逃避外汇管制、利率管制及税收限制。金融互换作为衍生产品的一种,其交易不构成有关交易方的资产与负债。亦即,金融互换在时间和融资方面独立于各种借款或投资之外,使具体的借款或投资行为与互换中的利率基础和汇率基础无关。从而决定了金融机构可利用金融互换逃避外汇管制、利率管制以及税收限制。

最后,金融互换还具有其他衍生产品所不可比拟的优越性。一方面,互换的期限很灵活,一般 2~10 年,最长可达 30 年;另一方面,互换能满足双方交易者对非标准化交易的需求;此外,互换可省去使用期货、期权等产品对头寸的日常管理,使用更为方便。

5.2.4 利率互换

根据《中华金融辞库》的词条解释,利率互换(interest rate swaps)亦称"利率调换"、"利率掉期",是指交易双方在两笔同种货币,金额相同,期限一样,但付息方法不同的资产或债务之间进行的相互交换利率的活动。

【例 5.3】 甲、乙公司都想借入 3 年期的 100 万美元的借款,甲想借入与 6 个月期相关的浮动利率借款,乙想借入固定利率借款。但两家公司信用等级不同,故市场向它们提供的利率也不同,如表 5.2 所示。

表 5.2 市场提供给 A、B 两公司的借款利率

公司名称	固定利率	浮动利率
甲公司	6.00%	6 个月期 LIBOR+0.20%
乙公司	7.00%	6 个月期 LIBOR+0.40%

从表 5.2 可以看出,相比于乙公司,甲公司在两个市场都具有绝对优势。但在固定利率市

场上，甲比乙的绝对优势为 1.00%，而在浮动利率市场上，甲比乙的绝对优势为 0.20%。亦即，甲在固定利率市场上有比较优势，乙在浮动利率市场上有比较优势。因此，双方可利用各自的比较优势为借款后进行互换，从而达到共同降低筹资成本的目的。即甲以 6.00%的固定利率借入 100 万美元，而乙以 LIBOR＋0.40%的浮动利率借入 100 万美元。由于本金相同，双方不必交换本金，而只交换利息。

通过互换，交易双方总的筹资成本降低了 0.80%(7.00%＋LIBOR＋0.20%－6.00%－LIBOR－0.40%)，这就是互换利益。互换利益的分享比例由双方谈判决定，假定双方各分享一半，则双方都将使筹资成本降低 0.40%。那么各自最终的实际筹资成本为：甲支付 LIBOR－0.20%的浮动利率，乙支付 6.60%的固定利率。

随后，双方根据借款成本与实际筹资成本的差异计算各自向对方支付的现金流，即甲向乙支付按 LIBOR 计算的利息，乙向甲支付按 6.20%计算的利息。利息支付示意图如图 5.1 所示。

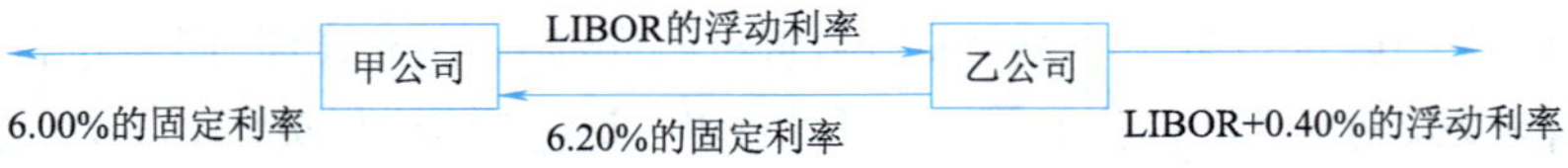

图 5.1　利率互换中利息支付示意图

5.2.5　货币互换

根据《中华金融词库》的词条解释，货币互换(Currency Swaps)亦称“货币掉期”、“货币调换”，是指交易双方根据互补的需要，以商定的筹资本金和利率为基础，进行债务或投资的本金交换并结清利息的交易行为。

【例 5.4】 假定 2013 年 3 月 22 日英镑和美元汇率为 GBP1＝USD1.523 0。某公司甲想借入 3 年期的 1 000 万英镑借款，另一公司乙想借入 3 年期的 1 523 万美元借款。考虑到公司甲和乙的信用等级不同，且两国金融市场对甲、乙两公司的熟悉状况也不同，市场向它们提供的了不同的借款利率，如表 5.3 所示。

表 5.3　市场向甲、乙公司提供的借款利率

公司名称	美　元	英　镑
甲公司	8.0%	11.4%
乙公司	10.0%	11.8%

从表 5.3 可以看出，市场给予甲的美元和英镑借款利率均比乙低，即甲在两个市场都具有绝对优势。其中，甲在美元市场上的绝对优势为 2%，在英镑市场上的绝对优势为 0.4%。这表明，甲在美元市场上具有比较优势，而乙在英镑市场上具有比较优势。如此，双方就可利用各自的比较优势组织借款，然后进行互换得到自己想要的资金，并在互换中分享互换收益以降低筹资成本。

于是，甲以 8%的利率借入 3 年期的 1 523 万美元，乙以 11.8%的利率借入 3 年期的 1 000 万英镑。然后，双方先进行本金的交换，甲向乙支付 1 523 万美元，乙向甲支付 1 000 万英镑。

互换使双方的总筹资成本降低了 1.6%，假定甲、乙两公司商定双方平分互换收益，则甲、乙公司的筹资成本均降低 0.8%。那么甲最终需要支付 10.6%的英镑利率，乙最终需要支付 9.2%的美元利率，这是双方最终的实际筹资成本。

随后，双方根据借款利率与实际筹资成本的差异计算各自向对方支付的现金流，以进行利息互换。

假定利息互换方案为：甲向乙支付10.6%的英镑借款的利息计106万英镑，乙向甲支付8.0%的美元借款的利息计121.84万美元。互换后，甲的最终实际筹资成本为10.6%英镑借款利息；而乙的最终实际筹资成本为8.0%美元借款利息加1.2%英镑借款利息。若汇率水平不变，乙的最终实际筹资成本相当于9.2%美元借款利息。如果乙担心未来汇率水平的变动，则乙可以通过购买美元远期或期货来规避汇率风险。

最后，在贷款期满后，双方要再次进行借款本金的互换，即甲向乙支付1 000万英镑，乙向甲支付1 523万美元。到此，货币互换结束。

若不考虑本金的交换过程，则利息互换的示意图可用图5.2表示。

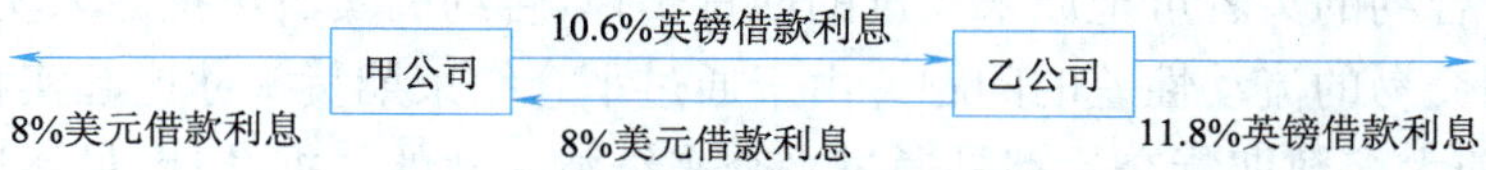

图5.2　货币互换中利息支付示意图

5.2.6　我国金融互换业务开展情况

我国金融互换衍生品主要集中在银行间市场，交易对象以利率互换和外汇互换为主。其中，人民币外汇掉期交易、人民币利率互换交易、货币互换业务发展比较成熟。2006年1月24日，中国国家开发银行与中国光大银行完成了首笔50亿元人民币利率互换交易，标志着我国人民币利率互换市场的正式启动。2006年4月24日，中国进出口银行与中国银行之间达成了首笔人民币外汇掉期交易协议。此后，我国互换市场开始了快速的发展，其他新的互换衍生产品种类也在不断增加。

5.3　金融期货市场

5.3.1　金融期货的定义与分类

20世纪70年代初，西方国家出现了严重的通货膨胀，固定汇率制也被浮动汇率制所取代，国内外经济环境和体制安排的转变使经济活动的风险增大。这种情况反映到金融市场上就是利率、汇率和证券价格的急剧波动，原有的远期交易由于其流动性差、信息不对称、违约风险高等缺陷而无法满足人们急剧增长的需要，于是金融期货交易应运而生。

根据《中华金融辞库》的词条解释，金融期货(financial future)亦称“金融期货合约”，是指买卖双方在期货市场上约定时间，以约定的价格和数量买卖某些标准化的金融商品的合约。合约中规定的价格就是期货价格(futures price)。

金融期货合约按标的物不同，可分为利率期货、外汇期货和股价指数期货。

利率期货是指标的物的资产价格依赖于利率水平的期货合约。如长期国债期货、短期国债期货和欧洲美元期货。

外汇期货是为了规避汇率波动风险而创新出来的，其标的物是外汇，如美元、德国马克、英镑、日元、澳元、加元等。

股价指数期货的标的物是股价指数。由于股价指数是一种极特殊的商品，它没有具体的实物形式，双方在交易时只能把股价指数的点数换算成货币单位进行结算，没有实物的交割。例如，芝加哥商品交易所(CME)的 S&P 500 指数期货的单位价格(即每份合约的价格)规定为指数点数乘以 500 美元。

5.3.2 金融期货交易的基本特征

(1)期货合约的合约规模、交割日期、交割地点标准化，亦即上述交易要素在合约上均有明确的规定。而交易双方所要做的唯一工作是选择适合自己的期货合约，并通过交易所竞价确定成交价格。尽管期货合约的交割月份、交割地点等均由交易所事先确定，并在合约中事先载明的，但同种金融工具的期货合约可以有不同的交割月份。对于许多期货合约来说，交割日期可以是整个交割月，具体在哪一天交割，则由空方选择。

(2)期货合约的交易者可选择在交割日之前进行对冲交易的方式结束其期货头寸，亦即平仓。这就相当于合约的买者可把原来买进的期货卖掉，合约的卖者可把原来卖出的期货买回，从而解决了远期交易的流动性差的问题。由于通过平仓结束期货头寸比起实物交割来既省事又灵活，因此目前大多数期货交易都是通过平仓来结清头寸的。据统计，最终进行实物交割的期货合约不到 2%。

(3)期货合约的交易双方各自同交易所的清算部或专设的清算公司进行结算。清算公司充当所有期货买者的卖者和所有卖者的买者，因此交易双方无须担心对方违约，由于所有买者和卖者都集中在交易所交易，因此就克服了远期交易所存在的信息不对称和违约风险高的缺陷。

(4)期货交易的双方需在经纪公司开立专门的保证金账户，进行每日结算。经纪公司通常要求交易者在交易之前必须存入一定数量初始保证金(initial margin)。在每天交易结束时，系统会根据结算价格计算保证金账户的浮动盈亏，结算价格的确定由交易所规定，可以选择当天的加权平均价，也可以是收盘价，或者最后几秒钟的平均价。

如果当天结算价格高于昨天的结算价格(或当天的开仓价)时，高出部分就是多头的浮动盈利和空头的浮动亏损。浮动盈利会在当天晚上加入多头的保证金账户；浮动亏损则会从空头的保证金账户中扣除。

当保证金账户的余额超过初始保证金水平时，交易者可将超过部分以现金方式取出或开个新仓；当保证金账户的余额低于交易所规定的维持保证金(maintenance margin)水平时，经纪公司会要求交易者在规定时间里把保证金补足到初始保证金水平，否则进行强制平仓。一般来说，维持保证金水平是初始保证金水平的 75%。

5.3.3 期货交易的基本术语

期货交易的基本术语及相关解释如表 5.4 所示。

表 5.4 期货交易的基本术语

基本术语	术语解释
保证金	期货交易者按照规定标准交纳的资金，用于结算和保证履约
多头	期货买方
空头	期货卖方
开仓	开始买入或卖出期货合约的交易行为，也成“建立交易部位”
平仓	期货交易者买入或者卖出与其所持期货合约的品种、数量及交割月份相同但交易方向相反的期货合约，了结期货交易的行为

续上表

基本术语	术语解释
持仓	交易者手中持有的头寸
爆仓	是指投资者账户权益为负数。表明投资者不仅赔光了全部保证金而且还倒欠期货经纪公司债务
持仓量	是指期货交易者所持有的未平仓合约的数量
仓单	交割仓库开出并经期货交易所认定的标准化提货凭证
结算	根据期货交易所公布的结算价格对交易双方的交易盈亏状况进行的资金清算
结算价格	某一期货合约当日成交价格按成交量的加权平均价。当日无成交的，以上一交易日的结算价作为当日结算价
交割	期货合约到期时，根据期货交易所的规则和程序，交易双方通过该期货合约所载商品所有权的转移，了结到期未平仓合约的过程
撮合成交	期货交易所的计算机交易系统对交易双方的交易指令进行配对的过程。包括做市商方式和竞价方式
涨跌停板	期货合约在一个交易日中的交易价格不得高于或者低于规定的涨跌幅度，超出该涨跌幅度的报价将被视为无效，不能成交

5.3.4 金融期货合约与远期合约的比较

期货合约和远期合约虽然都是在交易时约定在将来某一时间按约定的条件买卖一定数量的某种标的物的合约，但它们存在诸多区别。

1. 标准化程度不同

远期交易合约中的相关条件如标的物的质量、数量、交收地点和交割月份都是根据双方的需要确定的。由于各交易者的需要千差万别，远期合约条款的具体内容也五花八门，因而远期合约虽具有灵活性的优点，但却给合约的转手和流通造成很大麻烦，这就决定了远期合约二级市场的不发达。

期货合约则是标准化的。期货交易所为各种标的物的期货合约制订了标准化的数量、质量、交割地点、交割时间、交割方式、合约规模等条款，只有价格是在成交时根据市场行情确定。由于期货交易的相关条件是固定的，其在满足人们各种需要的能力方面不如远期合约，但其标准化却大大便利了期货合约的订立和转让，使期货合约具有极强的流动性，因此吸引了众多的交易者。

2. 交易场所不同

远期交易没有固定的场所，交易双方各自寻找合适的交易对象，属于无组织的效率较低的分散的市场，因此，在金融远期交易中银行充当着重要角色。很多银行都提供那些同质性较好的重要标的物的远期买卖报价供客户选择，从而推动远期交易的发展。

期货合约在交易所内交易，一般不允许场外交易。交易所为期货交易提供严格的交易规则，比如涨跌停板制、最小价格波动幅度、报价方式、最大持仓限额、保证金制度等；同时还为期货交易提供信用担保。因此期货市场是一个有组织的、有秩序的、统一的市场。

3. 违约风险不同

远期合约的履行主要以签约双方的信誉为担保。虽然远期合约在签约时为了降低违约风险，要求双方交纳订金，并提供第三方担保等，但仍不能有效保证远期合约到期一定能得到履行。一旦一方违约，另一方就得遭受损失，因此远期交易的违约风险很高。

期货合约的履行由交易所或清算公司提供担保。交易双方直接面对的均为交易所，即使一方违约，另一方也不会受到丝毫影响。交易所自身依靠完善的保证金制度和结算会员之间的连带无限清偿责任来实现这种担保的提供。因此期货交易的违约风险几乎为零。

4. 价格的确定方式不同

远期合约的交割价格由交易双方直接谈判并私下确定，不同交易双方在同一时间所确定的类似远期合约的价格可能相差甚远，因此远期交易市场定价效率很低。

期货交易的价格在交易所中由很多买方和卖方通过其经纪人在场内公开竞价形成，价格的相关信息较为充分、对称，所产生的期货价格也较为合理、统一，因此期货市场的定价效率较高。

5. 履约方式不同

远期合约的非标准化使其转让很困难，且在转让时还需要征得对方的同意，因此绝大多数远期合约只能通过到期实物交割来履行。

期货合约是标准化的，且在交易所内进行交易，当交易一方的目的(如投机、套期保值和套利)达到时，无须征得对方同意就可通过平仓来结清自己的头寸并把履约权利和义务转让给第三方。因此在实际中，绝大多数期货合约均通过平仓来了结。

6. 合约双方的关系不同

远期合约的违约风险主要取决于对方的信用度，因此签约前必须充分了解对方的信誉和实力。

期货合约的履行仅取决于交易所或清算公司，因此交易者可以对另一方完全不了解，甚至根本不需要知道对方是谁。

7. 结算方式不同

远期合约签订后，只有到期才进行交割清算。

期货交易需要每天结算。当同品种的期货市场价格发生变动时，所有该品种期货合约的多头和空头方均产生浮动盈余或浮动亏损，并在当天晚上体现在各自的保证金账户上。当市场价格朝自己有利的方向变动时，交易者不必等到到期就可实现盈利；当市场价格朝自己不利的方向变动时，交易者在到期之前就要支付亏损的金额。

5.3.5 金融期货市场的功能

1. 风险转移

在日常金融活动中，市场交易主体经常面临利率、汇率等价格波动带来的收益和成本的不确定性。有了期货交易后，就可利用期货多头或空头把价格风险转移出去，从而实现避险目的。这是期货市场最主要的功能，也是期货市场产生的最根本原因。

(1)交易者可以通过买卖金融期货合约，锁定成本或利润。

(2)金融产品的期货价格与现货价格一般呈现同方向变动。投资者通过在金融期货市场建立与金融现货市场相反头寸的方式，形成在一个市场获利，在另一个市场受损的格局，从而实现盈亏的全部或部分抵消。

2. 价格发现

期货价格是所有交易者对未来某一特定时间的现货价格的预期，理性的交易者会依据市场资讯加以分析后做出买卖委托。因此，交易所公开竞价形成的价格反映了市场对未来某一特定时间现货价格的平均看法。亦即，期货市场能够提供基础产品的价格信息，这就是价格发现功能。金融期货市场具有良好的价格发现机制源于以下四个方面。

(1)金融期货市场拥有众多的交易者。金融期货通过竞价方式确定交易价格，尽管并非每个人的价格预期均为无偏差，但因拥有众多的交易者，所达成的价格即为实际的均衡价格，能够综合反映金融市场各种因素对合约标的商品的影响程度。

(2)金融期货交易可进行杠杆交易。杠杆交易使交易者资金的占有成本大幅度降低，比如在美国，金融期货投资的总交易成本只有现货交易成本的1/7左右。根据交易费用理论，交易费用越低，市场均衡价格越容易形成。因此，金融期货市场形成的金融合约价格比现货交易价格更接近于均衡价格。

(3)金融期货可在到期前选择进行对冲交易。期货市场可以在交割前通过对冲交易平仓，做空非常方便，从而保证了交易者在证券卖出时不必受制于手中现货的数量，也就保证了投资者能够把相关信息充分体现在期货价格上，这也就使期货合约价格能够更好地反映各种市场信息。

(4)金融期货市场具有远期交割特性。期货交易的远期交割性，使期货价格能够在相当程度上反映出投资者对金融商品的远期供求状况以及价格走势的预期。

5.3.6 外汇期货交易介绍

根据《中华金融辞库》的词条解释，外汇期货(foreign currency futures)是指在集中形式的期货交易所内，交易双方通过公开叫价，以某种非本国货币买进或卖出另一种非本国货币，并签订一个在未来的某一日期根据协议价格交割标准数量外汇的合约。亦即交易双方约定在未来特定的时期和确定的交割地点，进行特定数量的标准交易币种的交割的合约。一般来说，外汇期货交易市场上交易的主要是自由兑换货币，比如美元、瑞士法郎、英镑、欧元、加拿大元、日元以及欧洲日元、欧洲美元等。

1. 外汇期货交易的特点

除了具备金融期货合约的一般特点之外，外汇期货合约还具备以下特性：

(1)不同货币的交易单位不同。比如在IMM(芝加哥国际货币市场)交易的英镑期货合约金额为25 000英镑、日元期货合约金额为1 250万日元、加元合约金额为10万加拿大元等。

(2)交割月份不同。一般有3个月、6个月、9个月、12个月。交易中除了规定交割月份外，还规定交割日期，即交割月份中的某一日。

(3)不同货币规定有不同的最小波幅。价格最小波幅是外汇期货在合约的买卖时，由于供需关系使合约价格产生变化的最低限度。如英镑期货合约的价格最小波幅为每1英镑的美元汇价的5个基点；加拿大元期货合约的价格最小波幅为每1加拿大元的美元汇价的1个基点等。

(4)各种外汇期货合约规定有不同的涨跌限制。如英镑期货合约的涨跌限制为每1英镑的美元汇价的500个基点，每份合约的美元价值为1 250美元。

2. 案例分析

【例5.5】 美国甲公司在2月份买进英国乙公司的一批设备，价值为100万英镑，双方商定采用延期付款方式，并定于3个月后付款。美国的甲公司担心3个月内英镑升值，公司就要支付更多的美元货款。为此，美方决定通过外汇期货交易防范风险。假设当时现货市场汇率为GBP1＝USD1.80，此时，期货市场6月份到期的英镑期货合约汇率为GBP1＝USD1.85。为防范汇率风险，甲公司买进价值为100万的6月份到期的英镑期货合约。

到5月份，甲公司向乙公司支付100万英镑货款时，现货汇率果然涨至GBP＝USD1.90。与此同时，6月份到期的英镑期货合约汇率为GBP1＝USD2.05。这时，甲公司及时在期货市场抛出100万英镑期货。两笔交易的损益计算表5.5所示。

表 5.5　交易损益表

现货	期货
2 月份现汇 GBP1＝USD1.80，3 个月后支付 100 万英镑	2 月份买进 6 月份到期的英镑期货合约 100 万 期货汇率：GBP1＝USD1.85
5 月份美国公司支付 100 万英镑货款，现货汇率：GBP1＝USD1.90	5 月份期货汇率：GBP1＝USD2.05 立即卖出 6 月到期的英镑期货合约 100 万
亏：(1.90－1.80)×100 万美元＝10 万美元	盈：(2.05－1.85)×100 万美元＝20 万美元
合计：盈利 10 万美元	

例 5.5 是一个典型的利用外汇期货套期保值的案例，即在现汇市场上买进或卖出的同时，又在期货市场上卖出或买进金额大致相当的期货合约。在合约到期时，因汇率变动造成的现汇买卖的盈亏可由外汇期货交易上的盈亏弥补。

5.3.7　我国金融期货开展情况

上海证券交易所曾于 1993 年 10 月 25 日推出了国债期货，但由于缺乏有效监管，国债期货交易一度陷入混乱，中国证监会于 1995 年 5 月 17 日颁布了《关于暂停全国范围内国债期货交易试点的紧急通知》，国债期货被迫退出市场。

沉寂了近 15 年后，首批 4 个沪深 300 股指期货合约于 2010 年 4 月 16 日正式挂牌交易，标志着我国金融期货再次登上资本市场舞台。

5.4　金融期权市场

5.4.1　金融期权合约的定义与种类

根据《中华金融辞库》的词条解释，金融期权(financial option)，亦称金融选择权交易，是指交易双方签订合同，买卖一种按规定条件(一定期限、价格和数量)买进或卖出某种特定商品的权利。亦指赋予其购买者在规定期限内按双方约定的价格(简称协议价格 striking price 或执行价格 exercise price)购买或出售一定数量某种金融资产的权利的合约。

金融期权可以从不同的角度进行分类，如表 5.6(a)、表 5.6(b)、表 5.6(c)所示。

表 5.6(a)　按期权买方的权利划分

名　　称	解　　释
涨期权(call option)	赋予期权买者购买标的资产权利的合约
看跌期权(put option)	赋予期权买者出售标的资产权利的合约

表 5.6(b)　按期权买方执行期权的时限划分

名　　称	解　　释
欧式期权(european option)	买方只能在期权到期日才能执行期权
美式期权(american option)	允许买方在期权到期前的任何时间执行期权
百慕大期权(bermuda option)	介于欧式期权与美式期权之间，其持有人有权在期权有效期内某几个特定日期执行期权

表 5.6(c)　按期权合约的标的资产划分

名　称	解　释
利率期权(interest-rate option)	期权买方具备以一定的利率买入或卖出一定面额的利率工具的权利
货币期权(currency option)	期权买方具备以约定的汇率购买或出售一定数额某种外汇资产的权利
股票期权(stock option)	期权买方具备按协议价买入或卖出一定数量相关股票的权利
股票指数期权(stock index option)	期权买方具备以协议指数与市场实际指数进行盈亏结算的权利

5.4.2　期权的交易与履约方式

1. 期权的交易方式

期权交易场所不仅有正规的交易所，还有一个规模庞大的场外交易市场。交易所交易的是标准化的期权合约，场外交易的则是非标准化的期权合约。

对于场内交易的期权来说，其合约有效期一般不超过 9 个月，以 3 个月和 6 个月最为常见。由于有效期(交割月份)不同，同一种标的资产可以有好几个期权品种。此外，同一标的资产还可以规定不同的协议价格而使期权有更多的品种，同一标的资产、相同期限、相同协议价格的期权还分为看涨期权和看跌期权两大类。

为了保证期权交易的高效、有序，交易所对期权合约的规模、期权价格的最小变动单位、期权价格的每日最高波动幅度、最后交易日、交割方式、标的资产的品质等做出了明确规定。同时，期权清算公司也作为期权所有买者的卖者和所有卖者的买者，保证每份期权都没有违约风险。

2. 期权的履约方式

对于期权的买者来说，期权合约赋予的只有权利，而没有任何义务。他可以在规定期限以内行使其购买或出售标的资产的权利，也可以不行使这个权利。对期权的出售者来说，他只有履行合约的义务。当期权买者按合约规定行使其买进或卖出标的资产的权利时，期权卖者必须依约相应地卖出或买进该标的资产。作为给期权卖者承担义务的报酬，期权买者要支付给期权卖者一定的费用，此为期权费(premium)或期权价格(option price)。

5.4.3　期权交易与期货交易的区别

1. 标准化程度不同。期货合约都是标准化的，而期权合约则不一定。例如在美国，场外交易的现货期权是非标准化的，但在交易所交易的现货期权和所有的期货期权则是标准化的。

2. 权利和义务不同。期货合约的双方都被赋予相应的权利和义务，除非用相反的合约抵消。期权合约仅赋予买方权利；卖方则无任何权利，却担负着在对方履约时承担对应买卖标的物的义务。特别是美式期权，其买方可在约定期限内的任何时间执行权利，也可放弃权利，但卖方必须准备随时履行义务。

3. 保证金缴纳的主体不同。期货交易的买卖双方都须交纳保证金。期权的买方无须交纳保证金。至于卖方，如果在交易所交易需要交纳保证金，如果在场外交易则取决于当事人的意见。

4. 盈亏风险的承担不同。期货交易双方的盈亏风险均为无限。而期权交易卖方的盈利风险有限(以期权费为限)，买方的亏损风险有限(以期权费为限)。

5. 风险转嫁方式不同。运用期货进行的套期保值时，在把不利风险转移出去的同时，也把有利风险转移出去。而运用期权进行的套期保值时，只把不利风险转移出去而把有利风险留给自己。

5.4.4　期权合约的盈亏分析

1. 看涨期权的盈亏分布

假设 2011 年 9 月 20 日欧元对美元汇率为 EUR1＝USD1.25。某投资者甲认为欧元对美元的汇率将上升，因此以每欧元 0.01 美元的期权费向乙购买一份 2011 年 12 月到期、协议价格为 EUR1＝USD1.28 的欧元看涨期权，每份价值为 62 500 欧元。

(1)如果在期权到期时，欧元汇率等于或低于 EUR1＝USD1.28，则看涨期权就无价值。买方的最大亏损为 625 美元(即 62 500 欧元×0.01 美元/欧元)。此时，卖方赚得 625 美元期权费。

(2)如果在期权到期时，欧元汇率升至 EUR1＝USD1.29，买方通过执行期权可赚取 625 美元，扣掉期权费后，他刚好盈亏平衡。此时，卖方赚取 625 美元期权费，同时在执行期权时亏损 625 美元，刚好也盈亏平衡。

(3)如果在期权到期前，欧元汇率升至 EUR1＝USD1.29 以上，买方就可实现净盈余。欧元汇率越高，买方的净盈余就越多。但卖方此时开始产生净亏损，且欧元汇率越高，期权卖方的亏损越大。

上述分析表明，期权合约的买方的盈亏和卖方的盈亏刚好相反。看涨期权买方的亏损风险是有限的，其最大亏损限度是期权价格，而其盈利可能却是无限的。相反，看涨期权卖方的亏损可能是无限的，而盈利是有限的，其最大盈利限度是期权价格。

因此，如果不考虑时间因素，期权的价值(即盈亏)取决于标的资产市价与协议价格的差距。对于看涨期权来说，若以 S 表示标的资产的市场价格，以 X 表示标的资产的协议价格，则：

S>X 时：看涨期权称为"实值期权"(in the money)。

S＝X 时：看涨期权称为"平价期权"(at the money)。

S<X 时：看涨期权称为"虚值期权"(out of the money)。

2. 看跌期权的盈亏分布

对于看跌期权，当标的资产的市场价格跌至盈亏平衡点以下时，看跌期权的买方就能获利，其最大盈利是协议价格减去期权价格后再乘以每份期权合约所包括的标的资产的数量。如果标的资产市价高于盈亏平衡点，看跌期权买方就会亏损，其最大亏损是期权费总额。

看跌期权卖方的盈亏状况则与买方刚好相反，即看跌期权卖方的盈利是有限的期权费，而其亏损也是有限的，最大亏损为协议价格减期权价格后再乘以每份期权合约所包括的标的资产的数量。

同样，对于看跌期权来说，若以 S 表示标的资产的市场价格，以 X 表示标的资产的协议价格，则：

X>S 时：看跌期权称为"实值期权"。

X＝S 时：看跌期权称为"平价期权"。

X<S 时：看涨期权称为"虚值期权"。

5.4.5 期权交易市场的产生与发展

期权交易起始于 18 世纪后期的美国和欧洲市场，但由于制度不健全等因素的影响，期权交易的发展一直受到抑制。

1973 年 4 月 26 日芝加哥期权交易所(CBOE)成立，开始进行统一化和标准化的期权合约买卖。期权合约的相关条款，比如合约量、到期日、敲定价等都逐渐开始标准化。期权合约的标准化，使期权交易者可以在到期日前对冲平仓，大大增加了市场的流动性；此外，CBOE 增加了一个结算所，保证了买卖双方合约的履行，从而消除了卖方的信用风险，吸引了大批的期权经纪商以及投资者。

芝加哥期权交易所最初只推出了数量有限的股票看涨期权，但很快数量就成倍地增加，股票看跌期权也开始挂牌交易。发展到目前，全美所有交易所内有 2 500 多只股票和 60 余种股票指数期权交易。

5.4.6 外汇期权交易简介

1. 定义

外汇期权(foreign exchange option)又称外汇选择权，是指外汇期权合约的购买者在规定期限内按交易双方约定的价格购买或出售一定数量的某种外汇权利的外汇交易形式。它是所有买方的卖方和所有卖方的买方。

2. 中国建设银行个人外汇期权业务介绍

币种包括欧元兑美元、美元兑日元、英镑兑美元、澳大利亚元兑美元、美元兑加拿大元、美元兑瑞士法郎。

起始交易的名义金额为等值 1 万美元，按个人外汇买卖即期汇率中间价计算。

期权类型均为欧式期权，期权买方只有在期权到期日当日的截止时间之前才有执行期权合同约定的权利，截止时间为北京时间 14:00。

期权业务的期限为 2 周、1 个月、2 个月、3 个月。

交易程序如图 5.3 所示。

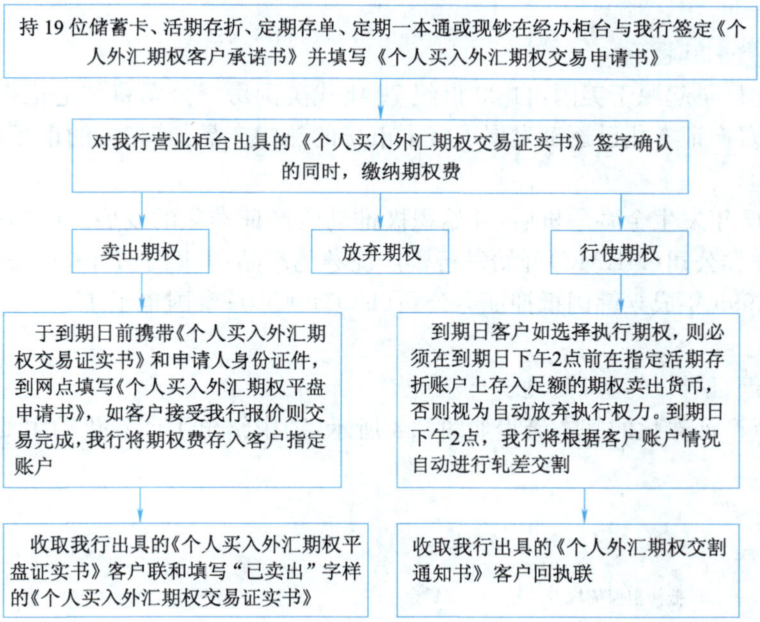

图 5.3　中国建设银行个人外汇期权客户交易流程

资料来源：中国建设银行网站

5.4.7　我国金融期权开展情况

我国资本市场正处于建设阶段，目前还没有在场内交易的标准化期权合约，但在多个市场开展了期权类金融工具的应用和交易，比如股票市场的认股权证，债券市场的可转债，商业银行的外汇期权业务等业务。

5.5　资产证券化市场

5.5.1　资产证券化的定义

根据《中华金融辞库》的词条解释，资产证券化(asset securitization)是指资金需求者为分散风险而将其资产转换为可在金融市场上出售的证券的过程。亦即将缺乏流动性的资产，在金融市场上转换为可以自由买卖的证券的行为。广义的资产证券化是指某一资产采取证券这一价值形态的运营方式，它主要包括四类，(见表 5.7)。狭义的资产证券化则专指信贷资产证券化，具体又可分为住房抵押贷款支持的证券化(mortgage-backed securitization, MBS)和资产支持的证券化(asset-backed securitization, ABS)。

表 5.7　广义资产证券化的分类

分类	释义
实体资产证券化	以实物资产和无形资产为基础发行证券并上市的过程
信贷资产证券化	把欠流动性但有未来现金流的信贷资产经过重组形成资产池，并以此为基础发行证券
证券资产证券化	证券资产的再证券化过程，将证券或证券组合作为基础资产，以其产生的现金流或与之相关的变量为基础发行证券
现金资产证券化	现金持有者通过投资将现金转化成证券的过程

5.5.2　资产证券化的起源

资产证券化最早起源于美国，自 20 世纪 70 年代美国房贷公司将住宅抵押贷款群组化发行债权证券起，资产证券化已逐渐发展成资本市场的热门产品，其相关的市场机制、制度及技术均比较完备。

亚洲自 1997 年发生金融危机后，开始积极推动资产证券化的发展。中国香港在 1997 年成立香港按揭证券公司(HKMC)开始发行资产证券化产品；韩国于 1998 年公布《资产担保证券化法》，并于 1999 年成立韩国抵押证券公司(KOMOCO)；泰国也于 1998 年开始实施《证券化法》。

5.5.3　美国资产证券化的基本流程

美国金融资产证券化的基本流程如图 5.4 所示，图中给出了证券化的主要环节和主要参与机构。

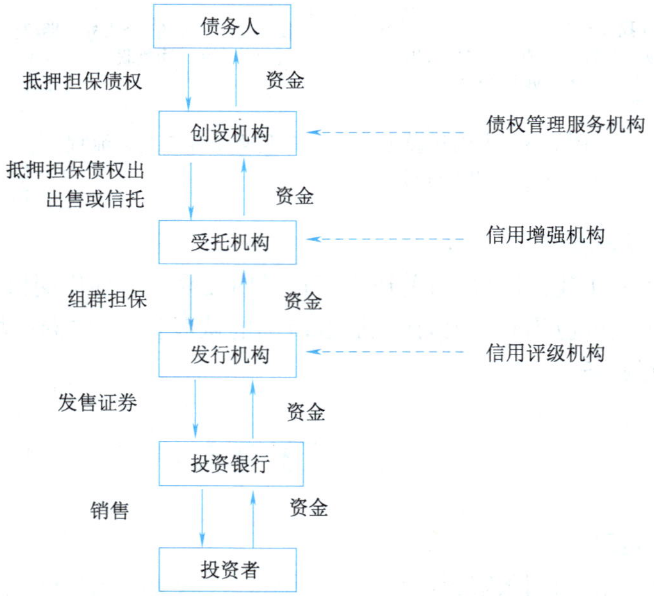

图 5.4　资产证券化流程

资料来源：楚天舒，毛志荣. 美国、日本资产证券化市场比较与借鉴[R]，2006.

(1)创始机构(originator)。创始机构负责与债务人商谈贷款条件并进行款项的贷放，以创造抵押担保债权，成为抵押贷款的债权人。美国的创始机构主要包括储贷协会、抵押公司、商业银行、人寿保险公司等机构。

(2)债权管理服务机构(servicer)。债权管理服务机构主要功能是根据创始机构的要求，为信托资产以及其所产生的现金流，也就是现金流量所产生的本金利息收付以及延迟付款的回收提供管理与服务。债权管理服务机构通常由创始机构或第三方(通常为资产管理公司、专业服务公司或投资银行)担任，一方面向债务人收取利息，另一方面向投资人支付利息，之间的利差以及提供信用增强与其他服务的手续费构成了债权管理服务机构的收入来源。

(3)受托机构(trustee)。受托机构主要功能在于充当债权管理服务机构与投资人以及信用增强机构之间的中介，保护投资人利益。受托机构与创始机构签订信托契约，并且负有对投资人发行受益证券的责任。此外，债权服务管理机构支付给投资人的利息一般经由受托机构的账户进行。

(4)发行机构(issuer)。发行机构通常由创始机构以外的独立个体，或创始机构附属的特定目的的金融子公司担任，主要功能是保证证券化的资产不受创始机构破产可能的干扰。

(5)信用增强机构(credit enhancement provider)。信用增强机构通常由发行机构或以保险公司及专业保证公司为代表的第三者担任，其目的在于提高证券化相关产品的信用等级、促使发行利率的下降以及提高证券的流动性。

(6)信用评级机构(credit rating agency)。信用评级机构主要功能在于对支付本息的担保资产给予审查，并进行资信评级，以帮助投资大众判断证券信用风险程度。

5.5.4　信贷资产证券化的主要种类

1. 住宅抵押贷款债权证券化

住宅抵押贷款债权证券是最早出现的金融资产证券化产品。若以标的资产区分，可以分为一般住宅抵押贷款债权证券以及商业抵押债权证券；以发行形式区分，主要分成下列四种。

(1)转手证券(pass-through securities)。转手证券是指创始机构把性质相近的住宅抵押贷款债权进行汇总后，委托给受托机构再经由信用增强后所发行的一种证券。该类证券是美国资产担保证券市场中成交量最大的证券类别。证券投资人对转手证券所担保债权具有不可分割的所有权，且具有依照持有比率享有债务人所偿付利息以及本金的权利。

一般来说，转手证券的发行必须经由信托环节，亦即债权创始机构需要将债权完全转移至受托机构，从而成为独立于创始机构与受托机构之外的信托财产之后才能发行证券。而投资人拥有证券等同于拥有信托财产的受益凭证，所以该债权的任何收益及风险，均全部转移给投资人承担。

(2)不动产抵押担保债券(mortgage-backed bond)。不动产抵押担保债券是指创始机构以不动产抵押贷款债权为质押向中介机构借款，中介机构以附有质权担保的新债权而发行的债券。通常为了取得较高的证券信用评级，作为担保的抵押债权价值必须高于债券发行面额，并且需要进行每季评估，一旦担保市价低于债券余额达到一定比率，就需要追加担保。对于该类债券，借款人所偿付的本息并不直接支付给债券持有人。

不动产抵押担保债券开始于1975年，主要是针对转手证券提前偿还的不确定性，以及现金流量难以预测等特性所设计的新型金融产品。

(3)支付债券(mortgage pay-through bonds)。支付债券结合了转手证券以及不动产抵押担保债券的特性。一方面，中介机构以抵押债权为担保来发行证券，担保债权的所有权仍为创始机构所拥有；另一方面，每月直接将抵押贷款所产生的现金流量转付给债券投资人。

支付债券最早在1976年时以私募形式发行，1981年才以公开招募形式发行，通常有保证机构担保，故信用评级较高。

(4)担保抵押债券(collateralized mortgage obligation)。担保抵押债券是支付债券的延伸，以抵押债券为担保，依照贷款本金偿还期限的不同，在同一债券底下会细分多个到期日以及不同等级的票面利率，并可分开开展交易。当贷款获得偿还时，整批贷款所回收的本金首先用来清偿期限最短的第一级债券，当第一级债券全部被清偿后，轮到第二级债券的清偿，按此等级依序类推。此类债券不仅克服了转手证券所带来的现金流量不确定性风险，还迎合了各类投资人对于不同的投资期限偏好。

2. 资产支持证券

资产支持证券，是指以一定资产及其收益为偿还保证的投资证券。包括转手(pass-through)以及报酬权(pay-through)两类。转手证券属于受益凭证，由创始机构将信托债权资产委托给受托机构，交换得到由受托机构所发行的受益证券，创始机构再通过投资银行将受益证券售给投资人。报酬权属于债务凭证，创始机构将资产质押或出售给特殊目的的机构并由其发行证券。

按照标的资产的不同，资产担保证券主要分为两类：

(1)汽车贷款债权证券化。汽车贷款债权证券化是最早的资产担保类证券，1985年由Marketing Asistance公司以私募方式发行，其后Ballay National Financial公司及GMAC公司以公开招募方式进行。通用、福特及克莱斯勒美国三大汽车制造商的融资公司是当前这一市场的发行主体。

该产品的特点是平均寿命短(大部分为4～5年)、现金流量稳定、无提前还本风险，并且稳定成长，其发行量与汽车销售量息息相关。

(2)信用卡债权证券化。1986年底，美国商业银行为改善其资产负债表以提高资本充足率，汇总组合了约83.7万个VISA信用卡账户(包含约6.55亿美元的应收本金及753.4万美元的循环利息)，并将汇总后的信用卡债权以信托方式出售，以资产抵押方式进行证券化，这就是美国金融市场上首次开展的信用卡债权证券化业务。

信用卡债权证券化发展至现在已经成为资产证券化市场的一项重要业务，目前花旗集团是该市场最大的发行者。虽然花旗集团最初开展此业务的目的只是为了避免信用卡业务急速扩张而带来的资产膨胀问题，但现在该业务已经俨然成为花旗集团最主要的筹资方式。

本章小结

金融远期合约、金融期货、金融期权以及金融互换是金融衍生市场的四大基本衍生工具，各自具有不同的交易特征，但均具备规避价格风险的功能。其中，金融远期合约是指交易双方约定在未来某个时期按照预先签订的协议交换某一特定资产的合约；金融期货是指买卖双方在期货市场上约定时间，以约定的价格和数量买卖某些标准化的金融商品的合约；金融期权赋予其购买者在规定期限内按双方约定的价格购买或出售一定数量某种金融资产的权利。三者均通过锁定交易价格而规避风险。金融互换是一种将不同的债务、不同利率的债务或交割期不同的同种货币的债务，由交易双方按照市场行情签订预约，在约定期限内相互交换，并进行一系列支付的金融交易行为或合约。它利用相对比较优势，通过某些货币支出的相互交换达到各自融资成本最低的目的。此外，近年来兴起的资产证券化成为衍生工具市场的新秀，资产证券化在实现资产流动性方面发挥了重要功能。

复习思考题

1. 远期合约的作用是什么？
2. 远期利率是如何决定的？利率远期合约中的结算金如何计算？
3. 金融期货的作用是什么？期货基本交易规则有哪些？
4. 金融期权的作用是什么？期权如何交易？
5. 利率互换与货币互换的原理是什么？
6. 资产证券化的意义是什么？
7. 请说明取得一份远期价格为 60 元的远期合约多头与取得一份协议价格为 60 元的看涨期权多头有何区别？
8. 某交易商拥有 1 亿日元远期空头，远期汇率为 0.010 美元/日元。如果合约到期时汇率分别为 0.009 美元/日元和 0.011 美元/日元，那么该交易商的盈亏如何？
9. 某交易商买入两份橙汁期货，每份含 15 000 磅，目前的期货价格为每磅 1.60 元，初始保证金为每磅 6 000 元，维持保证金为每份 4 500 元。请问在什么情况下该交易商将收到追缴保证金通知？在什么情况下，他可以从保证金账户中提走 2 000 元？

推荐阅读

[1] 陈信华. 金融衍生工具：定价原理与实际运用[M]. 上海：上海财经大学出版社，2009.
[2] 楚天舒，毛志荣. 美国、日本资产证券化市场比较与借鉴[J]. 交通财会，2006.
[3] 戴相龙，黄达. 中华金融辞库[M]. 北京：中国金融出版社，1998.
[4] 赵宇华. 资产证券化原理与实务[M]. 北京：中国人民大学出版社，2007.
[5] 张亦春，郑振龙，林海. 金融市场学[M]. 北京：高等教育出版社，2008.
[6] 石榴红. 期货与期权交易：理论与实务[M]. 北京：科学出版社，2009.

案例讨论

案例资料 1：美国运用衍生工具稳定宏观经济

美国作为世界衍生品交易的发源地和衍生品大国，以期货为核心的衍生品市场在维护美国金融、经济安全上发挥了至关重要的作用。1929 年美国曾因股市大崩盘后一蹶不振，导致整个经济大萧条。然而 1987 年美国股市再次出现较大股灾后并没有出现类似的经济危机，且不久之后股市便又兴旺起来。原因之一就是当今的美国证券市场有 1929 年的证券市场所不具备的股指期货等金融衍生工具。由于避险工具的存在，使投资者在 1987 年股灾中的损失大大得到缓解，没有导致金融界的连锁反应，并很快迎来了 20 世纪 90 年代的空前大牛市。事后，很多经济学家指出，假设 1987 年危机发生时没有股指期货交易，后果真是不堪设想。再如，2001 年，9・11 事件发生后，期货价格瞬间暴跌，所有相关的股票也被抛售。9 月 20 日之后，股票市场虽仍在继续下滑，但期货指标已经开始回升，这个变化马上被市场发现，股票价格随即反弹，两者的差距很快地又缩小至接近状态。

资料来源：和讯期货网：http://futures.hexun.com/2006-06-07/102500161.html

思考：上述案例表明了金融衍生工具的什么功能？为什么股指期货能发挥稳定宏观经济的作用？

案例资料 2：利率互换的设计

公司 A 和 B 均欲向某商业银行借款 200 万元，期限 5 年，但两家公司信用等级不同，它们各自面临的利率见表 5.8 所示。但 A 公司希望借入浮动利率贷款，B 公司希望借入固定利率借款。于是，公司 A 和 B 的财务负责人希望该银行作为中介，帮他们设计一款利率互换协议，从而双方在各自借款中均达到降低筹资成本的目的。

表 5.8　利率表

	固定利率	浮动利率
公司 A	12.0%	LIBOR+0.1%
公司 B	13.4%	LIBOR+0.6%

思考：如果银行要求每年能从中赚取 1%的收益，那么该互换协议应该怎样设计，使对 A、B 双方均具有同样的吸引力？

案例资料 3：外汇期权市场的盈亏分析

中国香港某进口商于 6 月底与美国某公司签订一货值为 50 万美元的进口合同，9 月底支付进口货款。香港进口商为防止 9 月份美元汇价上涨，决定利用外汇期权来规避汇率风险，锁定进口成本。假定，签订买进期权合约时，美元对港元的即期汇率为 USD1＝HKD 7.780 0，该进口商购买 10 份美元期权合约，每份合约为 5 万美元，协议价格为 USD1＝HKD 7.760 0，期权保险费为 5 000 美元。

思考：到 9 月底，在以下情况下，该进口商是否应该执行外汇期权？盈亏如何？

1. 若市场即期汇率为 USD1＝HKD 7.890 0
2. 若市场即期汇率为 USD1＝HKD 7.760 0
3. 若市场即期汇率为 USD1＝HKD 7.650 0

第6章 利率机制

本章提要

利率是重要的经济因素之一，是经济学中一个重要的金融变量，几乎所有的金融现象、金融资产均与利率有着或多或少的联系。当前，世界各国频繁运用利率杠杆实施宏观调控，利率政策已成为各国中央银行调控货币供求，进而调控经济的主要手段，利率政策在中央银行货币政策中的地位越来越重要。根据不同的分类标志，利率有不同的分类方法，如名义利率与实际利率、票面利率与市场利率等。金融市场上的利率，往往不是一个固定的值，而是会随着各种因素的变化而发生变动。利率机制主要包括利率的形成机制和作用机制，其中利率的形成机制主要是指利率的形成及决定因素。利率期限结构是指在某一时点上，不同期限资金的收益率与到期期限之间的关系。关于利率期限结构的研究分为传统的利率期限结构理论和现代的利率期限结构理论。传统的利率期限结构理论主要集中于研究收益率曲线形状及其形成原因；现代的利率期限结构理论着重研究利率的动态过程。

学习目标

1. 了解利率概念和利率的分类
2. 掌握运用单利法和复利法计算利率和利息的方法
3. 掌握现值和终值的计算方法
4. 理解利率决定理论
5. 理解利率的期限结构

开篇案例

2001年4月,欧洲央行在货币政策会议上,依旧固执己见,坚持不降息,令期盼欧洲央行大举降息的市场人士大失所望,导致欧元汇率大幅震荡。

由于一直期盼欧洲央行会跟随全球降息潮流降低利率,以应对全球经济增长的放缓,所以欧元投资者比较谨慎,欧元的波动范围也较小。但是在欧洲央行货币政策会议的前一天,德国央行总裁韦尔特克表示,利率政策应稳定,并指出他不认为欧元区经济会持续放缓,导致市场对欧洲央行大举降息的希望落空。2001年4月10日,纽约汇市欧元兑美元和日元尾盘大跌至一周低点。欧元兑美元在0.888 5附近盘旋,较4月8日纽约市场收盘价下挫1%。欧元兑日元表现更差,在110.45交投,盘中跌幅为1.5%,并跌破111日元。欧洲央行宣布维持利率不变后,欧元大幅下跌,之后欧元因复活节前的空头回补而弥补大部分的跌幅。尾盘欧元兑美元报0.888 5美元,几乎与复活节前日收盘持平。

2001年以来,全球经济明显出现放缓征兆,为了防止全球经济陷入衰退,各国央行纷纷开始降息,以刺激投资和消费,全球主要央行如美联储、加拿大央行、英国央行、澳大利亚央行、瑞士央行等都加入降息行列,只有欧洲央行不为所动,维持4.75%的附买回利率(reporate),或称指标贷款利率,是指中央银行从商业银行买回其公债的贴现率不变。自1999年4月降息以来,欧洲央行一直没有调整利率水平。

中国人民银行也多次利用利率杠杆工具来对我国的经济进行宏观调控,自2007年12月21日,经过三次降息,一年期存款基准利率由4.14%降至2.25%。而从2010年10月20日开始,又通过五次加息,到2011年7月7日,一年期存款基准利率升至3.5%。那么,决定利率升降的因素究竟有哪些,它们在利率变化过程中起着怎样的作用?

6.1 利率概述

6.1.1 利率的概念

利率又称利息率，表示一定时期内利息量与本金的比率。利率在金融系统中将储蓄、贷款和投资行为最终紧密联系在一起的一个重要因素就是利率。利率是借款人为了得到一定期限内资金的使用权而向资金借出者支付的价格。利率也可称为信用的价格，但利率不同于经济上其他商品价格的概念。利率实际上是一个比率，即用借入资金的货币成本除以实际借入的货币量，通常是以年利率的百分比形式出现的。

利率是经济学中一个重要的金融变量，几乎所有的金融现象、金融资产均与利率有着或多或少的联系。当前，世界各国频繁运用利率杠杆实施宏观调控，利率政策已成为各国中央银行调控货币供求，进而调控经济的主要手段，利率政策在中央银行货币政策中的地位越来越重要。合理的利率，对发挥社会信用和利率的经济杠杆作用有着重要的意义。

6.1.2 利率的种类

1. 单利率与复合利率

按照利率的计算方法，可以把利率分为单利率和复合利率。在单利率下，计算利息时不论金融资产期限长短，按面值或本金来计算利息，对借贷期限内已产生的但未提取的利息不再计利息，单利法是一种简单的利率计算方法。

在单利率下的利息、本利和及利率的计算公式为

$$C=P\times r\times n \tag{6.1}$$

$$S=P\times(1+r\times n) \tag{6.2}$$

$$r=\frac{S-P}{nP}\times 100\% \tag{6.3}$$

式中：C 为利息额；P 为本金；r 为利息率；n 为借贷期限；S 为本金和利息之和(简称本利和)。

【例 6.1】 银行给某企业发放一笔 5 年期贷款，额度为 2 000 000 元，年利率为 6%，到期还本付息。若按单利法计算利息，那么银行应收取的本利和是多少？

解析：按单利计算公式来计算，则：

$$S=2\,000\,000\times(1+6\%\times 5)=2\,600\,000(\text{元})$$

复合利率又称复利，是相对于单利率而言的，是运用复利法计算利息时的利率。复利法中计算利息时，除需计算本金产生的利息外，还需计算利息产生的利息，也就是利滚利，复利计算的特点是：把上期末的本利和作为下一期的本金，在计算时每一期本金的数额是不同的。复利的有关计算公式为

$$S=P\times(1+r)^n \tag{6.4}$$

$$C=S-P \tag{6.5}$$

$$r=\left\{\left(\frac{S}{P}\right)^{\frac{1}{n}}-1\right\}\times 100\% \tag{6.6}$$

式中：C 为利息额；P 为本金；r 为利息率；n 为借贷期限；S 为本金和利息之和(简称本利和)。

【例 6.2】 本金为 5 000 元，按复利法计算利息，利率为 3%，投资年限为 10 年，那么，10 年后所获得的利息收入为多少？

解析:按复利计算公式来计算,则:

$$S=P\times(1+r)^n=5\ 000\times(1+3\%)^{10}=6\ 719.58(元)$$

$$C=S-P=6\ 719.58-5\ 000=1\ 719.58(元)$$

单利法和复利法两种利息计算方法的差别在于复利公式中引入了金融资产的计息阶段因素,即计息次数。

2. 名义利率与实际利率

按照是否考虑通货膨胀的影响,利率可分为名义利率和实际利率。名义利率,是央行或其他提供资金借贷的机构所公布的未调整通货膨胀因素的利率,即利息(报酬)的货币额与本金的货币额的比率。

名义利率并不是投资者能够获得的真实收益,真实收益还与货币的购买力有关。如果发生通货膨胀,投资者所得的货币购买力会贬值,因此投资者所获得的真实收益必须剔除通货膨胀的影响,这就是实际利率。

实际利率,指货币购买力不变条件下的利息率。名义利率不能完全反映资金的时间价值,实际利率才真实地反映了资金的时间价值。

那么名义利率与实际利率之间的关系为

$$1+名义利率=(1+实际利率)\times(1+通货膨胀率) \tag{6.7}$$

一般公式简化为

$$名义利率=实际利率+通货膨胀率 \tag{6.8}$$

例如,如果银行一年期存款利率为2%,而同期通胀率为3%,则储户存入的资金实际购买力在贬值。因此,扣除通胀成分后的实际利率才更具有实际意义。仍以上例,实际利率为2%−3%=−1%,也就是说,存在银行里是亏钱的。在中国经济快速增长及通胀压力难以消化的长期格局下,很容易出现实际利率为负的情况,即便央行不断加息,也难以消除。所以,名义利率可能越来越高,但理性的人士仍不会将主要资产以现金方式存在银行储蓄,只有实际利率也为正时,资金才会从消费和投资逐步回流到储蓄。

3. 票面利率与市场利率

按照利率是预先确定还是考虑市场变化因素,可将利率分为票面利率和市场利率。票面利率是指在债券上标识的利率,为一年的利息与票面金额的比例,它在数额上等于债券发行人每年应付给债券持有人的利息总额除以债券总面值的百分比。票面利率的高低直接影响着证券发行人的筹资成本和投资者的投资收益,一般是证券发行人根据债券本身的情况和对市场条件分析决定的。债券的付息方式是指发行人在债券的有效期间内,向债券持有者分批支付利息的方式。债券的付息方式也影响投资者的收益。

票面利率的高低在某种程度上不仅表明了企业债券发行人的经济实力和潜力,也是能否对购买债券的公众形成足够吸引力的重要因素。

债券的票面利率越低,债券价格的易变性也就越大。在市场利率提高的时候,票面利率较低的债券的价格下降较快。但是,当市场利率下降时,它们增值的潜力较大。如果一种附息债券的市场价格等于其面值,则到期收益率等于其票面利率;如果债券的市场价格低于其面值(当债券贴水出售时),则债券的到期收益率高于票面利率。反之,如果债券的市场价格高于其面值(债券以升水出售时),则债券的到期收益率低于票面利率。

市场利率是市场资金借贷成本的真实反映,而能够及时反映短期市场利率的指标有银行间同业拆借利率、国债回购利率等。新发行的债券利率一般也是按照当时的市场基准利率来设计的。一般来说，市场利率上升会引起债券类固定收益产品价格下降，股票价格下跌，房地产市场、外汇市场走低，但储蓄收益将增加。

因市场利率是指由资金市场上供求关系决定的利率，市场利率随着资金市场上的供求变化而经常变化。在市场机制发挥作用的情况下，由于自由竞争，信贷资金的供求会逐渐趋于平衡，经济学家将这种状态的市场利率称为“均衡利率”。

国际金融市场上的市场利率一般参考伦敦同业拆借利率（LIBOR），美国的联邦基金利率。中国银行间同业拆借市场利率（CHIBOR）是我国国内金融市场上广泛参照的市场利率。

市场利率与债券价格呈反方向变动。一般是市场利率的变动引起债券价格的变动，比如：美联储升息会引起证券价格的下降（实际效果受多方面的影响，比如该政策是否已被预期）。当一个债券由于自身原因，比如债券发行者基本面的恶化，使债券价格变动时，其债券持有者的收益率会向相反方向变动。

4. 税前利率和税后利率

不少国家对金融资产的利息收入课征所得税，因此区别税前利率和税后利率是非常重要的。对于任何投资人来说，税前利率和税后利率的区别都取决于边际税率，即对达到不同额度的收入规定不同的税率。用 T 来表示个人收入的平均税率，用 i_{AN} 表示税后名义利率，i_N 表示税前名义利率。则每个投资人所得到的税前税后名义利率之间的关系为

$$i_{AN}=i_N(1-T) \tag{6.9}$$

上式表示：当一个人的收入达到某一纳税边际额时，便要按照该收入额的平均税率缴纳所得税，其中金融资产的利息收入就要减去按 T 的税率上缴国库的部分。以银行存款为例，假如投资者的本金为 A，存款利率为 i_N，存款利息所得税税率为 T，存款人得到的实际利息收入为

$$Ai_{AN}=Ai_N(1-T) \tag{6.10}$$

【例 6.3】 中国自 1999 年 11 月 1 日至 2007 年 8 月 14 日之间，对存款利息收入征收 20%的利息所得税。假设某人于 2000 年 1 月 1 日存入 10 000 元的一年期定期存款，当时的存款利率为 1.98%，则他的实际存款利息收入为多少？

解析：

实际存款利息收入为：

$$Ai_{AN}=Ai_N(1-T)=10\ 000\times1.98\%\times(1-20\%)=158.4\text{(元)}$$

实际利率为：　$i_{AN}=i_N(1-T)=1.98\%\times(1-20\%)=1.584\%$

5. 即期利率和远期利率

按照利率和时间的关系，利率可分为即期利率和远期利率。即期利率是指当前时点上无息债券的到期收益率。顾名思义，即期利率可以看作与一个即期合约有关的利率水平。这种合约一旦签订，资金立即从债权人转移到借款人手里，由借款人在将来某个特定时点按照合约中标明的利率水平连本带利全部还清，这一利率水平就是即期利率。

远期利率是指未来两个时点间的利率水平。远期利率可以看作与一个远期合约有关的利率水平。这种合约一旦签订，规定资金在将来某个时点从债权人转移到借款人手里，由借款人在到期后按照合约规定的利率水平偿付。因此远期利率是从将来某个时点开始的一定期限的利率，也就是将来的即期利率。一个远期利率在现在签订的合约中规定，但与未来一段时期有关，这也就是说，远期合约的利率条件在现在已经确定，但实际交割将在以后进行。

6.2 终值、现值和到期收益率

既然各种金融工具现金流产生的时间不同，选择不同类型的金融工具会给投资人带来不同的收入。显而易见，债券的期限长短、支付方式会影响债券的收益率水平。当投资者选择购买某种金融工具时，通常是以放弃购买其他金融工具的机会为代价的，即要付出机会成本。因此，金融工具的选择或机会成本、收益水平的比较必然涉及货币的时间价值。

货币是有时间价值的，与货币的时间价值相联系的是现值与终值概念。终值的概念建立在这样一个事实基础上：现在投入一元钱，投资者将来收到的本利和在数量上要多于现在的一元钱。相反，现值则以这样一个众所周知的事实为依据：从现在算起，人们将来可以收到的一元钱在价值上要低于现在的一元钱。为什么会出现这个现象呢？假如某个投资人现在手头拥有一元钱，那么，在正常情况下，该投资人不会让其资金闲置，而是千方百计通过各种投资方式使其不断增值，或者存入银行，或者购买有价证券，或者购买不动产和其他有价值的艺术收藏品等。这样，一年后其拥有的财富通常将会多于一元钱。那么，现在的一元钱相当于未来可以收到的几元钱呢？这个问题即是指现在这一元钱未来的终值是多少。反过来，对于将来能够获得的一笔收入，从现在的角度来看，其价值是应该打折扣的。到底将来可以获得的一元钱相当于现在的多少钱呢？这个问题即是指未来这一元钱收入的现值是多少。现值与终值概念是计算各种金融工具利率水平的基础。

6.2.1 终值、现值

1. 终值

终值是指现在一定量的资金按照一定的利率换算成在未来某一时点上的价值，通常记作 F。

（1）单利终值的计算公式为

$$F=P+P\times i\times n=P\times(1+i\times n) \tag{6.11}$$

式中：F 为终值；P 为本金；i 为年利率；n 为时间；$1+i\times n$ 为单利终值系数。

除非特别指明，在计算利息时，给出的利率均为年利率，对于不足一年的利息，以一年等于360天来折算。

（2）复利终值的计算公式为

$$F=P\times(1+i)^n \tag{6.12}$$

式中：$(1+i)n$ 称为复利终值系数，用符号 $(F/P,i,n)$ 表示。这样，上式就可以写为

$$F=P(F/P,i,n)$$

【例 6.4】 假设现在某人往银行存入10 000元五年期定期存款，银行按复利计息，那么他在五年之后这笔存款到期的本利和应该是多少？（当前五年期定期存款基准利率为5.5%）

解析：

根据复利终值公式，五年之后的本利和为

$$F=P\times(1+i)^n=10\ 000(1+5.5\%)^5=13\ 069.60(\text{元})$$

【例 6.5】 再假设一个人从31岁开始每年年初都往银行存入一笔10 000元的存款，这些存款在他60岁那年的年末取出，到时候这些存款的本金和利息的总和是多少呢？

解析：

这涉及存款流量的终值计算问题，只需将每笔存款产生的终值相加即可。

$$F = F_1 + F_2 + \cdots + F_{29} + F_{30}$$
$$= 10\ 000(1+i_1)^{30} + 10\ 000(1+i_2)^{29} + \cdots + 10\ 000(1+i_{29})^2 + 10\ 000(1+i_{30})$$

由于存款的期限不同，因而每笔存款的利率也可能不同。假设每笔存款的本金都为 A，利率都为 i，连续存了 n 年，那么根据复利公式，可以得到连续存款的到期终值。

$$\begin{aligned} F &= F_1 + F_2 + \cdots + F_{n-1} + F_n \\ &= A(1+i)^n + A(1+i)^{n-1} + \cdots + A(1+i)^2 + A(1+i) \\ &= \sum_{t=1}^{n} A\ (1+i)^t \end{aligned} \tag{6.13}$$

这个公式称为流量终值公式。

2. 现值

现值，也称折现值，是指对未来现金流量以一定的利率进行折算成现在或指定起始日期的数值，通常记作 P。

【例 6.6】 考虑一个人在 5 年后要从银行获得本金和利息之和 10 000 元，在利率为 $i=5\%$的情况下现在需要在银行存入多少钱？

解析：

(1)单利现值。现值的计算与终值的计算是互逆的，由终值计算现值的过程称为“折现”。单利现值的计算公式为

$$P = F/(1+n\times i) \tag{6.14}$$

式中：$1/(1+n\times i)$为单利现值系数。

用单利现值公式，要存入的本金为

$$P = 10\ 000/(1+5\times 5\%) = 8\ 000(\text{元})$$

(2)复利现值。若采用的是复利的方式来进行折现，那么复利现值公式为

$$P = F/(1+i)^n = F\ (1+i)^{-n} \tag{6.15}$$

式中：$(1+i)^{-n}$称为复利现值系数，用符号$(P/F,i,n)$表示。

上例中，使用复利现值公式，则要存入的本金为

$$P = 10\ 000/(1+5\%)^5 = 7\ 835.27(\text{元})$$

3. 年金的终值和现值

年金是指在一段固定时期内有规律地收入(或支付)固定金额的现金流。年金按其每次收付款项发生的时点不同，可以分为普通年金(后付年金)、即付年金(先付年金，预付年金)、递延年金(延期年金)、永续年金等类型。

(1)普通年金。普通年金是指从第一期起，在一定时期内每期期末等额收付的系列款项，又称为后付年金。

若采用复利终值和复利现值计算方法，那么普通年金的终值计算公式为

$$F = A\,\frac{(1+i)^n - 1}{i} \tag{6.16}$$

普通年金的现值计算公式为

$$P = A\left[\frac{1}{i} - \frac{1}{i\,(1+i)^n}\right] \tag{6.17}$$

式中：A 为普通年金；i 为利率；n 为年金持续的时期数。

(2)即付年金。即付年金是指从第一期起，在一定时期内每期期初等额收付的系列款项，

又称先付年金。即付年金与普通年金的区别仅在于付款时间的不同。

即付年金的终值计算公式为

$$F=A(1+i)\frac{(1+i)^n-1}{i} \tag{6.18}$$

即付年金的现值计算公式为

$$P=A\left[1+\frac{1}{i}-\frac{1}{i\,(1+i)^{n-1}}\right] \tag{6.19}$$

(3)递延年金。递延年金是指第一次收付款发生时间与第一期无关，而是隔若干期后才开始发生的系列等额收付款项。它是普通年金的特殊形式。

假设间隔了 T 期后开始进行年金支付系列，一直持续到第 n 期，即总共进行了 $n-T$ 期的年金支付，那么递延年金的终值计算公式为

$$F=A\,\frac{(1+i)^{n-T}-1}{i} \tag{6.20}$$

递延年金的现值计算公式为

$$P=A\left[\frac{1}{i}-\frac{1}{i\,(1+i)^{n-T}}\right]\times\frac{1}{(1+i)^T} \tag{6.21}$$

(4)永续年金。永续年金是指无限期等额收付的特种年金。它是普通年金的特殊形式，即期限趋于无穷的普通年金。

当 $n\to\infty$，则普通年金就转化为永续年金，永续年金的终值趋于无穷大，而永续年金的现值计算公式为

$$P=\frac{A}{i} \tag{6.22}$$

【例 6.7】 假设市场年利率为 10%，现保险市场上有一种保险产品，保险公司在投保人购买该产品后，从第六年起每年年底定期向投保人支付 5 000 元，连续支付 10 年，那么该保险产品的现值是多少？

解析：

根据(式 6.21)，间隔期 $T=5$(年)，$n-T=10$(年)，该产品的现值为

$$P=5\,000\left[\frac{1}{10\%}-\frac{1}{10\%(1+10\%)^{10}}\right]\times\frac{1}{(1+10\%)^5}=19\,077.80(\text{元})$$

6.2.2 到期收益率

到期收益率是使一个金融工具未来支付的现值等于当前价格的利率。到期收益率的计算公式为

$$P_0=\frac{\mathrm{CF}_1}{(1+y)}+\frac{\mathrm{CF}_2}{(1+y)^2}+\cdots+\frac{\mathrm{CF}_t}{(1+y)^n} \tag{6.23}$$

式中：P_0 为金融工具的当前市价；CF_t 为在第 t 期的现金流；n 为时期数；y 为到期收益率。如果 P_0、CF_t 和 n 的值已知，就可以求出 y。

【例 6.8】 一张息票率为 10%、面额为 1 000 元的 10 年期附息债券，每年支付息票利息 100 元，最后再按照债券面值偿付 1 000 元，则其到期收益率为多少？

解析：

其现值的计算可以分为附息支付的现值与最终支付的现值两部分，并让其与附息债券今天的价值相等，从而计算出该付息债券的到期收益率。

$$P_0=\frac{100}{1+y}+\frac{100}{(1+y)^2}+\frac{100}{(1+y)^3}+\cdots+\frac{100}{(1+y)^{10}}+\frac{1\,000}{(1+y)^{10}}=1\,000(\text{元})$$

求得 $y=10\%$。

附息债券的价格与到期收益率负相关，如果债券价格上升，到期收益率下降；反之，如果债券价格下降，到期收益率上升。而当附息债券的购买价格与面值相等时，到期收益率等于息票率；当附息债券的价格低于面值时，到期收益率大于息票率。

6.3 利率决定理论

利率机制是指竞争过程中利息率变动与信贷资金供求变动之间的联系和作用形式，主要是在资金和资本市场上发生作用的机制。它是利率机体内各构成要素之间的相互依存、相互关联和互相制约关系及其推动利率运行的自动调节功能。利率机制主要包括利率的形成机制和作用机制。利率的形成机制主要是指利率的形成及决定因素，利率的作用机制是指利率在一国经济运行过程中对资金价格的调节作用，也即利率如何调节储蓄、消费和投资的流向和流量，达到以资金流引导实物流，促进资源的合理配置，以带动经济增长的目的。利率的形成机制和作用机制是相互依存、相互影响的，影响利率形成机制的因素，也正是利率作用机制中利率调控的因素，比如储蓄、投资等。因此，这里主要介绍利率的形成机制，也称为利率的决定理论。

马克思的利率决定论建立在对利息的来源和本质准确把握的基础上，马克思揭示，利息是贷出资本的资本家从借入资本的资本家那里分割出来的一部分剩余价值，而利润是剩余价值的转化形式。利息的这种质的规定性决定了它的量的规定性，利息量的多少取决于利润总额，利息率取决平均利润率。马克思进一步指出，在平均利润率与零之间，利息率的高低取决于两个因素：一是利润率；二是总利润在贷款人和借款人之间进行分配的比例。这一比例的确定主要取决于借贷双方的供求关系及其竞争，一般来说，供大于求时利率下降；供不应求时利率上升。此外，法律、习惯等也有较大作用。马克思的理论对于说明社会化大生产条件下的利率决定问题具有指导意义。

这里再介绍四种流行的利率决定理论：古典利率理论、流动性偏好理论、可贷资金理论、理性预期理论。

6.3.1 古典利率理论

在利率的决定理论中，其中一种最早的理论是古典利率理论。它是在18、19世纪由一些英国的经济学家提出来的，欧文·费雪对其进行了完善和详细阐述。古典利率理论指出利率由两个因素所决定：①储蓄的供给，这主要是来自家庭的储蓄，也包括企业储蓄和政府储蓄；②投资资本的需求，主要是指企业部门的投资需求。下面就来详细介绍决定利率的储蓄和投资需求两个因素。

1. 储蓄的供给

(1)家庭储蓄。在现代经济当中，大多数储蓄来自个人和家庭，对于家庭而言，储蓄来自于对消费支出的节约，因此当期储蓄等于当期收入和当期消费支出之差。通常来说，储蓄的数量会随着收入而增加，高收入家庭会比低收入家庭储蓄更多而消费更少。收入和财富在家庭储蓄决策上占主导地位，但利率也是影响储蓄的重要因素。利率影响到个人选择究竟是在当期进行消费还是为未来的消费进行储蓄。古典利率理论假设家庭在当期消费和未来消费之间有时间偏好，相对于未来消费而言，个人总是偏好于当期进行消费。因此，鼓励家庭减少当期消费以增加储蓄的途径就是给他们提供更高的利率。古典利率理论把利息支付看作等待（为了更多的将来消费而延迟当期消费）的报酬。高利率增加了储蓄的吸引力，还可以鼓励个人用当期储蓄（未来消费）来替代一部分当期消费，这就是所谓的替代效应，这表明利率和储蓄量之间的正相关关系。

（2）企业储蓄。企业也是储蓄的供给者，大多数企业以留存收益的形式保有储蓄，企业的投资支出所需的资金很大程度上来自企业储蓄。决定企业储蓄量的关键因素是企业的利润水平，若预计企业利润上升，企业可以更多地通过内部储蓄来满足投资的资金需求，而不是到货币市场或资本市场上进入融资，结果利率将下降。反之，若企业的利润下降，而企业又不愿缩减投资计划的话，企业就需要到货币或资本市场上进行融资，利率将上升。决定企业储蓄的主要因素是企业利润，但利率也是决定企业储蓄的重要因素。为降低企业的运作成本，在较低的利率水平下，企业将倾向于外部融资，企业需要的储蓄就少；而在较高的利率水平下，企业倾向于从内部进行融资，企业需要保有较多的储蓄。

（3）政府储蓄。政府也需要储蓄，虽然政府储蓄不会像家庭和企业那样频繁。实际上，绝大部分的政府储蓄（例如预算盈余）是非主动储蓄。它的出现是因为政府的收入意外地超过了政府的支出。较高的利率会增加政府所欠债务的应付利息，这笔开支的增加会提高政府的财政赤字（或减少预算盈余）从而降低政府储蓄。

2. 投资资本的需求

企业、家庭和政府储蓄是一个非常重要的利率决定因素，另一个非常关键的利率决定因素是投资支出，它来自于商业企业。

企业是经济中的主要投资部门，需要大量的资金来购买设备、机器和存货以及建设厂房等基础设施。企业的投资决策程序是非常复杂的，取决于许多定性和定量的因素，企业必须把当前的生产水平与现存设备的生产能力进行比较，并决定企业是否有足够的生产能力来应付产品的预期需求。如果预期的未来需求大于企业现存的设备生产能力，那么企业就会考虑通过投资来增强其生产能力。

大多数企业都会同时有好多项目来加以选择，尽管各个公司的投资决策过程会有所不同，但通常都会估计项目在生命期的净现金流量。根据项目的净现金流和取得成本，来估算出项目的期望收益率（如内部收益率）。企业将项目的期望收益率与其他项目的期望收益率以及筹资的成本——市场利率进行比较，通常选择期望收益率较高且大于筹资成本的项目。通过筹资成本的变化，金融市场对企业的投资决策发挥着有力的影响。当信贷变得昂贵的时候，借款的成本增加，这就可以排除企业的一些投资项目。古典经济学家认为投资与利率是负相关的关系，当利率较低时，企业能以较低的成本进行融资，更多的项目具有经济上的可行性。当利率较高时，企业的融资成本较高，企业将减少投资。

3. 古典利率理论中的均衡利率

古典利率理论认为金融市场的利率是由储蓄供给和投资需求的相互影响来决定的。特别地，当市场的储蓄供给量正好等于投资资金需求量的时候，当时的利率就是利率均衡点，如图 6.1 所示。

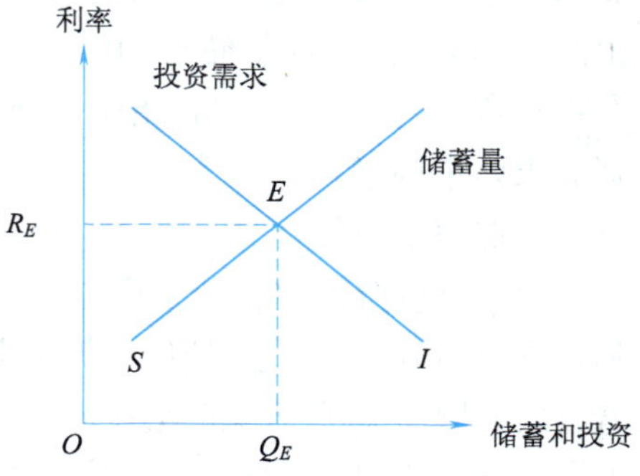

图 6.1　古典利率决定模型

在图 6.1 中，由家庭储蓄、企业储蓄和政府储蓄构成的储蓄供给量向上倾斜（S 曲线），利率越高，储蓄的供给量越多。投资曲线（I）向下倾斜，投资需求与利率成反比，利率越高，投资需求越少。在投资需求曲线 I 和储蓄供给量曲线 S 相交于 E 点（Q_E，R_E）点，投资需求和储蓄供给都为 Q_E，此时对应的利率 R_E 为均衡利率。

如果在某个时刻，市场利率高于均衡水平，储蓄供给量超过投资需求量，存在一个超额的储蓄供给，储蓄方将降低利率直至市场利率达到均衡利率水平。类似地，如果市场利率低于均衡利率，投资需求超出可获得的储蓄量，企业将以更高的利率获得投资资金，直到满足企业在对应利率水平下的投资资金需求。

古典利率理论帮助我们了解驱动利率变化的长期力量，但古典利率理论也存在以下缺陷：首先，古典利率理论忽略了除储蓄和投资以外的其他影响利率变化的因素。例如，现在一些金融机构可以通过向公众发放贷款来创造货币。当公众偿还贷款时，货币量得以收缩。货币的创造和收缩影响到金融市场中总的信用水平。其次，古典利率理论认为利率是决定储蓄供给量的首要因素，但是现在一些理论认为收入和财富是决定储蓄量更重要的因素。最后，古典利率理论认为对借贷资金的需求主要来自于企业部门，但是现在消费者和政府也是非常重要的借款人。

6.3.2　流动性偏好理论

1. 货币市场及其均衡

古典利率理论所解释的是长期利率，因为它着眼于人民的储蓄习惯——这是一个缓慢变化的因素。在 20 世纪 30 年代，英国经济学家约翰·梅纳德·凯恩斯提出了一个解释利率的理论。凯恩斯认为这种理论更适合政策制定者和更利于解释短期利率的变化，这个理论被称为利率的流动性偏好理论。

在凯恩斯的流动性偏好模型中将货币定义为 M_1（即现金加活期存款），货币的唯一替代资产债券的预期收益率用利率水平 r 来衡量。流动性偏好理论认为利率是对货币这种稀缺资源的使用的补偿。即使货币收益很低甚至没有收益，企业和个人也会持有一些货币来满足日常交易的需要以及预防未来对现金的需要。根据流动性偏好理论，公众对货币的需求有三个动机：交易动机、预防动机和投机动机，这三个动机形成了总的对货币的需求 M_d。根据资产组合理论，资产需求量与预期收益量正相关，利率上升→债券预期收益率上升→债券需求量上升→货币需求（M_d）下降，即利率和货币需求量呈负相关关系。

在流动性偏好理论中，另外一个决定利率的重要因素是货币的供给。在现代经济中，货币的供给是由政府控制的，或者说至少是受到严密监管的。由于政府决定货币供给量的根据是公众福利而不是利率水平，所以认为现金余额的供给对于利率是没有弹性的。这样的货币供给曲线用垂直的直线 M_s 表示，如图 6.2 所示。

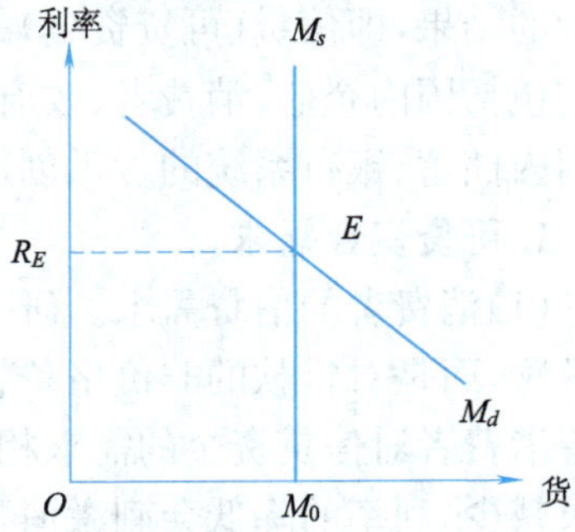

图 6.2　流动性偏好模型

凯恩斯的流动性偏好模型根据货币市场的均衡来分析利率水平的决定。在图 6.2 中，横轴代表货币量，纵轴代表利率水平。货币需求曲线（M_d）向下倾斜，表示货币需求量随着利率水平的上升而减少。假定货币供给完全由中央银行控制，货币供给曲线是一条与横轴垂直的直线。货币市场在货币需求曲线 M_d 和货币供给曲线 M_s 的交点实现均衡,E 点位均衡点,R_E 为均衡利率。如果利率高于均衡利率,存在货币的超额供给,人们希望将持有的多余货币购买债券,因此债券价格将会上升而利率水平下降;反之,如果利率低于均衡利率,存在货币的超额需求,人们希望抛售部分债券以满足货币需求,因此债券价格将会下跌而利率水平则会上升。无论是哪种情况,货币的超额供给(或超额需求)都会逐步减少,直至利率回到均衡水平 R_E,货币供给量与货币需求量相等,货币市场实现均衡。

2. 货币供求曲线的影响因素

(1)货币需求曲线的影响因素。①收入水平。在其他条件都相同的前提下,经济扩张→收入增长→财富总量增长→货币需求量增加→货币需求曲线向右移动,反之,经济衰退→收入减少→财富总量下降→货币需求量减少→货币需求曲线向左移动。②价格水平。在其他水平不变的情况下,价格水平上升→若维持实际货币余额名义货币与价格水平之比(M/P)不变→名义货币增加→货币需求量增加→货币需求曲线右移,反之,货币需求曲线向左移动。

(2)货币供给曲线的影响因素。中央银行的货币政策是导致货币供给曲线发生位移的基本因素,在其他条件都相同的前提下,扩张性的货币政策→货币供给增加→货币供给曲线向右移动,反之,紧缩性货币政策导致货币供给曲线向左移动。

在其他条件不变的情况下,货币需求曲线或货币供给曲线的移动,都会使均衡利率发生变化。例如,在图 6.3 中,经济扩张使货币需求曲线由 M_{d1} 向右移至 M_{d2} 位置,均衡利率将于 R_{E0} 升高到 R_{E1}。

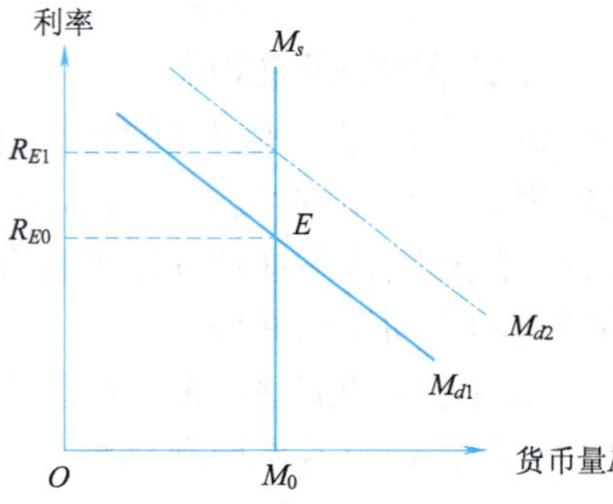

图 6.3　收入水平变动与均衡利率

正如古典利率理论一样,流动性偏好理论也有局限性。它解释的是短期利率的决定因素,而无法对长期现象进行解释。就长期而言,利率会受到收入水平以及通货膨胀预期变化的影响。实际上,如果没有均衡的收入水平、均衡的储蓄和经济中的投资,那么要达到稳定的均衡利率是不可能的。同样地,流动性偏好理论仅仅考虑了货币的需求和供给,但是企业、消费者和政府对信贷的需求也会明显地影响到信贷的成本。所以我们需要一个更加全面的利率理论,而这个理论要考虑到金融系统中的所有的参与者包括企业、家庭和政府。

6.3.3　可贷资金理论

有一个理论可以克服之前两种理论的很多局限性,这个理论就是利率的可贷资金理论,这个理论是最为市场参与者所接受的理论。可贷资金理论的观点认为:利率是由两个因素相互影响的结果,即信贷(可贷资金)的需求和供给。可贷资金的需求由各方面的贷款需求所组成,他们包括国内企业、消费者、政府以及需要在国内市场借款的外国人。而可贷资金的供给来源于国内储蓄、银行系统的货币创造以及国外个人和机构在国内市场的贷款。

1. 可贷资金需求

(1)消费者的信贷需求。研究表明消费者通过贷款来购买商品和服务时,对利率并不是特别敏感,而是对贷款的非价格条款比较在意,如首期付款、到期日和分期付款的规模等。这意味着消费者对信贷资金的需求相对于利率而言弹性较小。当然利率的上升会导致消费者贷款需求减少,利率的降低会刺激消费者增加对贷款的需求,若利率变化较大,消费者对信贷资金的需求也会较大。

(2)企业的信贷需求。相对于消费者的借贷行为而言,企业的信贷资金需求对利率要敏感得多。大多数的企业借贷是为了采购原材料、设备或开设新厂。若利率过高,使有些项目的预期收益率小于借贷成本,这些项目因无利可图,企业将不再对其进行投资,这会减少企业对信贷资金的需求。相反,较低的利率使一些项目的预期收益率超出资金成本,有些项目变得有利可图,企业对信贷资金的需求将随利率的下降而增加。

(3)政府的信贷需求。在金融市场上,政府对信贷资金的需求不断增长,对于中央政府而言,其借贷和支出决策取决于社会需求和公共财富,并且它能够通过征税和创造货币来偿还债务,因而政府尤其是中央政府的信贷资金需求并不完全取决于利率水平。

(4)国外信贷需求。国外的银行、企业以及政府也有可能进入本国的金融市场进行借贷,国外的信贷需求对国内贷款利率与海外市场利率之间的差额较为敏感,如果国内利率相对于海外利率下降,国外的借款人将倾向于来国内借款,从而产生国外信贷需求,国外信贷需求与国内和国外利率差成负相关关系。

综上所述,可贷资金的总需求是国内消费者、企业、政府信贷需求和国外信贷需求的总和。这一需求曲线相对于利率是向右下方倾斜的。高利率使一些企业、消费者和政府减少他们的借款计划,而低利率则会产生更多的信贷需求。

2. 可贷资金供给

可贷资金供给至少包含四个来源:①国内企业、消费者和政府的储蓄;②可利用的货币供给与公众货币需求之差;③国内银行系统的货币创造;④国外对国内借款人的贷款。

(1)国内储蓄。国内储蓄是可贷资金的主要来源,其中大多数储蓄又是来自家庭当期收入和消费的差额。企业也会通过保留部分当期收入和增加折旧储备而进行储蓄,政府在当期收入超出当期支出时,也会产生一些储蓄。

一些企业和家庭的储蓄可能是目标导向的,这就是所谓的收入效应。例如,一个人希望在退休之前积累10万元,后来利率从5%上升到10%,那么这个人在每期收入中的储蓄是更多还是更少呢?肯定是更少了。因为高利率使储蓄者不必牺牲太多的当期收入就能达到10万元的目标,也就是说,利率越高,储蓄的累积就越快。而低利率下企业和个人必须更多地累积储蓄才能达到储蓄目标,因而低利率可能导致大量的储蓄。

收入效应和古典利率理论中所提到的替代效应刚好相反,替代效应意味着企业和家庭的储蓄量和利率呈正相关关系。财富效应也对储蓄决策有影响,个人积累财富的形式多种多样,既有实物资产,也有金融资产,一旦利率上升,金融资产的价值将下降,这会促使个人更多的进行储蓄来保护其财富免遭损失。相反,利率的下降会促使个人增加金融资产的持有量而减少储蓄量。

收入效应、替代效应和财富效应产生的净效果将是储蓄供给曲线上一条向上倾斜的对利率缺乏弹性的曲线。

(2)货币供给与公众货币需求之差。公众对货币的需求会随利率和收入的变化而变化,而货币的供给却受政府的控制,这两者不一定相等。货币供给超出货币需求时,公众会将其持有的过多的货币储蓄起来,这会增加可贷资金的供给。

(3)国内银行系统的信用创造。国内银行和储蓄机构通过提供支付账号具有独特的信用创造能力,信用创造提供了额外的可贷资金。

(4)国外对国内的贷款。国外对国内的贷款也是可贷资金供给的来源之一,但这部分流动性的可贷资金对国内与国外的利率差却是非常的敏感。若国内利率相对于海外利率上升，国外的借款人会发现将资金贷给国内借款人更有吸引力，而国内的借款人也会转向国外市场进行借款，来自国外的资金供给将上升。反之，来自国外的可贷资金将下降。这将导致国外可贷资金净供给与国内和国外的利率差存在着正的相关关系。

从上面可以看出，可贷资金总供给包括国内储蓄、货币供给与公众货币需求之差、国内银行系统的信用创造以及国外对国内的贷款等，可贷资金供给曲线是一条向上倾斜的曲线，表明当出借资金的利率上升时，更多的可贷资金供给将流入到货币和资本市场。

3. 可贷资金理论下的利率均衡

在图 6.4 中，可贷资金需求曲线(D_L)向下倾斜，可贷资金供给曲线(S_L)向上倾斜。D_L 与 S_L 相交于 E 点，E 点为均衡点，R_E 为均衡利率，Q_E 为均衡可贷资金量。如果利率高出均衡利率，即 $R_1>R_E$，R_1 对应的可贷资金供给量为 Q_{S1}，可贷资金需求量为 Q_{D1}，$Q_{S1}>Q_{D1}$，即存在超额的可贷资金供给，可贷资金供给方将愿意以更低的利率出借资金，这将促使利率下降。反之，若利率高出均衡利率，即 $R_2<R_E$，R_2 对应的可贷资金供给量为 Q_{S2}，可贷资金需求量为 Q_{D2}，$Q_{S2}<Q_{D2}$，即存在超额的可贷资金需求，可贷资金需求方将愿意以更高的利率借入资金，这将促使利率上升。

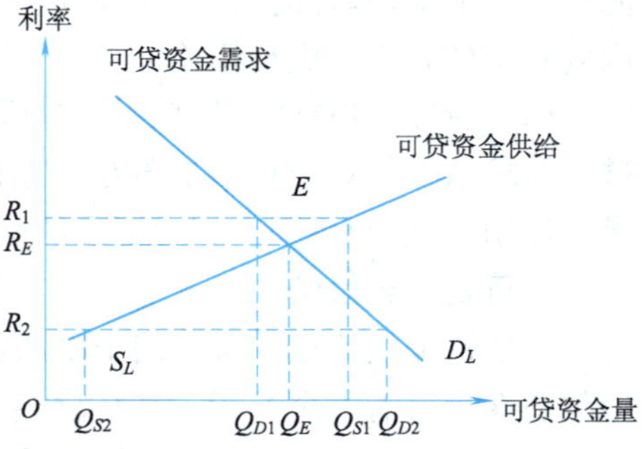

图 6.4 可贷资金模型

由于利率受到国内和国际因素的影响，图 6.4 中所描绘的利率均衡只是局部均衡。要使经济处于均衡状态，整个经济系统中的预计的储蓄和预计的投资必须相等。例如，如果预计的投资超出了均衡利率所对应的预计储蓄，短期内投资需求将促使利率上升。然而，投资增加时，收入也将上升，这将产生更多的储蓄，最终，利率将下降。同样，若美元、欧元以及其他的世界货币间彼此的汇率不在均衡状态，国内国外的贷款人将能通过把可贷资金从一个国家转移到另一个国家来获利，这也造成一国可贷资金的变化从而影响利率。

只有当整个经济(包括商品市场、服务市场和劳动力市场)、货币市场、可贷资金市场和外汇市场同时处于均衡状态，利率才能稳定。因此，一个完全稳定的长期利率均衡需要满足以下条件：

(1)整个经济系统中，预计储蓄＝预计投资(即储蓄投资均衡)。

(2)货币供给＝货币需求(即货币市场均衡)。

(3)可贷资金供给量＝可贷资金需求量(即可贷资金市场均衡)。

(4)国外对国内的可贷资金需求与国外给国内的可贷资金供给之差＝当前国内出口与进口之差(即国际收支平衡和外汇市场均衡)。

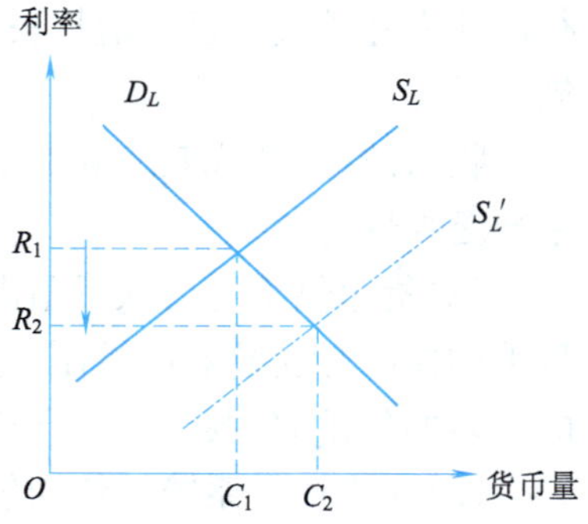

图 6.5 可贷资金供给曲线的移动与均衡利率变化

这一简单的需求——供给框架对于分析利率的变动是很有用的。例如，如果可贷资金的总供给正在增加，而可贷资金的总需求不变或增加得比较慢，那么货币市场中的信贷量就会增加，利率就会下降。图 6.5 描述了这一情况，供给曲线向右移动，也就是从 S_L 增加到 S_L'，结果是均衡利率从 R_1 下降到 R_2。那么金融系统中的可贷资金的均衡数量就从 C_1 增加到 C_2。

6.3.4　理性预期理论

很多研究表明，货币和资本市场在消化影响利率和证券价格的新信息方面是非常高效的，而理性预期理论正是基于这一研究结果建立起来的。

例如，当出现了有关投资、储蓄或者货币供给的信息，投资者能迅速地将这些信息转化到资金的借贷决策里，市场消化信息的过程非常迅速以致这些信息一出现就被反映到资产价格和利率当中。在一个完全有效的市场里，是不能持续地通过基于公开可获得的信息的交易来获得超额收益的。

理性预期理论假设所有的企业和个人都是理性人，也就是说，他们能够利用市场所提供的所有的信息对未来的资产价格和利率做出最优的预测。理性人会最好地利用他们所能支配的资源，从而使收益率最大化。而且理性人对未来资产价格、利率和其他变量的预测是无偏差的，也就是说，理性人不会犯系统性的预测错误，他们能够很容易地发现过去模式中的预测错误并且迅速地改正。

如果货币和资本市场是高度有效的，这意味着利率总是非常接近均衡利率水平。任何由于需求和供给力量导致的对均衡利率的偏离都会迅速的消除。长期来看，证券交易者难以持续的通过预测利率是过高或过低从而获利。因为利率围绕均衡利率的波动是随机的，其变化相当迅速。此外，关于过去的利率信息在预测未来利率方面并不可靠。实际上，理性期望理论认为，在缺少新的信息情况下，在没有新的信息进入市场并改变市场预期前，对下期的利率的最优预测结果就是当期利率。因为若没有新信息的出现，就没有特别的理由来相信下期的利率究竟是高于当期利率还是低于当期利率。

旧的信息并不能影响到当期的利率，因为利率已经反映了这些信息。仅当新的未预期到的信息出现，利率才会发生变化。例如，如果中央政府连续几周公告它将在下个月再借入 100 亿元，利率大致在这个信息第一次出现的时候就对其进行了反应，因为投资者会把这个额外的信贷需求加入到整个经济的信贷需求当中，在信贷供给不变的情况下，预期利率将上升。然而，如果政府只是重复这个公告，利率在政府第二次进行公告时也许并不会发生变化，它只是一个旧的信息，已经反应在现在的利率当中了。

然而设想一下，如果政府突然出人意料地宣布，由于税收收入大于当初的预测，所以没有必要进行新的借款，那么利率可能会立刻下降，因为市场的参与者被迫在新情况下修改他们的借款和贷款计划。那么我们怎样知道利率究竟是往哪个方向运动呢？很显然，利率的运动路径依赖于市场参与者的初始预期。因此，如果市场参与者过去预期信贷需求上升而信贷供给不变，一个未预期到的有关信贷需求下降的公告意味着未来更低的利率。类似地，若市场预期未来信贷需求较少，预期未来信贷供给不变，当出现一个有关信贷需求增加的公告，则意味着利率将上升。

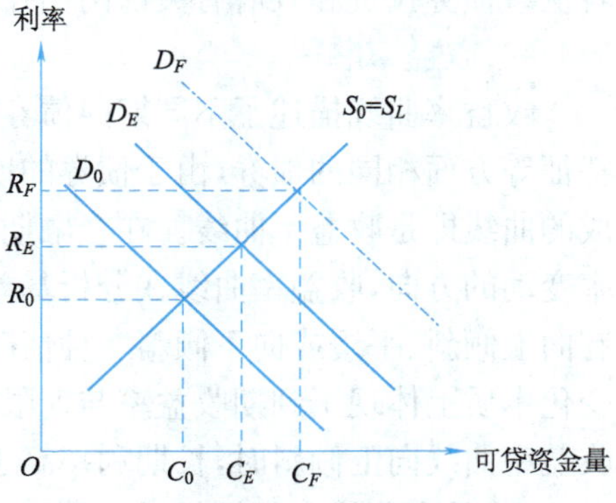

图 6.6　理性预期理论

上面这些可以用修正的可贷资金理论来说明，即可贷资金理论中的可贷资金的供需曲线反映的不仅是实际的信贷资金供给和信贷资金需求，还反映了预期的可贷资金供给和需求。如图 6.6 所示，假设 D_0 和

S_0 表示当期实际的可贷资金需求曲线和可贷资金供给曲线，D_F 反映的是下一期的实际可贷资金需求。假设可贷资金供给曲线不变，即 $S_0=S_F$。

假设现在政府公告因出现巨大财政赤字，在未来需要借入更多的资金。结果就是出现了新的预期，资金借贷者在第 0 期预计第 F 期的可贷资金需求曲线为 D_E。在这种情况下，当期的均衡利率将不是 R_0，而是 R_E，即预期的需求曲线（D_E）和实际的供给曲线 S_0 交点对应的利率。当前的均衡可贷资金成交量是 C_E 而不是 C_0。这是因为根据理性预期理论，借贷者是理性主体，会使用其拥有的所有信息（包括期望事件，例如这里的政府宣告在未来期间将借入更多的资金）来给当期的资产定价。当未来的时期到达，即在第 F 期由于未来的可贷资金需求量 D_F 大于市场在第 0 期的可贷资金预计量 D_E，未来的均衡利率将上升到 R_F，此时可贷资金交易量为 C_F。

假设未来的实际可贷资金需求曲线 D_F 落在 D_0 和 D_E 之间，在供给曲线不变的情况下，第 F 期的均衡利率将落在 R_0 和 R_E 之间，未来的利率将下降。为何未来的实际可贷资金需求增加了，利率反而下降呢？这种情况只有在满足理性预期理论假设的条件下才会出现，未来的实际可贷资金需求虽然相对于当期的实际可贷资金需求上升了，但是没有市场预期上升的那么多，因此利率将下降。

根据理性预期理论，要预测利率，我们必须要知道公众的当期预期。如果有足够的新信息使公众改变这些预期，那么利率和资产价格就会改变。如果这种情况是正确的，理性预期理论的这部分观点就会给政府的政策制定者带来巨大的麻烦。因为这意味着如果不知道公众的预期，那么政策的制定者就不能使利率向特定的方向变动，而且依据这个理论，政府实际上是很难改变利率和资产价格的，除非政府能够使公众有新的预期。

然而，理性预期仍然处在发展阶段。其中一个主要的困难就是我们不太清楚公众是如何形成他们的预期的——用什么样的数据、对各种数据用什么权重，以及需要多长时间来发现他们的错误。而且，真实市场的某些特征与预期理论的假设前提似乎是不一致的。

6.4　利率的期限结构

利率期限结构是指在某一时点上，不同期限资金的收益率与到期期限之间的关系。利率的期限结构反映了不同期限的资金供求关系，揭示了市场利率的总体水平和变化方向，为投资者从事债券投资和政府有关部门加强债券管理提供可参考的依据。

6.4.1　收益率曲线

收益率曲线描述了不同期限债券的收益率之间的关系。一般而言，在风险、流动性、税收特征等方面相同的债券，由于债券的期限不同，利率也会有所不同。根据这些债券的收益率绘成的曲线即是收益率曲线。在金融期货交易中，交易者往往根据收益率曲线的形状来预测利率变动的方向，收益率曲线在分析基差变动时具有非常重要的作用。收益率曲线的形状主要有向上倾斜、平缓或向下倾斜三种情况，甚至还可能出现更复杂的收益率曲线。收益率曲线的变化本质上体现了到期收益率与期限之间的关系，即短期利率和长期利率表现的差异性。当收益率曲线向上倾斜时，长期利率高于短期利率；当收益率曲线平缓时，长期利率等于短期利率；当收益率曲线向下倾斜时，短期利率高于长期利率。一般来讲，收益率曲线大多是向上倾斜的，偶尔也会呈水平状或向下倾斜。投资者通常利用观测到的国债市场的债券价格数据来构建收益率曲线，从而进行产品定价。选择国债数据来建立收益率曲线主要有三个原因：第一，国债收益率水平受到投资者的广泛关注。对国债收益率进行分析对于固定收益证券的定价至关重要，同时相对其他固定收益证券投资，国债收益可以看作无风险的，因此国债收益率是投资于非国债产品的机会成本，也成为那些非国债产品所要求的最低收益水平。第二，因为国债可以视为无风险证券，用一组国债来建立收益率曲线使构建出的曲线不用考虑不同期限债券之间由于信用风险不同而需要对收益率数据进行调整，以体现它们的信用风险溢酬。第三，国债市场规模庞大，交易成本较低，从而避免了流动性不足、交投不活跃市场上的产品所要求的流动性风险溢酬。

以横坐标代表到期时间，纵坐标代表收益率，研究人员通过观察多个国家不同时期的收益率曲线，发现收益率曲线可能呈现以下不同的形状（见图 6.7）：①正常或斜率为正；②水平；③反向或斜率为负；④驼峰形。

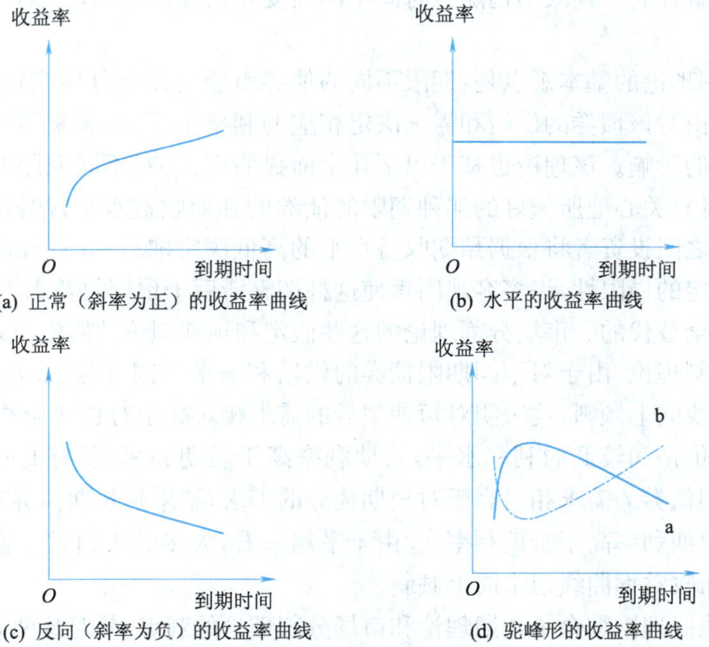

(a) 正常（斜率为正）的收益率曲线　(b) 水平的收益率曲线

(c) 反向（斜率为负）的收益率曲线　(d) 驼峰形的收益率曲线

图 6.7　收益率曲线的形状

6.4.2　利率的期限结构理论

在金融市场上，不同种类、不同期限的资金使用不同的利率可以用利率结构理论来解释，利率结构最主要的是期限结构、风险结构和信用差别结构。根据西方学者的观点，在决定公众金融资产利率的因素中，期限因素始终是最主要的，因此，利率期限结构利率是利率结构理论中的核心内容。利率期限结构指具有相同风险、流动性及税收待遇，但期限不同的金融工具所具有的不同利率水平，反映了期限长短对其收益率的影响。利率期限结构理论所研究的是长短期利率之间的关系以及二者变动所产生的影响等问题。

关于利率期限结构利率的研究分为传统的利率期限结构理论和现代的利率期限结构理论。传统的利率期限结构理论主要集中于研究收益率曲线形状及其形成原因；现代的利率期限结构理论着重研究利率的动态过程。

1. 传统的利率期限结构理论

传统的利率期限结构理论包括三个理论:预期理论、市场分割理论、流动性偏好理论。

(1)预期理论的基本观点是:长期利率相当于在该期限内人们预期的所有短期利率的平均数,因而收益率曲线反映所有进入市场参与者的综合预期。例如,人们预期在未来8年中短期利率平均水平为9%,那么按照预期假说的解释,8年期债券的利率也大致为9%;如果预期8年以后短期利率会升高,这样未来20年中短期利率的平均水平为12%,那么20年期债券的利率大致也是12%。在此例中,长期利率水平在短期利率之上,收益率曲线向上倾斜。预期理论隐含着这样几个前提假定:①对债券的期限投资者没有偏好,预期收益的变动决定了其投资行为。如果一种债券的预期收益高于另一种债券,那么,投资者将会选择购买前者。②所有市场参与者都有相同的预期。③在投资者的资产组合中,期限不同的债券是完全替代的。④完全竞争的金融市场。⑤若两种债券是完全替代的,那么它们具有相等的预期收益率。预期理论能很好地解释利率期限结构随着时间不同而变化的原因,以及长期利率和短期利率一起变动的原因。

(2)市场分割理论的基本观点是:期限不同的债券市场是完全分离或独立的,每一种债券在各自的市场上由对该债券的供给和需求决定相应的利率水平,该利率不受其他不同期限债券预期收益变动的影响。该理论也基于以下几个前提假定:①对不同期限的债券投资者有不同的偏好,投资者只关心他所偏好的那种期限的债券的预期收益水平;②投资者是理性的,在期限相同的债券之间投资者将根据预期收益水平的高低决定取舍;③理性的投资者对其投资组合的调整有一定的局限性,许多客观因素使这种调整滞后于预期收益水平的变动;④不同期限的债券不是完全替代的。市场分割理论的这些假定和预期理论的假定正好相反。

按照市场分割理论,由于对不同期限债券的供给和需求不同,因此收益率曲线形式不同:①有的收益率曲线向上倾斜,这表明对短期债券的需求相对高于对长期债券的需求,因而短期债券具有较高的价格和较低的利率水平,长期利率高于短期利率;②有的收益率曲线向下倾斜,这表明对长期债券的需求相对高于对短期债券的需求,结果是长期债券有较高的价格和较低的利率水平,短期利率高于长期利率;③由于平均来看,大多数人通常宁愿持有短期债券而非长期债券,因而收益率曲线通常向上倾斜。

(3)流动性偏好理论综合了预期理论和市场分割理论的观点,是对这两者进一步的理论发展,流动性偏好理论的基本观点是:长期债券的利率水平等于在整个期限内预计出现的所有短期利率的平均数,再加上由债券供给和需求决定的期限溢价。该理论基于以下几个假定:①不同期限的债券之间可互相替代,不同期限债券的预期收益率之间存在着相互的影响。②投资者存在投资偏好,对不同的债券具有不同的偏好。③投资者决策的依据是债券的预期收益率而非债券的期限。④在大多数情况下投资者更偏好短期的债券。⑤只有在投资者能获得一个正的时间溢价情况下,才愿意转而持有长期债券。⑥长期利率等于在该期限内预计出现的所有短期利率的平均数,再加上一个正的时间溢价。

根据流动性偏好理论,可以得出下列几点结论:①由于投资者偏好持有短期债券,只有存在一个正的时间溢价作为补偿时,投资者才会选择持有长期债券。由于时间溢价大于零,即使在未来短期利率的平均水平保持不变,长期利率仍然将会高于短期利率。这很好地解释了收益率曲线向上倾斜的原因。②在时间溢价水平一定的前提下,短期利率的上升,意味着平均来看将来短期利率水平会更高,从而长期利率也会随之上升,这是对不同期限的利率总是共同变动的解释。③若预期未来短期利率会大幅下降，预期短期利率的平均数加上一个正时间溢价，长期利率还是低于短期利率，故时间溢价水平大于零时收益率曲线也可能向下倾斜。④若短期利率水平较低时，那么投资者预期未来的利率水平将来会上升到更高的水平，再加上一个时间溢价，使长期利率大大高于现行短期利率，因而收益率曲线往往呈现出陡峭的向上倾斜的形态。若短期利率水平较高时，投资者预期未来利率回落，回落的幅度如果较大，尽管时间溢价是正的，长期利率也可能降到短期水平以下，从而使收益率曲线向下倾斜。

2. 现代的利率期限结构理论

现代的利率期限结构理论是指随机期限结构理论模型。随机期限结构模型是刻画利率与期限（或时间）之间的非确定性函数关系及其变化规律的有效工具。常见的随机期限结构和衍生证券定价模型，按其研究方法可分为计量经济学的均衡模型（equilibrium models）和现代金融学的无套利模型（no-arbitrage models）两大类。均衡模型是从假设一些经济变量开始，推出短期无风险利率的一个过程，然后寻找该过程对债券价格和期权价格的含义。即一旦定义了利率的过程，就已经完全定义了初始期限结构所需的所有内容以及在所有未来时刻它是如何演变的。均衡模型是在进入产品定价中使用的传统模型，有助于理解经济变量之间的潜在关系。均衡模型的缺点在于缺乏金融市场的实证基础，形式简单，难以准确地刻画利率变化的客观规律，初始期限结构是模型的输出量而不是输入量。根据影响利率水平因素的数量，均衡模型又分为单因素模型和双因素模型。

无套利模型将初始期限结构看作已知量，并定义期限结构是如何演变的，这个模型主观色彩较浓，并且其模型参数的估计必须依赖市场利率的历史数据。

本章小结

利率是指一定时期内利息额同借贷资本总额的比率，从不同的角度，利率有不同的种类。货币是有时间价值的，和时间价值紧密相关的是现值和终值的概念，现值和终值是计算各种金融工具利率水平的基础。对利率水平的决定，存在着不同的理论来进行解释，主要有古典利率理论、流动性偏好理论、可贷资金理论和理性预期理论。利率的期限结构反映的是某一时点上，不同期限资金的收益率与到期期限之间的关系，利率的期限结构通常用收益率曲线来描述。关于利率期限结构利率的研究包括传统的利率期限结构理论和现代的利率期限结构理论。

复习思考题

1. 利率的经济含义是什么？
2. 利率的种类有哪些？
3. 年金有哪几种类型？年金的现值和终值如何计算？
4. 古典利率和流动性偏好理论的缺陷有哪些？可贷资金理论从哪些方面进行了完善？
5. 收益率曲线有哪几种典型的形状？利率的期限结构理论是如何解释这些形状的？

推荐阅读

[1] 张亦春,郑振龙,林海. 金融市场学[M]. 北京:高等教育出版社,2008.
[2] 李和金. 利率期限结构与固定收益证券定价[M]. 北京:中国金融出版社,2005.
[3] (美)霍默,(美)西勒. 利率史[M]. 4 版. 肖新明,曹建海,译. 北京:中信出版社,2010.
[4] (美)罗斯,马奎斯. 金融市场学[M]. 陆军,译. 北京:机械工业出版社,2009.

案例讨论

14 个城市上调首套房贷利率

据 2011 年 10 月 17 日中国广播网消息,记者通过调查发现首套房贷款利率上调城市一共有 14 个,以东部一线城市为主,其次为中部城市,西部城市除了成都外,其他还未见有相关报道。而事实上,从今年年初开始,上海、杭州等全国十余城市的部分银行已陆续上调首套房贷款利率,从 7 折、8.5 折优惠上调到基准利率,目前又继续上浮 5%～30%。深圳,由于信贷额度紧张,深圳各家银行首套房贷款利率早在今年 1 月就普遍上浮,建行在深圳早已执行基准利率 1.05 倍的政策,中国银行、兴业银行为 1.1 倍。长春,今年 4 月既有银行在基准利率基础上上浮 10%,9 月初,再上浮到 15%,目前大多数银行首套房贷款利率上浮 20%,部分股份制银行甚至上浮 50%。(资料来源:作者根据网络资料改编,原文见中国广播网)

决定利率的因素有哪些? 为何当时各家银行纷纷上调住房贷款利率?

第 7 章 有效市场理论

本章提要

有效市场假说的概念自 20 世纪 60 年代首次提出，在 20 世纪 70 年代达到顶峰，“统治”着主流金融学的“意识形态”。本章介绍了有效市场理论的假说及假设条件，全面阐述了有效市场假说的类型及相关检验，通过介绍围绕有效市场理论的争论，使学生对如何提高证券市场的有效性有所认识。

学习目标

1. 了解有效市场假说的定义与假设条件
2. 掌握有效市场假说的特征
3. 熟悉三种不同层次的有效市场的实证检验
4. 了解有关有效市场的争论

开篇案例

在马达加斯加岛，有一种植物叫猴面包树。这种树从来不在白日开花，美丽的花朵都在夜间绽放，一分钟之内，一棵高大的树木上隐蔽的花苞全部吐出洁白如玉的花蕊，同时有如琼浆般甜美的花蜜涌出。可惜了这千万朵美丽的花，千百年来只在夜间开放，让酣睡在夜间的人类无缘见其艳丽，闻其芬芳，品其甘甜。其实，这个世界上有太多的美丽是我们无缘得见的，很多丑恶也难得一见，因为我们从这个世界获得的信息是不完全的。

由此可以推断我们的投资行为：我们据以做出各种投资决策的信息，是完全和可靠的吗？这些信息对我们的买卖决策有什么意义？

这些问题涉及有效市场理论。有效市场理论是描述资本市场定价效率的理论，它依据当前市场价格反映市场信息的速度和程度将市场分为弱式有效、半强式有效和强式有效三种状态。随着市场从无效向有效次第演进，投资者通过主动投资获取超额收益的概率将不断降低。当市场足够成熟以致达到强式有效时，没有人能够在市场上获得超额盈利。此时，最佳的投资策略是买入一个足够大的股票组合，也就是进行指数投资，以获取市场的平均收益。（资料来源：周婷婷. 指数投资与市场的有效性. 成都商报，2009-2-4.）

7.1　有效市场假说的定义与假设条件

有效市场理论(efficient market hypothesis,EMH),或者称为有效市场假说,是现代金融理论的基石,无论是资产定价理论(如期权定价模型、资本资产定价模型),还是资本结构理论(如MM定理),都是以市场有效性假说的成立为前提的。有效市场假说起源于早期对价格形成的不确定性的研究,历经半个世纪正式确立(见表7.1)。

表7.1　有效市场假说起源时间表

年代	代表学者	主要贡献
1900	法国学者 Bachelier	提出股票期货价格不能预测,买卖双方的盈亏机会均等,投机者的预期收益是零的假设
1933—1944	经济学家 Cowles	找不出任何证据来猜出市场的价格变化,间接说明市场的不可预测
1934	统计学教授 Holbrood	用大量的统计数字,证明了股票和期货价格预测不准确
1953—1959	Kendall、Harry V. Roberts	提出股票价格遵循一种随机游走模式
1965	Eugene F. Fama	提出有效市场理论
1967	Harry V. Roberts	提出了证券市场弱式有效、半强式有效和强式有效的区分方法
1970	Eugene F. Fama	采用公平博弈模型来描述有效市场假设

7.1.1　有效市场假说的定义

著名经济学家尤金·法玛在1970年经典论文——《有效资本市场:理论和实证研究回顾》中,在实证的基础上,深化并提出了有效市场假说。法玛总结了前人的理论,借助萨缪尔森的分析方法和罗伯特提出的三种有效形式,在理性预期理论的基础上,给出了一个较为严密、权威的有效市场的定义:假设$t-1$时期的证券价格依赖于未来时期t各种证券价格的联合概率分布的特征,那么市场有效性要求,在决定$t-1$期的证券价格时,市场充分、正确地运用了所有可获得的信息,而这些信息又是被人们用来估计t时期证券价格的联合概率分布的。因此,一个有效率的证券市场应满足:

$$f(P_t \mid \Phi_{t-1})=f_m(P_t \mid \Phi_{t-1}^m) \tag{7.1}$$

式中:$P_t=(P_{1t},P_{2t},\cdots,P_{nt})$,为式中$t$时期各种证券的价格向量,$\Phi_{t-1}$为$t-1$期可获得的信息集合;$\Phi_{t-1}^m$为$t-1$时期市场实际利用的信息集合;$f(P_t \mid \Phi_{t-1})$为市场在$\Phi_{t-1}$所隐含的真实的$t$时期价格的概率密度函数;$f_m(P_t \mid \Phi_{t-1}^m)$为市场在$\Phi_{t-1}^m$条件下估计的$t$时期价格的概率密度函数。

从这一定义可以看出,有效市场实质上就是指在一个证券市场中,证券价格完全反映了所有可能获得或利用的信息,每一种证券的价格将永远等于其投资价值。从经济学意义上来讲,在有效市场中,没有人能够持续地获得超额利润。

后来,马尔基尔(Malkiel)给出了更明确的定义:“如果一个资本市场在确定证券价格时充分、正确地反映了所有的相关信息,这个资本市场就是有效的,正式地说,该市场被称为相对于某个信息集是有效的……如果将该信息披露给所有参与者时证券价格不受影响的话。更进一步说,相对于某个信息集有效……意味着根据该信息集进行交易不可能赚取经济利润”。

《新帕尔格雷夫大辞典》对于有效市场是这样解释的:若资本市场在证券价格形成中充分而准确地反映了全部相关信息,则称其为有效率。规范言之,若证券价格并不由于向所有证券交易参与者公开了信息集 Φ 而受到影响，那么，就说该市场对信息集 Φ 是有效率的。而且对信息集 Φ 有效率意味着以 Φ 为基础的证券交易不可能获取经济利润。

7.1.2 有效市场假说的假设条件

有效市场理论有四个假设前提：

假定一：存在大量的理性投资者，他们为了追逐利润最大化，积极参与到市场中来，理性地对证券进行分析、定价和交易。

这其中又包括三点：第一，资本市场的投资者都是追求个人效用最大化的理性“经济人”，具有同样的智力水平和分析能力，对信息的解释也是相同的，投资者可以理性地评估证券的价值，因此，完全理性的投资者构成的竞争性市场必然是有效的；第二，当部分投资者是非理性时，他们随机进行交易，交易策略不相关，彼此之间相互抵消，不会对资产价格产生任何影响，从而不会影响市场效率；第三，即使非理性投资者的交易行为有相关性时，但理性套利者的套利行为假定可以消除这些非理性投资者对价格的影响，从而保持资本市场的有效性。

假定二：市场信息被充分的披露，任何投资者都可在同一时间得到等量等质的信息，信息的发布在时间上不存在前后相关性。

假定三：信息的获取几乎是没有成本的。

假定四：投资者对新信息会做出全面、迅速的反应，从而导致股价发生相应变化。

7.1.3 有效市场假说的内容

在上述前提条件下，有效市场理论的主要内容包括：

(1)在证券市场上，信息以随机、独立的方式进入市场，面对刚公布的新信息，价格调整通常是独立进行的。证券价格的变动是市场对各种信息做出的反映，因此价格的每次变动也是独立的，与前一次价格变化没有联系。

(2)市场存在众多投资者，基于利润最大化的目的，他们能各自独立地对证券价格进行理性地分析和评价。

(3)投资者面对新信息，能够迅速、准确地调整价格，从而反映新信息对价格产生的影响。由于投资者能够迅速、准确地调整价格，市场对新信息的反映速度足够快，因此投资者不能获得非正常报酬，而只能赚取风险调整的平均市场报酬率。

这样，如果在一个证券市场中，证券价格完全反映了所有可能获得或利用的信息，每一种证券的价格永远等于其投资价值，那么就称这样的市场为有效市场。

小案例：有效市场理论在实践中的应用

有效市场理论在股票市场上最重要的一个运用，就是判断信息公布后股价的走势。

2008 年奥运会召开前，奥运相关个股颇受市场关注，在当年 6 月份也曾走出一波上涨行情，但自 8 月 8 日奥运开幕后，奥运概念股尤其是北京本地的相关个股，却连续跌停。

8 月 14 日，奥运股中北京旅游、北京城乡、中体产业、西单商场、首旅股份、中视传媒、中青旅等七家公司同时发布公告称：“公司 A 股股票连续三个交易日内日收盘价格跌幅偏离值累计达到 20%，按照上海证券交易所的有关规定，属于股票交易异常波动。”经核实，这些公司目前经营情况一切正常，不存在应披露而未披露的重大信息。但该公告没有阻止奥运股股价的继续下行。当天截至收盘，这七只股票无一例外，继续深度下挫，中体产业、北京旅游、首旅股份、西单商场仍然跌停，而北京城乡、中视传媒、中青旅逼近跌停。其中前期龙头品种北京旅游换手率也持续走高，全天换手率高达 23.74%，仅次于两只次新股：陕天然气和西仪股份。

而从上周8月8日跌停开始，短短五个交易日中，这些个股股价大都再度跌停，跌幅高达40%。

有分析指出，前期奥运概念股持续活跃，表现远好于大盘；但事实上，奥运会对部分公司业绩拉动作用将低于预期。以旅游股为例，鉴于当时奥运概念旅游股相对估值水平较高，而且中报披露后，旅游股盈利预期可能大幅下调，奥运概念股投资风险将越来越大。（资料来源：赵洋.奥运概念股连续下跌.金融时报，2008.08.15.）

7.2 有效市场假说的类型及检验

7.2.1 有效市场的类型

在证券市场上，不同的信息对价格的影响不同。这些信息可以分成三类：第一类信息范围最广，包括所有公开有用的信息，也包括所有个人、群体所能获得的私人、内部的信息；第二类信息是第一类信息中已公布的公开、有用的信息；第三类信息是第二类信息中从证券市场历史交易数据中获得的信息。这三类信息之间的关系，如图7.1所示。

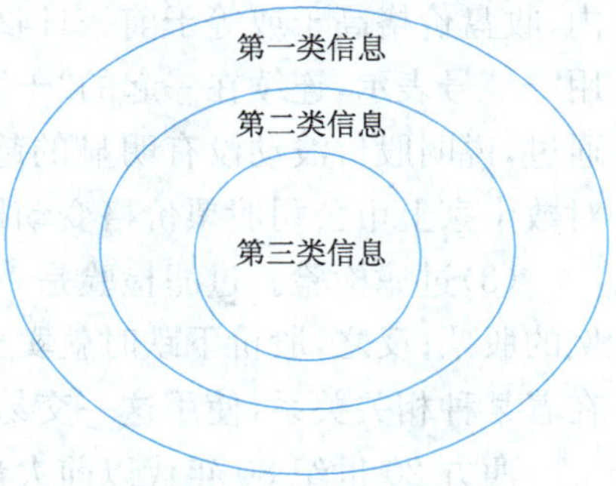

图7.1 信息分类

1. 弱式有效市场

弱式有效市场是指在这个市场中，证券现行价格已经充分反映了过去价格和过去收益的一切信息。这个市场包含的是第三类信息，证券历史交易的数据是公开的，广大投资者会充分利用这些信息并及时、准确地反映到证券市场的价格上。故利用趋势分析等技术分析手段了解证券价格的未来变化是没用的，任何投资者也都不可能利用过去的信息通过投资策略获得证券买卖的异常收益。

2. 半强式有效市场

半强式有效市场指证券现行价格不仅能反映历史交易数据，还包括诸如公司的财务报告、管理水平、产业特点、特有的专利、盈利预测以及公开的宏观经济形势和政策等所有公开可用的信息（第二类信息），投资者根据所有公开信息进行分析，包括基本分析和技术分析，是无法获取超额利润的。在半强式有效市场，只有掌握内幕消息的投资者可获取超额利润。

3. 强式有效市场

强式有效市场是指在该市场中证券价格所包括的是第一类信息，不仅包括公开信息，还包括各种私人信息，即内幕消息，任何投资者都无法凭借其地位和某种信息渠道来获得超额的预期收益。

将三个市场的情况进行归纳，总结出其分类及各自特点，如表7.2所示。

表7.2 有效市场分类及各自特点

分类	特点	存在信息的种类
弱式有效市场	投资者不可能利用过去的信息获得超额利润	证券市场历史交易数据
半强式有效市场	投资者不可能利用公开信息获得超额利润	所有公开信息
强式有效市场	任何投资者都无法凭借其地位和某种信息渠道来获得超额收益。	所有有用的信息

7.2.2 有效市场假说的实证检验

1. 弱式有效市场的检验

弱式有效市场是投资者不可能利用过去的信息获得异常收益的市场，该市场代表性的检验方法有随机性检验和过滤检验，其中随机性检验又以序列相关性检验和游程检验最常用。

(1)序列相关性检验。序列相关性检验是计量经济学中常用的一种检验方法。若回归模型中任何前后期的随机项总是相互关联，则称为序列相关。通过检验时间序列的样本数据判断前后之间是否存在相互影响，若有影响，在时间序列上就应表现出某种自相关关系。相关系数越小，表明证券市场的弱式有效性越强。

(2)游程检验。游程检验也称连贯检验，是根据样本标志表现排列所形成的游程的个数来检验样本的随机性，或总体的分布特征。比如股票市场游程检验的思想是：在研究的时间区间内，收盘价格高于或等于前一日收盘价格时，用“+”号表示，收盘价格低于前一日收盘价格时，用“−”号表示，连续在一起的“+”或“−”表示一个游程。之后对股价序列进行游程检验，若能通过，说明股价波动没有明显的趋势，是弱式有效市场。如 Fama(1965)使用游程检验方法，对数十家上市公司股票价格变动检验，认为市场是弱式有效的。

(3)过滤检验。过滤检验是一种交易策略检验，当股价上升时，说明股市看好，买入一定比例的股票；反之，股价下跌时就卖出一定比例的股票。若这一过程重复进行，表明股价变化存在着某种相关关系，使用这一交易策略将可获得超额收益。

西方 20 世纪 80 年代以前大量关于证券市场有效性的实证检验多数表明证券市场是弱式有效的。

2. 半强式有效市场假说的实证检验

半强式有效市场是某一资本市场上的证券价格充分反映所有公开可用信息的情况。它的检验主要侧重市场反应速度的研究，故大多采用由 Fama、Fisher、Jensen 和 Roll(1969)提出的事件研究法。事件研究法是分析某一特定事件对公司股价的影响的计量工具。它可以应用于分析市场是否半强式有效，即证券价格是否会立即反映公开信息对公司价值的影响。如果公司发布新信息之后，股价在短时间内迅速调整并自动回复均衡，则表明市场是有效的，否则是失效的。

3. 强式有效市场假说的实证检验

强式有效市场是指证券的价格充分反映了所有信息，包括公开信息和内幕信息，因而投资者不可能像在半强式有效市场那样通过获得内幕信息来获得超额利润。因此，对强式有效市场假说的检验目前还没有成熟、规范的方法，主要从掌握内幕消息的投资者能否获得超额收益这方面入手，像股票交易所、券商、证券分析师、基金经理等专业人士以及公司内幕人员，他们的信息最灵通、最全面，可以从其能否获得超额收益进行实证验证。当然，内幕人员的交易很难知晓，通常只对专业投资者的业绩进行检验。比如共同基金是内幕信息拥有者的主要代表，有人认为共同基金的管理者是因为获得了内幕消息才获得利润。Sharpe、Jensen 和 Malkiel 等许多学者通过对共同基金管理者的投资业绩进行实证研究来判断市场的强式有效性。其研究结果都表明，考虑经纪人佣金、基金佣金费和管理成本之后，约有 2/3 的共同基金的业绩低于直接采取购买并持有策略所产生的业绩。这也说明市场是强式有效的。

7.3 关于有效市场理论的争论

自有效市场理论诞生以来，许多经济学家提出了一系列方法对其进行检验。在提供了许多支持有效市场理论证据的同时，也发现股票市场并不是有效的，存在收益异常的证据，对于这些无法用有效市场理论和现有的定价模型来解释的现象，我们称之为“异象(anomalies)”。

7.3.1 异象

1. 规模效应

Banz(1981)是第一个发现规模效应的经济学家，他发现，无论是总收益率还是风险调节后的收益率，都与公司的大小负相关。美国证券市场股票按流通市值分组，随着流通市值的提高，其月度收益反而下降。此外，其他发达国家的证券市场也存在着规模效应，其中包括日本、比利时、加拿大、西班牙、法国等。如日本东京证券交易所小盘股与大盘股的平均收益率差异高达 8.47%。通过对我国股票市场的研究，同样存在规模效应。

2. 季节效应

Rozeff 和 Kinney 最早发现，股价指数 1 月份的收益率明显高于其他 11 个月的收益率，这就是“一月效应(圣诞节效应)”。1802—2004 年间纽约股票交易所的股价指数的统计表明，其 1 月份股票的平均月收益率为 1.10%，而其他 11 个月的月平均收益率为 0.7%，一月比其他月份的投资回报率高出 0.4%。而日本东京证券交易所近 30 年的统计数据也表明其股票指数的一月份收益率比其他月份高出 3.3%。进一步研究表明，在英国和澳大利亚也存在一月效应。

除了一月效应以外，季节效应还包括周末效应、节日效应以及开盘、收盘效应等。我国对节日效应以及春节效应的研究起步较晚，不过大部分实证研究的结果认为我国股票市场存在春节效应。春节效应是 A 股每年在 1 月到 5 月、特别在春节左右上涨的概率较高，而在 5 月之后的上涨概率则开始下降。

3. 账面市值比效应

账面市值比(book to market ratio，B/M)或市盈率(price to earnings ratio，P/E)可以粗略地用作估计股票的投资价值。然而，在证券市场中存在着 B/M 最高的股票的平均收益比 B/M低的股票要高的现象，这一异象称为账面市值比效应(B/M effect)。把在纽约证券交易所、美国证券交易所和纳斯达克市场上交易的股票每年按账面市值比 10%的间隔进行分类，然后计算出每类股票在下一年的平均收益，会发现 B/M 最高的 10%的股票的平均收益比 B/M最低的 10%的股票每月高 1.53%。

4. 羊群效应

“羊群效应”是对人们普遍存在从众心理的一种比喻，因为羊群平时很散乱，在一起时盲目地乱跑，但在头羊的带领下会不假思索地一哄而上。在经济学里“羊群效应”指的是经济个体的从众心理。

“羊群效应”也是证券市场的一种异象，它指投资者在信息环境不确定的情况下，行为受到其他投资者的影响，模仿他人决策，或者过度依赖于舆论，而不考虑自己的信息的行为。由于羊群行为是涉及多个投资主体的相关性行为，对于市场的稳定性效率有很大的影响，也和金融危机有密切的关系。它对证券市场的稳定性、效率有很大影响。在国外的研究中，信息不对称、经理人之间名声与报酬的竞争是羊群行为的主要原因，对个人投资者与机构投资者之间的羊群行为进行了理论、博弈分析，从另一个角度揭示这一异象的原因与影响。

7.3.2 行为金融理论对异象的解释

各种异象在世界许多国家的股票市场上普遍存在。为此，有效市场理论的支持者们找了很多解释，像“被遗忘效应”“纳税效应”等，但是并不能令人满意。后来主要争论集中在有效市场理论的理性经济人假设上。因此，针对有效市场假设前提的不切实际，出现了行为金融学，解释了金融市场的“异常现象”。

在有效市场理论的假定中，假定投资者是理性投资者，从而保证市场的有效、价格的理性。而行为金融学修正了理性人假说的论点，是从人们决策时的实际心理活动入手讨论投资者的投资决策行为的。投资者在进行投资决策时由于认知过程的偏差和情绪、情感、偏好等心理方面的原因使投资者无法以理性人方式对市场做出无偏估计，投资者会犯错误。在绝大多数时候，证券市场在理性投资者和非理性投资者的共同作用下运行，他们的实际决策过程并不像现代金融理论所描述的那样是最优决策过程，进而导致证券市场上证券价格的偏离。

7.3.3 有效市场理论对行为金融理论的反驳

尽管行为金融理论较好地解释了许多市场异象，但有效市场理论的支持者仍然对行为金融理论是否真正解释了市场异象、是否比有效市场理论更接近证券市场运行的实际提出了疑问，主要论点如下：

在有效市场中将会有各种各样的情形存在，既会有价格对信息的过度反应，也会有反应不足的情况。如果过度反应出现的频率与反应不足出现的频率大致接近，则该市场仍为有效的。而实证研究证实了这两种情形出现的概率非常相近。

行为金融理论认为当长期收益异象非常之大，而不可归为偶然事件时，即使过度反应与反应不足出现的概率相近也不可视为市场有效。但有效市场理论的支持者认为，这种长期收益异象的存在与度量方法密切相关，当模型改变或运用不同的统计方法时，长期收益异象甚至会消失，因此这些异象仍可归为偶然事件。

要想推翻有效市场理论就必须具体规定一个对立的假设作为检验的基础。而市场有效的备择假设是市场不有效，这是非常笼统的，不具备可操作性。一个具体的备择假设必须指明价格形成过程的偏差，即同样的投资者对一些事件会过度反应而对另一些事件会反应不足，这个备择假设还必须比有效市场理论更能解释这样的事实，即异常收益的期望值为 0，但偶然事件使异常现象会朝正负两个方向发展。显然，行为金融理论很难做到这一点，因此不能推翻有效市场理论。

近两年，一场金融海啸加上其余波引发的欧洲主权债务危机，使市场对“有效市场假说”的质疑铺天盖地。人们曾经颇为肯定地相信“市场”会始终以高效、理智的方式健康地发挥作用，然而近年金融市场引发的危机，却大大粉碎了人们对“市场”的信心。

不过，正如英国剑桥大学 Judge 商学院宏观经济学讲师基特森（Michael Kitson）所说，经济学思想的最大转变通常发生于危机之后。看来，一如金融市场改革，经济学理论亦面临着翻天巨变的关键时刻。

本 章 小 结

有效市场实质上就是指在一个证券市场中，证券价格完全反映了所有可能获得或利用的信息，每一种证券的价格将永远等于其投资价值。

有效市场假说是建立在四个假定之上的:①存在大量的理性投资者,他们为了追逐最大的利润,积极参与到市场中来,理性的对证券进行分析、定价和交易;②市场信息被充分地披露,任何投资者都可在同一时间得到等量等质的信息,信息的发布在时间上不存在前后相关性;③信息的获取几乎是没有成本的;④投资者对新信息会做出全面、迅速的反应,从而导致股价发生相应变化。

有效市场的主要内容包括证券市场上价格变动对信息的调整、投资者对证券价格的分析和评价、投资者赚取的报酬率三个方面。

根据证券市场上信息集大小的分类,有效市场假说又可以进一步分为三种:弱式有效市场假说、半强式有效市场假说和强式有效市场假说。

不同类型的有效市场根据其信息特点的不同,可运用随机检验、过滤检验、事件研究法等实证检验方法有针对性地进行检验。

针对证券市场中的"异象",行为金融学进行了解释,有效市场理论对此进行了驳斥。

复习思考题

1. 简述有效市场假说的三种类型。

2."任何企图寻找内幕信息来打击市场的做法是不明智的"这句话在什么情况下成立,为什么?

3. 假定某公司向它的股东们宣布发放一大笔意想不到的现金红利,在没有信息泄露的有效市场上,投资者预测在公布后会有大幅的价格变化,为什么?

4. 你认为我国证券市场的有效性高吗?为什么?

5. B公司刚宣布其年度利润增加,然而其股价不升反跌。对于这个现象,你有没有合理的解释?

推荐阅读

[1] Fama, Eugene F, Fisher etc, The adjustment of stock prices to new information: International Economic Review. 1969, 1-21.

[2] S. P. Kothari Jerold, B. Warner. Econometrics of Event Studies. in the Handbook of Corporate Finance: Empirical Corporate Finance, by B. Espen Eckbo. 2006.

[3] 张奕春,郑振龙,林海. 金融市场学[M]. 3版. 北京:高等教育出版社,2009.

[4] 马尔·基尔. 从华尔街到长城[M]. 张丹,译. 北京:机械工业出版社,2008.

[5] 刘凤根. 有效市场理论及其在中国证券市场的应用研究[D]. 2004.

[6] 安德瑞·史莱佛. 并非有效的市场:行为金融学导论[M]. 赵英军,译. 北京:中国人民大学出版社,2003.

案例讨论

国际金融危机是由美国的次级贷款危机所引发的金融危机，这场全球性金融危机背后的真正推手是什么？是人们对于“有效市场理论”的信念，是人们对市场“自我调节机制”的信赖。有效市场理论正遭受国际金融危机的驳斥，金融危机中暴露的问题有如下几个方面：

1. 信息不是无成本的

有效市场理论认为投资者获得信息无需成本，而且没有伪信息，在相同的信息条件下，投资者都能获得对于证券价格的相似判断。但是现实中的情况并非如此：首先，良好的信息披露固然是市场有效的前提，但信息披露后，投资者也并不都能对信息作出理智的反应，不同的人在相同的信息下也会得出截然不同的结论；其次，在获得信息的成本上，人们也是有差异的；投资者又普遍存在从众心理，所谓羊群效应，国际金融危机又一次印证了投资者的“羊群效应”。

2. 市场缺乏理性批判

大量金融分析人员的存在的确有助于发现问题证券。不过，分析人员的信念在发现被错误定价证券的过程中是不容忽视的。世界上绝大多数的经济学研究生都是相信有效市场理论的。当他们被雇佣为证券分析家时，也许会看到市场上一些证券被错误定价，然而，在大学所受的教育告诉他们要忽视这些被错误定价的债券：因为既然市场是有效的，又怎么会出现错误定价的证券呢？这种情况如果普遍存在，就会产生对市场的盲目崇拜。

3. 信息与人相互影响

金融危机让人们看到投资者对市场的认识是片面的。在金融市场上，投资者既要分析市场的变化，又要思考其他投资者对这些变化的可能的反应，而变化了的市场又成为人们思考的新的基础。这就是说投资者和市场之间形成了一个自我反馈的循环机制：投资者既是参与者，又是观察者；他们既影响市场的变化，又受到市场的左右。当他们从市场获取信息时，这些信息本身就受到他们自己行为的影响。因而，要客观、完整地认识市场是不可能的。

4. 套利行为作用有限

投资者的套利活动能否有效也是很值得怀疑的。如前所述，这需要市场上存在一批人，他们相信市场也有出错的时候，进而利用市场出错时反向套利。不过，即使有套利者存在，他们的作用也是有限的。最近的研究表明，由于市场上存在着噪音交易，当理性套利者进行套利时，不仅面对基础性因素变动的风险，还要面对噪音交易者非理性预期变动的风险。作为风险厌恶者，人们可能宁愿放弃机会，不与市场的潮流相对抗。

从金融危机中观察，金融市场不能说是有效的，投资者在金融市场做出的决定是多种因素的混合物。（资料来源：高洁. 国际金融危机对有效市场理论的冲击[J]. 中国科技博览，2010.）

思考：金融危机以及其余波引发的欧洲主权债务危机是否颠覆了“有效市场假说”？

第 8 章　债券市场与债券投资

本章提要

债券是政府、金融机构、工商企业等机构直接向社会借债筹措资金时，向投资者发行，并且承诺按一定的利率支付利息并按约定条件偿还本金的债权债务凭证。本章全面介绍了债券的类型、债券的四个基本要素，全面阐释了发行市场和流通市场的运作方式。本章提供债券的价值分析，主流的分析方法有现金流贴现法，为债券投资提供依据。

学习目标

1. 了解债券的含义、特征和要素
2. 了解债券的基本种类
3. 了解债券的发行和流通市场
4. 掌握债券估值的现金流贴现法
5. 理解债券的价值属性
6. 掌握久期计算方法
7. 了解凸度的概念
8. 了解债券的投资策略

开篇案例

2011年5月16日，美国债券终于触及国会所允许的14.29万亿元上限。国际金融危机的爆发使美国政府赤字大幅度上升，举债度日成为家常便饭，债券纪录屡创新高。截至2010年9月30日，美国联邦政府债务余额为13.58万亿元，GDP占比约为94%，同年年底一举突破14万亿元。2011年2月22日，在可供发债余额仅剩2 180亿元的时候，美国国会未就提高上限达成一致。终于，在2011年5月，美国债券触顶，开创了14.29万亿元的历史新高。

面对这种情况，美国财政部部长盖特纳忧心忡忡。他表示，由于采取了一些紧急措施以维持借债能力，美国政府支付开支最多能延迟到8月2日。到了8月2日，政府若不提高债务上限或削减开支，就会开始债务违约，无法偿还美国债券本金和利息，这种情况可能让国际金融市场陷入混乱。

国际评级机构美国标准普尔公司2011年8月5日把美国主权信用评级从顶级的AAA级下调至AA+级。这是美国主权信用评级首次遭“降级”。为何美国的主权信用遭受降级，这对美国债券的价值会产生怎样的影响?(资料来源:百度百科)

8.1　债券概述

这一节主要介绍债券的概念、特征和债券的种类等内容，以期对债券市场有个概要的了解。

8.1.1　债券的含义与特征

1. 债券的含义

债券是政府、金融机构、工商企业等机构直接向社会借债筹措资金时，向投资者发行，并且承诺按一定的利率支付利息并按约定条件偿还本金的债权债务凭证。

债券具有以下四个方面的含义：

(1)发行人是借入资金的经济主体。

(2)投资者是出借资金的经济主体。

(3)发行人需要在一定时期还本付息。

(4)债券反映了发行者和投资者之间的债权债务关系，而且是这一关系的法律凭证。

2. 债券的特征

债券作为一种重要的融资手段和金融工具，具有如下特征：

(1)安全性。与股票相比，债券通常规定固定的利率，与企业绩效没有直接联系，收益比较稳定，风险较小。此外，在企业破产时，债券持有者享有优先于股票持有者对企业剩余资产的索取权。

(2)收益性。债券的收益性主要表现在两个方面：一是投资债券可以给投资者定期或不定期的带来利息收入；二是投资者可以利用债券价格的变动，买卖债券赚取差额。

(3)偿还性。由于债券体现的是债权人与发行人之间的借贷关系，决定了债券必须是有期限的。债券在发行时必须明确其还本付息日期，并在到期日按约定条件偿还本金并支付利息。

(4)流动性。虽然债券到期时才能偿还本金，但在到期之前，债券一般都可以在流通市场上自由转让，具有很强的流动性，而这种流动性受所在债券市场的发达程度、债券发行人的资信、债券期限的长短以及利息支付方式等因素的影响。

8.1.2　债券的种类

债券的种类繁多，按发行主体的不同可分为政府债券、公司债券和金融债券三大类，而各类债券根据其要素组合的不同又可以细分为不同的种类。

1. 政府债券

政府债券是指中央政府、政府机构和地方政府发行的债券，它以政府的信誉作为保证，因而通常无需抵押品，其风险在各种投资工具中是最小的。

(1)中央政府债券。中央政府债券是中央政府财政部发行的以国家财政收入为保证的债券，也称为国家公债。其特点首先表现为一般不存在违约风险，故又称为“金边债券”，其次是可享受优惠，其利息收入可豁免所得税。

(2)政府机构债券。在美国、日本等不少国家，除财政部外，一些政府机构也可发行债券。这些债券的收支偿付均不列入政府预算，而是由发行单位自行负责。

(3)地方政府债券。在多数国家，地方政府都可以发行债券，这些债券也是由政府担保，其信用风险仅次于政府机构债券，同时也具有税收豁免特征。若按偿还资金的来源可分为普通债券和收益债券两大类。普通债券是以发行人的征税能力为保证来筹集资金用于提供基本的政府服务,其偿还列入地方政府财政预算。收益债券则是为了给某一特定的盈利建设项目筹资而发行的,其偿付依靠这些项目建成后的营运收入。

需要注意的是,我国当前不允许政府机构和地方政府发行债券。

2. 公司债券

公司债券是公司为筹措营运资本而发行的债券,其合同要求不管公司业绩如何应优先偿还其固定收益,否则将在相应破产法的裁决下寻求解决,因而其风险小于股票,但比政府债券高。公司债券的种类很多,通常可分为以下几类:

(1)按抵押担保状况的不同可分为抵押债券、信用债券、担保信托债券和设备信托凭证。

抵押债券是指债券发行人在发行一笔债券时,通过法律上的适当手续将债券发行人的部分财产作为抵押,一旦债券发行人出现偿债困难,则出卖这部分财产以清偿债务。

抵押债券又可分为限额抵押和可加抵押。①限额抵押,又称"封闭式担保"。一项抵押品只限于一次发行的债券,不允许再用作发行同一等级债券的抵押。②可加抵押,又称"开放式担保",当同一项抵押品价值很大时,将抵押品评估价值后分为若干次抵押,有关的抵押权按登记的先后次序分为一级抵押权、二级抵押权……在处理抵押品清偿债务时,要依次先偿还高一级抵押权的债务。因此,抵押权级次越靠后,其风险越大。

信用债券是指没有抵押品,完全依靠公司良好的信誉而发行的债券。债券投资者借以依赖的是债券发行公司的资产性质、收益能力以及信誉的好坏程度。通常只有经济实力雄厚、信誉较高的企业才有能力发行这种债券。

担保信托债券是以公司特有的各种动产或有价证券为抵押品而发行的公司债券,也称流动抵押公司债。用作抵押品的证券必须交由受托人保管,但公司仍保留投票表决及接受股息的权利。

设备信托凭证是指公司为了筹资购买设备并以该设备为抵押品而发行的公司债券。发行公司购买设备后,即将设备所有权转交给受托人,再由受托人以出租人身份将设备租赁给发行公司,发行公司则以承租人的身份分期支付租金,由受托人代为保管及还本付息,到债券本息全部还清后,该设备的所有权才转交给发行公司。这种债券常用于铁路、航空或其他运输部门。

(2)按利率的不同可分为固定利率债券、浮动利率债券和零息债券。

固定利率债券是指事先确定利率,每半年或一年支付利息一次,或一次还本付息的公司债券。这种公司债券最为常见。

浮动利率债券是在某一基础利率之上增加一个固定的溢价,以防止未来市场利率变动可能造成的价值损失。零息债券即以低于面值的贴现方式发行,到期按面值兑现,不再另付利息的债券。它与短期国库券相似,可以省去再投资的麻烦,但该债券价格对利率变动极为敏感。

(3)按内含选择权的不同可分为可赎回债券、可转换债券和带认股权证的债券。

可赎回债券是指债券发行人根据赎回协议有权在特定的时间按照某个价格从债券持有人手中赎回部分或全部债券。在市场利率跌至比可赎回债券的票面利率低得多的时候,债券发行人如果认为按照较低的利率重新发行债券比按现有的债券票面利率继续支付利息要合算,就会进行债券赎回。

可转换债券是指持有者可以在一定时期内按一定比例或价格将之转换成一定数量的另一

种证券的债券。可转换性是可转换债券的重要标志，比如可转换债券的持有人可以按约定的条件将债券转换成股票。转股权是投资者享有的、一般债券所没有的选择权。可转换债券在发行时就明确约定，债券持有人可按照发行时约定的价格将债券转换成公司的普通股票。如果债券持有人不想转换，则可以继续持有债券，直到偿还期满时收取本金和利息，或者在流通市场出售变现。如果持有人看好发债公司股票增值潜力，在宽限期之后可以行使转换权，按照预定转换价格将债券转换成为股票，发债公司不得拒绝。正因为具有可转换性，可转换债券利率一般低于普通公司债券利率，企业发行可转换债券可以降低筹资成本。

带认股权证的债券是指公司债券可把认股权证作为合同的一部分附带发行。与可转换债券一样，认股权证允许债券持有人购买发行人的普通股，但对于公司来说，认股权证是不能赎回的。

3. 金融债券

金融债券是由银行和非银行金融机构作为筹资主体为筹措资金而发行的债券。金融债券能够较有效地解决银行等金融机构的资金来源不足和期限不匹配的矛盾。一般来说，银行等金融机构的资金有三个来源，即吸收存款、向其他机构借款和发行债券。存款资金的特点之一，是在经济发生动荡的时候，易发生储户争相提款的现象，从而造成资金来源不稳定；向其他商业银行或中央银行借款所得的资金主要是短期资金，而金融机构往往需要进行一些期限较长的投融资，这样就出现了资金来源和资金运用在期限上的矛盾，发行金融债券比较有效地解决了这个矛盾。因债券在到期之前一般不能提前兑换，只能在市场上转让，从而保证了所筹集资金的稳定性。同时，金融机构发行债券时可以灵活规定期限，比如为了一些长期项目投资，可以发行期限较长的债券。因此，发行金融债券可以使金融机构筹措到稳定且期限灵活的资金，从而有利于优化资产结构，扩大长期投资业务。由于银行等金融机构在一国经济中占有较特殊的地位，政府对它们的运营又有严格的监管，因此，金融债券的资信通常高于其他非金融机构债券，违约风险相对较小，具有较高的安全性。所以，金融债券的利率通常低于一般的企业债券，但高于风险更小的债券和银行储蓄存款利率。

8.1.3 债券的基本要素

债券虽有不同种类，但基本要素却是相同的，主要包括债券面值、债券价格、债券利率和债券还本期限与方式四个要素。

1. 债券面值

债券面值包括两个基本内容：一是币种；二是票面金额。面值的币种可用本国货币，也可用外币，这取决于发行者的需要和债券的种类。债券的发行者可根据资金市场情况和自己的需要选择适合的币种。债券的票面金额是债券到期时偿还债务的金额。不同债券的票面金额大小相差悬殊，但现在考虑到买卖和投资的方便，多趋向于发行小面额债券。面额印在债券上，固定不变，到期必须足额偿还。

2. 债券价格

债券价格是指债券发行时的价格。理论上，债券的面值就是它的价格。但实际上，由于发行者的种种考虑或资金市场上供求关系、利息率的变化，债券的市场价格常常脱离它的面值，有时高于面值，有时低于面值。也就是说，债券的面值是固定的，但它的价格却是经常变化的。发行者计息还本，是以债券的面值为依据，而不是以其价格为依据的。

3. 债券利率

债券利率是债券利息与债券面值的比率。债券利率分为固定利率和浮动利率两种。债券利率一般为年利率，面值与利率相乘可得出年利息。债券利率直接关系到债券的收益。影响债券利率的因素主要有银行利率水平、发行者的资信状况、债券的偿还期限和资金市场的供求情况等。

4. 债券还本期限与方式

债券还本期限是指从债券发行到归还本金之间的时间。债券还本期限长短不一，有的只有几个月，有的长达十几年。还本期限应在债券票面上注明。债券发行者必须在债券到期日偿还本金。债券还本期限的长短，主要取决于发行者对资金需求的时限、未来市场利率的变化趋势和证券交易市场的发达程度等因素。

债券还本方式是指一次还本还是分期还本等，还本方式也应在债券票面上注明。

8.2　债券的发行与流通市场

8.2.1　债券的发行市场

债券发行市场，又称一级市场，是发行单位初次出售新债券的市场。债券发行市场的作用是将政府、金融机构以及工商企业等为筹集资金向社会发行的债券，分散发行到投资者手中。

1. 债券的发行

(1)债券的发行目的。

①政府债券发行的目的：平衡财政预算、扩大政府投资、解决临时性资金需要、归还债务本息。

②金融债券发行的目的：改善负债结构、增强负债的稳定性、获得长期资金来源、扩大资产业务。

③企业债发行的目的：多渠道筹集资金、调节负债规模、实现最佳的资本结构。

(2)债券的发行方式。债券的发行按其发行方式和认购对象的不同，可分为私募发行与公募发行；按其有无中介机构协助发行，可分为直接发行与间接发行。

①私募发行与公募发行。债券的私募发行是指面向少数特定投资者的发行。私募发行的对象大致有两类：一类是个人投资者，例如公司老股东或发行人机构自己的员工；另一类是机构投资者，如大的金融机构或与发行人有密切往来关系的企业等。私募发行有确定的投资人，发行手续简单，可以节省发行时间和费用。私募发行的不足之处是投资者数量有限，流通性较差，而且也不利于提高发行人的社会信誉。

债券的公募发行是指债券发行人公开向不特定的投资者发行债券。在公募发行情况下，所有合法的社会投资者都可以参加认购。为了保障广大投资者的利益，各国对公募发行都有严格的要求，如发行人要有较高的信用，并符合证券主管部门规定的各项发行条件，经批准后方可发行。相对于私募发行而言，对发行者来讲，其有利之处在于：第一，公募以众多的投资者为发行对象，筹集资金潜力大，适合于证券发行数量较多、筹资额较大的发行人；第二，公募发行投资者范围大，可避免囤积证券或被少数人操纵；第三，只有公开发行的证券方可申请在交易所上市，因此这种发行方式可增强证券的流动性，有利于提高发行人的社会信誉。不足之处在于发行过程比较复杂，登记核准所需时间较长，发行费用也较高。

②直接发行与间接发行。债券不论是私募发行还是公募发行,按其是否需要中介机构予以协助发行,可区分为直接发行和间接发行两种方式。一般而言,私募发行多采用直接发行方式,而公募发行则多采用间接发行方式。

直接发行是指债券发行人直接向投资人推销债券,而不需要中介机构进行承销。采用直接发行的方式,可以节省中介机构的承销、包销费用,节约发行成本,但需要花费大量的人力和时间,以进行申报登记、资信评估、征募宣传、债券印制等繁杂的工作,同时也需要设立一些发行网点和派出众多发售人员。这对一些小公司是难以承受的。另外,发行人还要完全承担债券不能按时售完的发行风险。因此,选择直接发行方式的一般都是一些信誉较高、知名度较高的大公司、大企业以及具有众多分支机构的金融机构。

间接发行是指发行人不直接向投资者推销,而是委托中介机构进行承购推销。间接发行可节省人力、时间,减少一定的发行风险,迅速、高效地完成发行。这是因为作为承购推销的中介机构,包括投资银行、证券公司、信托投资公司以及专业承销商,都具有丰富的承销经验、知识和专门人才,具有雄厚的资金实力、较好的承销信誉;较多的承销网点以及较灵通的信息,从而可以使发行推销工作准确、高效、顺利地进行。当然,选用间接发行方式,发行人要支出一笔较大的承销费用,从而增加发行成本。

(3)债券发行方式的选择。究竟采用何种发行方式,发行人在发行前应考虑以下有关因素:发行金额、期限、债券的偿还方式、票面利率、付息方式、发行价格、收益率、债券的税收效应、发行费用、担保等。

2. 债券的承销方式

债券发行人选择间接发行的方式,就需要委托作为承销商的中介机构进行承销。充当债券承销商的主要有投资银行、证券公司、商业银行及其他金融机构。承销商承销债券的方式主要有三种,即代销方式、余额包销方式及全额包销方式。

(1)债券代销。债券代销方式也称为推销方式,是指债券发行者委托承销商代为向社会推销债券。受托的承销商要按承销协议规定的发行条件,在约定的期限内尽力推销,到销售截止日期,如果没有按照原定的发行数额售出,未售出的部分仍退还给发行者,承销商不承担任何发行风险,而是由债券发行者承担发行失败的风险。同时,发行者要按协议规定支付承销商的承销费用。正因为采用这种发行方式发行人要承担一定的发行风险,因此只有信誉好的发行人或十分抢手或走俏的债券,才采用这种发行方式。

(2)债券余额包销。债券发行的余额包销方式也称为助销方式,是指由承销商按照已定的发行条件和数额,在约定的期限内向社会公众大力推销,到销售截止日期,如果有未售完的债券,则由承销商认购,承销商要按照约定的时间向发行者支付全部债券款项。在债券发行日期结束后,承销商还可以继续推销自己所认购的部分债券,或者作为自己的投资来持有这部分债券。因为这种承销方式是承销商承担部分发行风险,可以保证发行人筹资用资计划的按时实现,所以多为发行者所采用。

(3)债券全额包销。债券发行的全额包销方式,是指由承销商先将发行的全部债券认购下来,并立即向发行人支付全部债券款项,然后再按市场条件转售给投资者。采用这种发行方式,承销商要承担全部发行失败的风险,可以保证发行人及时筹得所需资金。

承销商为了分散所承担的发行风险和解决包销认购款不足的问题,往往会采取分销的方式。按照承销商承担风险的方式和程度的不同;债券全额包销又可分为协议包销、俱乐部包销和银团包销等不同方式。

①协议包销，是指发行人与一个单独承销商签订包销协议，由其独立包销发行人待发行的全部债券。采用这种包销方式，发行风险全部由该承销商独立承担。当然，发行手续费也全部归该承销商独享。

②俱乐部包销，是指发行人与若干个承销商签订发行协议，由这些承销商共同包销所发行的全部债券。通过协议，具体规定每个承销商应包销的份额，并据此确定其承担的发行风险和应取得的发行费用。采取这种发行承销方式，其发行风险可由多个承销商共同承担，可以相对分散包销的风险，当然，其发行费也由参加包销的若干个承销商分享，或者称为风险共担，利益同享。当发行债券数额较大，发行风险也很大时，往往会采用这种承销方式。

③银团包销，是指由一个承销商牵头，若干个承销商参与包销活动，以竞争的方式确定各自的包销额，并按其包销额承担发行风险，收取发行手续费。这种承销方式多适用于债券发行数额较大、一个承销商难以独自完成或者不愿独自承担全部发行风险的情况。目前，这种方式在国际市场上采用较多。

3. 我国对金融债、企业债和公司债的发行管理

（1）金融债券。

①由具有发行资格的国有商业银行、政策性银行以及其他金融机构构成发行人。

②报审金融债券的发行额度、面额、发行条件、转让抵押、发售时间及方式、资金的运用。

③发行债券前发布通告并详细说明发行的目的、发行数额、发行办法、债券期限、债券利率、认购对象、认购和缴款的地址等事项。

（2）企业债券。

①由企业规模、财务会计制度符合国家规定，具有偿债能力、经济效益好且前三年连续盈利的境内法人向其行业主管部门申请发行额度。其所筹资金需符合国家产业政策。

②与证券经营机构签订债券包销或代销协议。

（3）公司债券。

①股份有限公司、国有独资公司和两个以上的国有企业或者其他两个以上的国有投资主体投资设立的有限责任公司为筹集生产经营资金可以发行公司债券。

②发行资格。

a. 股份有限公司的净资产额不低于人民币 3 000 万元，有限责任公司的净资产额不低于人民币 6 000 万元。

b. 累计债券总额不超过公司净资产额的 40%。

c. 最近三年平均可分配利润足以支付公司债券一年的利息。

d. 债券的利率不得超过国务院限定的利率水平，且筹集的资金用途符合国家产业政策。

e. 前一次发行的公司债尚未募足或已发行的债券及债务有违约或延迟支付本息的不得再次发行公司债。

③由董事会制订方案，股东会决议，或由国家授权投资的机构及部门作出发行决定后，须上级主管部门审批确定发行规模。

④与证券经营机构签订债券包销或代销协议。公开发行的公司债总值超过人民币 5 000 万时，由承销团承销。

（4）可转换公司债券（可转债）。

①在一定期间内依据约定的条件可以转换成公司股份的可转债，采取记名式无纸化发行方式，期限最短为3年、最长5年。可转换债券可以依法转让、质押和继承。

②发行资格。

a. 最近3年连续盈利，且最近3年净资产利润率平均在10%以上；属于能源、原材料、基础设施类的公司可以略低，但是不得低于7%。

b. 可转换公司债券发行后，资产负债率不高于70%。

c. 累计债券余额不超过公司净资产额的40%。

d. 筹集资金的投向符合国家产业政策。

e. 可转换公司债券的利率不超过银行同期存款的利率水平。

f. 可转换公司债券的发行额不少于人民币1亿元。

③重点国有企业发行可转换公司债券，除应当符合上述c、d、e、f项条件外，还应当符合下列条件：

a. 最近3年连续盈利，且最近3年的财务报告已经由具有从事证券业务资格的会计师事务所审计。

b. 有明确、可行的企业改制和上市计划。

c. 有可靠的偿债能力。

d. 有具有代为清偿债务能力的保证人的担保。

④由省级政府或行业主管部门推荐，报送证监会审批。

⑤发行人必须公布可转换公司债券募集说明书。

⑥经向证监会提出上市申请，可转债可在发行人股票上市或者拟上市的证券交易所上市交易，并在上市前5个工作日将上市公告书刊登。

⑦在发行结束6个月后，持有人可以依据约定的条件随时转换股份。重点国有企业发行可转换公司债券，在该企业改建为股份有限公司且其股票上市后，持有人可以依据约定的条件随时转换股份。

⑧发行人应当在每一季度结束后的2个工作日内，向社会公布因可转换公司债券转换为股份所引起的股份变动情况。转换为股份累计达到公司发行在外普通股的10%时，发行人应当及时将有关情况予以公告。

⑨可转换公司债券持有人请求转换股份时，所持债券面额不足一股股份的部分，发行人应当以现金偿还。法人因可转换公司债券转换为股份，直接或者间接持有上市公司发行在外的普通股达到5%时，应当在3个工作日内，向中国证监会、证券交易所和上市公司作出书面报告，并向社会公告。

⑩重点国有企业发行可转换公司债券，转换期满时仍未转换为股份的，利息一次性支付，不计复利。可转换公司债券到期未转换的，发行人应当按照可转换公司债券募集说明书的约定，于期满后5个工作日内偿还本息。

8.2.2 债券的流通市场

债券流通市场，又称债券二级市场，指已发行债券买卖转让的市场。债券一经认购，即确立了一定期限的债权债务关系，但通过债券流通市场，投资者可以转让债权，把债券变现。为使债券投资具有流动性，即当债券持有者急需现金，而债券尚未到期时，能够使债券得以出售变现，同时又不致使债券持有者因提前转让债券而发生损失，于是就产生了债券的转让流通市场。资金有盈余且准备投资债券者，既可以认购新发行的债券，同时也可以在流通市场买进别人转让的、尚未到期的债券，以获取在当前市场条件下可获得的收益率。

从各国情况来看，债券二级市场主要有两种形式或两种类型：一种是证券交易所交易；另一种是柜台交易。在证券市场比较发达的国家，证券交易所交易在证券转让市场中处于较重要的地位。证券交易所交易，也称为场内交易或上市交易，而柜台交易则又称为场外交易。

1. 证券交易所交易

证券交易所是具有高度组织和严格规则的证券交易场所。各类债券进入证券交易所挂牌上市交易，首先必须经过证券上市管理部门的审核、批准。一般来讲，除了政府债券、交通运输、电信电话等公用事业债券及部分著名企业或公司债券外，其他债券是很难获准在证券交易所上市交易的。

债券在证券交易所进行交易，是采用公开竞价的方式进行的，是双向拍卖，既有买者之间的竞争，也有卖者之间的竞争，还有买卖双方之间的竞争。买者竞相以尽可能低的价格买入，卖者竞相以尽可能高的价格卖出。在这种竞买竞卖的过程中，当某一价格为买卖双方所接受，或者说当买价与卖价达成一致时，就会立即成交。

当然，在证券交易所内并不是买卖双方同时进场直接协议成交，而是通过各自的证券经纪人和交易商实现交易。证券经纪人和证券交易商要在证券交易所获得交易席位后，才能从事交易活动；经纪人代理客户买卖债券，从中赚取佣金或手续费，不承担任何买卖风险。证券交易商也称自营商，主要为自己买卖证券，赚取买进价与卖出价之间的价差，自己承担交易风险。在证券交易所进行债券交易，是以经纪人的代理买卖为主的。经纪人按照客户的委托指令进行交易，债券买卖双方可以用书面或电话等方式向其经纪人发出委托指令。经纪人接到指令后，立即通知其经纪商行(证券公司等)。经纪商行再以最快速度通知本商行在交易所占有席位的场内经纪人。场内经纪人收到委托买进或委托卖出的指令后，按照指令上的价格及数额，通过大声喊叫，或者打手势，或者输入计算机寻求配对，最后成交。

经纪人在交易所进行交易时，要遵循“价格优先”和“时间优先”的原则，以体现公开、公正、公平竞争的原则。报价较高的买者可以优先于报价较低的买者买到证券；报价较低的卖者可以优先于报价较高的卖者卖出证券。在报价相同的情况下，则按委托指令发出时间的先后顺序成交，这是交易所交易的最基本规则。

2. 柜台交易市场

柜台交易市场，也称为场外交易市场，即在交易所之外的债券交易场所。之所以要有柜台交易或场外交易，是因为债券在交易所挂牌上市交易，要符合一定的条件和规定，要经过较严格的审核，从而使有些债券不能在交易所内进行交易。而为了实现其流动性，满足买卖双方的要求，于是就形成了场外交易。在西方国家，大部分公司债券都是在场外进行交易，所有的政府债券也都可以在场外进行交易。但近年来，随着金融市场管制的不断放松，交易所的门槛有所降低，只要债券发行者符合上市交易的基本要求，并愿意将其债券在证券交易所交易，就可以进入证券交易所内交易，同时也可以在柜台上交易。

债券的场外交易，一般是在证券商及商业银行等金融机构的窗口或柜台上进行转让交易，多是以证券公司为中介进行的。债券买卖双方既可以直接到证券公司进行买卖，也可以委托经纪人到证券公司进行买卖。证券公司对经营的债券同时挂出买入价和卖出价，卖出价格要略高于买入价格，两者之差为证券公司的收入，称为价差收入。实际上，债券的场外交易，就是证券公司先买入债券，然后再以略高于买入价的价格卖出债券，从中赚取价差。

债券的场外交易除可以通过固定的场所和时间进行外，多是通过电话、电传等通信设备联成的市场网络完成的。从事场外交易的证券公司内，有许多专线电话，以用来随时与债券经纪人及其他证券公司联系。通过场外交易市场进行债券交易，不受最低数额限制，零星的小额交易也可以成交，交易价格可由买卖双方协商议定，也可以委托经纪人与证券公司议价买卖。

8.2.3 中国的债券交易市场

我国的债券市场也包括一级市场和二级市场，在一级市场发行债券的机构包括中国人民银行、政策性银行、商业银行、企业和财政部。场内债券市场为上海证券交易所和深圳证券交易所，场外债券市场主要是银行间债券市场。我国的债券市场分布如图 8.1 所示。

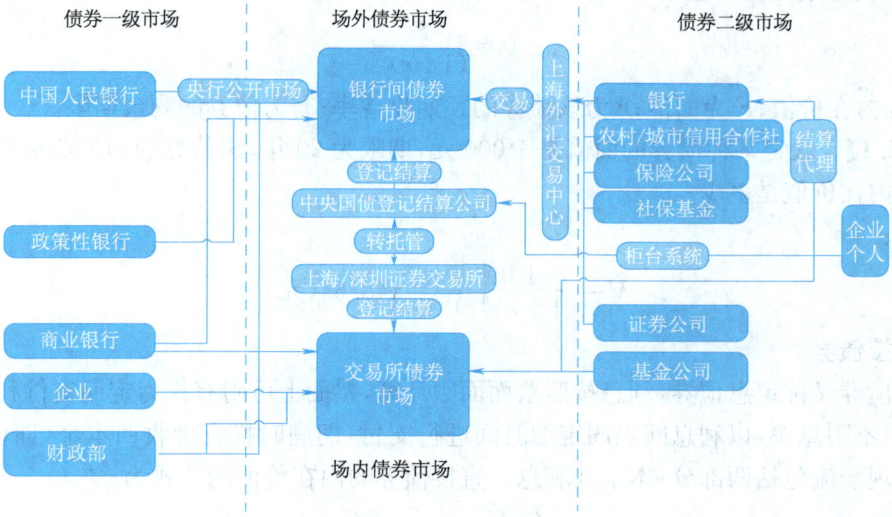

图 8.1 我国的债券市场分布

8.3 债券价值分析

如何判断债券市场中某种债券是否值得投资？投资者正确决策的依据是确定这种资产是被低估还是高估，即看资产的市场价格与内在价值是否一致，因此决定债券的内在价值成为债券价值分析的核心，债券价值分析的最基础方法是现金流贴现法。

8.3.1 现金流贴现法

现金流贴现法被广泛地运用到金融产品的价值分析当中，运用现金流贴现法对债券价值进行分析，依赖于两个因素：一是未来预期的现金流，包括各个阶段支付的利息和到期偿还的本金；二是贴现率，即投资者要求的收益率，它反映了货币的时间价值和债券的风险。贴现率也是机会成本，即从相同期限和相同信用等级的可比债券中能够获得的当前市场利率。

对于一般的按期付息的债券来说，其预期现金流有两个来源：到期日前定期支付的息票利息和本金。其必要收益率可参照可比债券确定。因此，对于 1 年付息一次的债券，若用复利计算，其估价公式为

$$V=\frac{C}{1+r}+\frac{C}{(1+r)^2}+\cdots+\frac{C}{(1+r)^n}+\frac{F}{(1+r)^n} \tag{8.1}$$

若按单利计算,其价格决定公式为

$$V=\sum_{t=1}^{n}\frac{C}{1+tr}+\frac{F}{1+nr} \tag{8.2}$$

上面两式中:V 为债券内在价值;C 为债券每期支付的利息;F 为债券面值;r 为贴现率;n 为利息支付期数。

8.3.2 几种典型债券的价值分析

1. 贴现债券

贴现债券,又称零息债券,它是指以低于面值的贴现方式发行,不支付利息,到期按债券面值偿还的债券,投资者的利息收入是债券发行价格与面值之间的差额。投资者未来的现金流只有一个,就是最终的面值,所以贴现债券的内在价值计算公式为

$$V=\frac{F}{(1+r)^T} \tag{8.3}$$

其中:V 为内在价值;F 为面值;r 为该债券的预期收益率;T 为债券的剩余期限。

【例 8.1】 假定某种债券的面值是 1 000 元,期限为 20 年,该债券的预期收益率为 10%,那么它的内在价值是多少?

解析:

$$V=\frac{1\,000}{(1+10\%)^{20}}=148.64(\text{元})$$

2. 直接债券

直接债券又称定息债券,利息按照票面面额计算,票面上可附有作为定期支付利息凭证的息票,也可不附息票,以利息间隔固定的时间进行支付,期满时投资者收回本金(面值)。投资者未来的现金流包括两部分:本金和利息。直接债券的内在价值的公式为

$$V=\frac{C}{1+r}+\frac{C}{(1+r)^2}+\cdots+\frac{C}{(1+r)^T}+\frac{F}{(1+r)^T} \tag{8.4}$$

式中:V 为内在价值;C 为债券支付利息;F 为面值;r 为贴现率;T 为债券期限。

【例 8.2】 2005 年 6 月发行的债券,债券面额为 100 元,债券期限为 10 年,债券利率为 8%,该债券每年支付利息一次。假设现在是 2011 年 6 月,投资者的预期收益率为 10%,该债券的内在价值应为多少?

解析:

投资者未来的现金流包括四期未支付利息和面值,债券的内在价值为

$$V=\frac{8}{1+10\%}+\frac{8}{(1+10\%)^2}+\frac{8}{(1+10\%)^3}+\frac{8}{(1+10\%)^4}+\frac{100}{(1+10\%)^4}=93.66(\text{元})$$

3. 统一公债

统一公债是一种没有到期日的特殊的定息债券,统一公债的投资者可以无限期的获得固定利息,未来的现金流只包括利息这一部分,其内在价值的计算公式为

$$V=\frac{C}{1+r}+\frac{C}{(1+r)^2}+\frac{C}{(1+r)^3}+\cdots=\frac{C}{r} \tag{8.5}$$

式中:V 为内在价值;C 为债券支付利息;r 为贴现率。

【例 8.3】 假设某种统一公债每年的固定利息是 10 元,假定该债券的预期收益率为 8%,那么该债券的内在价值为多少?

解析：

$$V=\frac{10}{1+8\%}+\frac{10}{(1+8\%)^2}+\frac{10}{(1+8\%)^3}+\cdots=\frac{10}{8\%}=125(元)$$

8.3.3　债券的价值属性

在运用现金流贴现公式中，对债券进行估价时，需要知道三个变量：①到期时间；②各期的现金流；③贴现率。而这 3 个变量又受债券的一些具体属性的影响，债券的价值分析与以下 8 方面的属性密切相关。这些属性分别是：①到期时间（期限）；②债券的息票率；③税收待遇；④债券的可赎回条款；⑤市场的流通性；⑥违约风险；⑦可转换性；⑧可延期性。其中任何一种属性的变化，都会改变债券的到期收益率水平，从而影响债券的价格。其中属性②和属性③影响到债券各期产生的现金流，即现金流贴现公式中的第 2 个变量；属性④～⑧则影响到贴现率的选择，即现金流贴现公式中的第 3 个变量即贴现率。

1. 到期时间

随着债券到期日的临近，不论是溢价发行的债券还是折价发行的债券，若债券的内在到期收益率不变，债券的市场价格将逐渐趋向于债券的票面金额。债券的市场价格时间轨迹如图 8.2 所示。

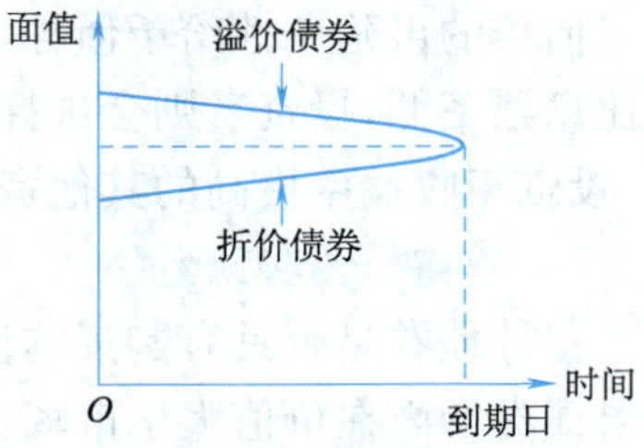

图 8.2　债券的市场价格时间轨迹

2. 息票率

债券未来现金流的大小取决于两个方面：一个是面值；另一个是息票率。因面值通常为单位标准数值，如 100 元或 1 000 元，因此需重点考虑的是息票率的影响。在其他属性不变的条件下，债券的息票率越低，相应地利息收入自然越低。

3. 税收待遇

对购买债券所产生的利息收入是否征税将影响到投资者的实际现金流，从而影响到债券的到期收益率与债券价值。

不同的国家对债券的利息收入是否征税的法律规定不尽相同，但世界上大多数国家都规定，购买债券所获的利息收入不需纳税，而购买企业债所得利息收入应纳税，我国也规定债券利息收入免税，企业债的利息收入应按有关规定纳税。

4. 可赎回条款

债券的可赎回条款是指债券发行人在债券到期日前有权按照赎回价格赎回所发行的债券，这是有利于发行人的条款，当预期未来市场利率将下降，债券发行人就能够以更低的成本筹到资金。发行人就可能行使赎回权赎回旧债券从而发行新债券以节约筹资成本。可赎回条款的存在，增加了投资者未来现金流的不确定性，加大了投资者的风险，因此会降低该类债券的内在价值，并且降低了投资者的实际收益率。一般而言，息票率越高，发行人行使赎回权的概率越大。

5. 流动性

债券流动性是指债券变现的能力。如果变现的速度越快，变现所遭受的损失越小，那么债券的流动性就高；反之，若变现速度越慢，变现承担的损失越高，那么债券的流动性就比较低。债券投资者承担的流动性风险越高，要求的风险补偿越高，这会导致对债券估值时使用更高的贴现率，从而影响债券的价值。

6. 违约风险

债券的违约风险是指债券发行人未履行契约规定支付的债券本金和利息，给债券投资者带来损失的可能性。债券评级是反映债券违约风险的重要指标。美国是目前世界上债券市场最发达的国家，所拥有的债券评级机构也最多。其中，最著名的两家是标准普尔公司和穆迪投资者服务公司。2011 年 8 月 5 日，标准普尔公司将美国 AAA 级长期主权债务评级下调一级至 AA+。一些经济人士认为，此次评级调低，投资者对美债等美元资产的认识已经从“无风险”转向“有风险”，这可能造成美国债券收益率大幅上升，推高整个市场借贷成本。对美国政府、企业以及个人消费者来说，财务负担将加重，经济复苏可能中断，甚至重新陷入衰退。

7. 可转换性

可转换债券的持有者可用债券来交换一定数量的普通股股票。每单位债券可换得的股票数称为转换率，可换得的股票当前价值称为市场转换价值，债券价格与市场转换价值的差额称为转换损益。可转换债券息票率和承诺的到期收益率通常较低。但是，如果从转换中获利，则持有者的实际收益率会大于承诺的收益率。

8. 可延期性

债券的可延期性给予债券投资者一种权利，即可以选择继续持有或终止债券。市场利率若比息票率低，投资者则会选择继续持有债券；反之，市场利率若比息票率高，投资者将收回资金，投资于收益率更高的其他资产。这在一定程度上减少了投资者风险，能提高债券的价值。

8.3.4 债券投资决策分析

一种债券是否具有购买的价值，需要根据债券的内在价值与市场价格的差异来进行判断。如果债券的内在价值大于市场价格，说明该种债券价格被低估了，适合进行投资；反之，若内在价值小于市场价格，说明债券价格存在高估，不适合进行投资。

在具体的操作上，判断债券高估或者低估有以下两种方法：

第一种方法，比较两类到期收益率的差别。式 8.1～式 8.5 中的 r 是该债券的预期收益率，它是根据债券的风险大小确定的到期收益率，也是投资者要求的收益率；另一类到期收益率，是债券本身承诺的到期收益率，即隐含在当前市场上债券价格中的到期收益率，这里用 k 表示。

以直接债券为例，假定每期支付的利息为 C，到期偿还本金（面值）为 F，债券的价格为 P，那么，债券价格与债券本身承诺的到期收益率之间存在下列关系式：

$$P=\frac{C}{1+k}+\frac{C}{(1+k)^2}+\cdots+\frac{C}{(1+k)^T}+\frac{F}{(1+k)^T} \tag{8.6}$$

在上式中，因 P、C、F 是已知的，故可反求出到期收益率 k。

如果 $r>k$，则该债券的价格被高估；如果 $r<k$，则该债券的价格被低估；当 $r=k$ 时，债券的价格等于债券价值，市场处于均衡状态。

第二种方法，比较债券的内在价值与债券价格的差异。把债券的内在价值（V）与债券价格（P）的差额，定义为债券投资者的净现值（NPV）。当净现值大于零时，意味着内在价值大于债券价格，即市场利率低于债券承诺的到期收益率，该债券被低估；反之，当净现值小于零时，该债券被高估。净现值（NPV）的计算公式为

$$\text{NPV}=V-P \tag{8.7}$$

式中：V 为债券的内在价值；P 为债券价格。

【例 8.4】 假设市场上某十年期债券的面值为 1 000 元，债券票面利率为 6%，该债券每

年支付利息一次，到期后偿还本金。现在该债券还剩下整两年到期，目前市场上该债券的价格为917.58元。如果该债券的预期收益率为10%，试问现在投资该债券是否合适？

解析：

方法一：通过比较预期收益率和隐含收益率差别来判断，根据式(8.6)

$$917.58=\frac{60}{1+k}+\frac{60}{(1+k)^2}+\frac{1\ 000}{(1+k)^2}$$

解此方程得：$k=10.8\%$。预期收益率(10%)<隐含收益率(10.8%)，此债券的价值被低估，适合购买。

方法二：比较内在价值与债券的价格差异，根据式(8.7)。

$$V=\frac{60}{1+10\%}+\frac{60}{(1+10\%)^2}+\frac{1\ 000}{(1+10\%)^2}=930.58(\text{元})$$

$\text{NPV}=V-P=930.58-917.58=13$(元)，NPV>0，说明债券价值被低估，适合投资。

8.4 久期和凸度

8.4.1 久期

在债券投资中，经常要考虑这样一个问题，即如果到期收益率发生一定程度的变化，导致债券的价格变化的幅度有多大。为衡量到期收益率变化和债券价格波动幅度之间的关系，需要引入久期和凸度的概念。

1. 久期计算公式

麦考勒于1938年最早提出债券的久期(duration，简记为D)概念。麦考勒使用加权平均数的形式计算债券的平均到期时间，因此也称为麦考勒久期。

麦考勒久期的计算公式为

$$D=\frac{\sum_{t=1}^{T}\frac{C_t}{(1+r)^t}\times t}{P}=\sum_{t=1}^{T}\left[\frac{C_t/(1+r)^t}{P}\times t\right]=\sum_{t=1}^{T}\left[\frac{\text{PV}(C_t)}{P}\times t\right] \tag{8.8}$$

式中：D为麦考勒久期；C_t为债券未来第t次支付的现金流(利息或本金)；T为债券在存续期内支付现金流的次数；t为从久期计算起始时间到第t次现金流支付时间的时间长度；r为债券的到期收益率，$\text{PV}(C_t)$为债券第t期现金流用债券到期收益率贴现的现值；P为债券当前的市场价格。

令$\omega_t=\frac{\text{PV}(C_t)}{P}$，因$\sum_{t=1}^{T}\frac{\text{PV}(C_t)}{P}=1$，则$\sum_{t=1}^{T}\omega_t=1$，故有

$$D=\sum_{t=1}^{T}\omega_t\times t \tag{8.9}$$

从式(8.9)可以看出，麦考勒久期实质上是一个时间的加权平均，其单位是年，权重(ωt)是各期现金流的现值占债券价格的比重。

【例8.5】 某债券当前的市场价格为105.15元，到期收益率为8%，息票率为10%，面值为100元，3年后到期，每年付一次利息，到期一次性偿还本金。试计算该债券的久期。

解析：

利用式(8.8)，计算各参数值，如表8.2所示。

表 8.2 （例 8.5）计算麦考勒久期所需参数

现金流支付时间(t)	现金流 (C_t,元)	现值系数	现金流现值 (PV(C_t),元)	权重 ω_t=PV(C_t)/P	时间加权 $\omega_t \times t$
1	10	0.925 9	9.26	0.088	0.088
2	10	0.857 3	8.57	0.082	0.164
3	110	0.793 8	87.32	0.83	2.49
加总			P=105.15	1	D=2.742

该债券的麦考勒久期为：

$$D=0.088+0.164+2.49=2.742(\text{年})$$

2. 麦考勒久期与债券价格的关系

计算久期的主要目的之一就是要找出久期、到期收益率与债券价格三者之间的关系。

假设现在是 0 时刻，债券持有者在 t_i 时刻收到的支付为 $C_i(1\leqslant i\leqslant n)$，则债券价格 P 和连续复利到期收益率 r' 的关系为

$$P=\sum_{i=1}^{n}C_i e^{-r't_i} \tag{8.10}$$

$$\frac{\partial P}{\partial r'}=-\sum_{i=1}^{n}C_i t_i e^{-r't_i} \tag{8.11}$$

而债券麦考勒久期的计算公式可以相应改写为

$$D=\frac{\sum_{i=1}^{n}t_i C_i e^{-r't_i}}{P}=\sum_{i=1}^{n}t_i\left(\frac{C_i e^{-r't_i}}{P}\right) \tag{8.12}$$

$$PD=\sum_{i=1}^{n}C_i t_i e^{-r't_i} \tag{8.13}$$

将式(8.13)带入式(8.11)得：

$$\frac{\partial P}{\partial r'}=-PD \tag{8.14}$$

整理得：

$$\frac{\partial P}{P}=-D\partial r' \tag{8.15}$$

式(8.15)说明，债券价格的变动比例等于麦考勒久期乘上到期收益率微小变动量的相反数。$\partial r'$ 表示收益率曲线的微小平移。

上述分析是在到期收益率为连续复利收益率的基础上得出的。如果到期收益率为一年计一次复利的收益率 r，则：

$$\frac{\partial P}{P}=-\frac{D\partial r}{1+r} \tag{8.16}$$

这是因为根据连续复利利率 r' 与一年计一次重利利率 r 之间的关系，有：

$$r'=\ln(1+r)$$

$$\mathrm{d}r'=\frac{\mathrm{d}r}{1+r}$$

代入式(8.15)即可得到式(8.16)。

为了与式(8.15)保持一致，更主要是为了方便起见，当收益率采用一年计一次复利的形式时，人们常用修正的久期来代替麦考勒久期，修正的久期用 D^* 表示。修正的久期计算公式为

$$D^*=\frac{D}{1+r} \tag{8.17}$$

将式(8.17)带入式(8.16)得：

$$\frac{\partial P}{P}=-D^*\partial r \tag{8.18}$$

式(8.18)表明，对于给定的收益率变动幅度，修正的久期越大，债券价格的波动率越大。这样就可以用久期近似估计收益率变动与价格变动率之间的关系：

$$\frac{\Delta P}{P}\approx -D^*\Delta r \tag{8.19}$$

应该注意的是，用麦考勒久期(或修正的久期)来考察收益率变动与价格变动之间的关系只是一种近似的计算，这是因为没有考虑债券的凸度。

【例 8.6】 对于例 8.5 中的债券，如果现在市场上对该债券的到期收益率上升了 1%，即变为 9%水平，那么该债券的价格变化幅度是多少？若到期收益率下降了 1%，即到期收益率变为 7%水平时，该债券的价格变化幅度又是多少？

解析：

要知道债券价格因收益率变化导致的变化幅度，有以下两种方法：

(1)第一种方法：根据债券价格和到期收益率之间的公式，求出收益率变化后的价格，再求出价格变化幅度。

到期收益率变为 9%时，有

$$P_1=\frac{10}{(1+9\%)}+\frac{10}{(1+9\%)^2}+\frac{110}{(1+9\%)^3}=102.53(\text{元})$$

价格的变化幅度为

$$\frac{\Delta P}{P}=\frac{P_1-P}{P}=\frac{102.53-105.15}{105.15}=-0.0249=-2.49\%$$

即随着到期收益率上升了 1%，价格的变化幅度为−2.49%，即价格下降 2.49%。

当到期收益率变为 7%水平时，有

$$P_2=\frac{10}{(1+7\%)}+\frac{10}{(1+7\%)^2}+\frac{110}{(1+7\%)^3}=107.87(\text{元})$$

$$\frac{\Delta P}{P}=\frac{P_2-P}{P}=\frac{107.87-105.15}{105.15}=0.0259=2.59\%$$

即到期收益率下降了 1%时，价格要上升 2.59%。

(2)第二种方法：算出久期或修正久期，进行近似计算。

因是一年计一次复利的情况，这里要使用修正久期。例 8.5 中算得这种债券的久期为 2.742年，修正的久期为

$$D^*=\frac{D}{1+r}=\frac{2.742}{1+8\%}=2.539(\text{年})$$

当到期收益率上升了 1%时：

$$\frac{\Delta P}{P}\approx -D^*\Delta r=-(2.539\times 1\%)\approx -2.54\%$$

当到期收益率下降了 1%时：

$$\frac{\Delta P}{P}\approx -D^*\Delta r=-[2.539\times(-1\%)]\approx 2.54\%$$

比较上面两种方法，第一种只要到期收益率发生变化，就需要重新计算价格，运算繁杂，而第二种则通过先得出久期，再近似得出的价格变化幅度，则要简单得多。但由于第二种方法是一阶逼近，计算的结果存在着一定的误差。现实中，债券价格变动率和收益率变动之间的关系并不是线性关系，而是非线性关系。如果只用久期来估计收益率变动与价格变动率之间的关系，从上面的例子可以看出，收益率上升或下跌一个固定的幅度时，价格下跌或上升的幅度是一样的。显然这与事实不符。

由于价格的变动率和收益率的变动率之间往往是非线性的关系，因此为了提高运算的精度，还需要进行二阶逼近，这就需要进行凸度的计算。

8.4.2 凸度

债券的凸度(convexity)是指债券价格变动率与收益率变动关系曲线的曲度。把债券的凸度定义为债券价格对收益率二阶导数除以价格，凸度简记为 C，

$$C=\frac{1}{P}\frac{\partial^2 P}{\partial^2 r} \tag{8.20}$$

考虑了凸度问题后，收益率变动幅度与价格变动率之间的关系可以重新写为

$$\frac{\mathrm{d}P}{P}=-D^*\,\mathrm{d}r+\frac{1}{2}C\,(\mathrm{d}r)^2 \tag{8.21}$$

当收益率变动幅度不太大时，收益率变动幅度与价格变动率之间的关系就可以近似表示为

$$\frac{\Delta P}{P}=-D^*\,\Delta r+\frac{1}{2}C\,(\Delta r)^2 \tag{8.22}$$

从实际使用效果看，式(8.22)所得出的近似估计与实际值的差别是可以忽略不计的。

实际上，上面的结果也可以直接从数学的角度直接得出。把债券价格看作关于到期收益率的函数。

即 $P=f(r)$，则价格 P 关于到期收益率的二阶泰勒展开级数为

$$P=f(r)=f(r-\Delta r)+\frac{\mathrm{d}P}{\mathrm{d}r}\Delta r+\frac{1}{2}\frac{\mathrm{d}^2P}{\mathrm{d}r^2}\Delta r^2+O(\Delta r) \tag{8.23}$$

当 $\Delta r\rightarrow 0$ 时，有

$$\mathrm{d}P=f(r)-f(r-\Delta r)=\frac{\mathrm{d}P}{\mathrm{d}r}\Delta r+\frac{1}{2}\frac{\mathrm{d}^2P}{\mathrm{d}r^2}\Delta r^2+O(\Delta r) \tag{8.24}$$

$$\mathrm{d}P\approx\frac{\mathrm{d}P}{\mathrm{d}r}\Delta r+\frac{1}{2}\frac{\mathrm{d}^2p}{\mathrm{d}r^2}\Delta r^2 \tag{8.25}$$

式(8.24)两边同除以 P，在离散形式下就得到

$\frac{\mathrm{d}P}{P}=-D^*\,\mathrm{d}r+\frac{1}{2}C\,(\mathrm{d}r)^2$，即为式(8.21)。

在例 8.6 中，可以看出，收益率上升和下降同样的幅度，实际的价格变动率并不一样，收益率下降导致的价格变动率要大于收益率上升导致的价格变动率。而用久期计算的价格变动率只是一种近似的结果，因而通常还需要进行凸度调整。价格敏感度与凸度的关系，如图 8.3 所示。

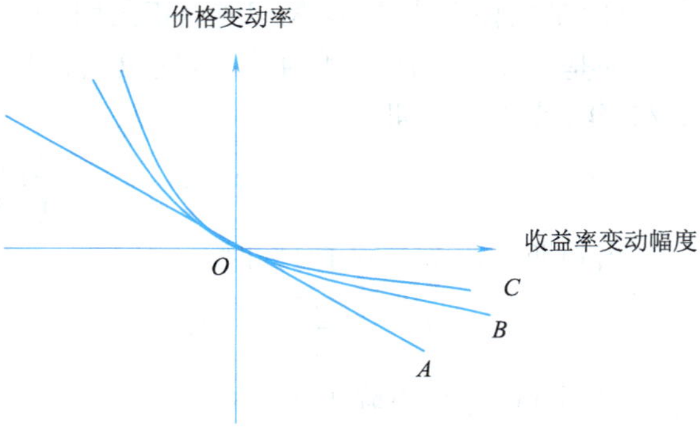

图 8.3 价格敏感度与凸度的关系

在图 8.3 中，A 直线表示用久期近似计算的收益率变动与价格变动率的关系，B、C

曲线分别表示不同凸度的收益率变动幅度与价格变动率之间的真实关系，其中C的凸度大于B。当收益率下降时，价格的实际上升率高于用久期计算出来的近似值，而且凸度越大，实际上升率越高；当收益率上升时，价格的实际下跌比率却小于用久期计算出来的近似值，且凸度越大，价格的实际下跌比率越小。这说明当收益率变动幅度较大时，用久期近似计算的价格变动率就不准确，需要考虑凸度调整。

8.5 债券投资策略

债券投资是一门很深奥的学问，完全掌握它尚需依赖于投资者知识面的拓展和经验的积累。但是，这并不意味着债券投资没有任何策略和技巧。事实上，经过长期的探索，人们还是掌握了一些有关债券投资的基本原理，并用它们来制定债券投资的策略。

从总体上看，债券投资策略可以分为消极型投资策略和积极型投资策略两种，每位投资者可以根据自己资金来源和用途来选择适合自己的投资策略。具体来讲，在决定投资策略时，投资者应该考虑自身整体资产与负债的状况以及未来现金流的状况，以达到收益性、安全性与流动性的最佳结合。一般而言，投资者应在投资前认清自己，明白自己是积极型投资者还是消极型投资者。积极型投资者一般愿意花费时间和精力管理他们的投资，通常他们的投资收益率较高；而消极型投资者一般只愿花费很少的时间和精力管理他们的投资，通常他们的投资收益率也相应地较低。有一点必须明确，决定投资者类型的关键并不是投资金额的大小，而是他们愿意花费多少时间和精力来管理自己的投资。对大多数投资者来说，一般都是消极型投资者，因为他们都缺少时间和缺乏必要的投资知识。

8.5.1 消极型投资策略

消极型投资策略是一种不依赖于市场变化而保持固定收益的投资方法，其目的在于获得稳定的债券利息收入和到期安全收回本金。因此，消极型投资策略也常常被称作保守型投资策略。这里介绍购买持有法、梯形投资法和三角投资法等几种比较简单的保守型投资策略。

1. 购买持有法

购买持有是最简单的债券投资策略，其步骤是：在对债券市场上所有的债券进行分析之后，根据自己的爱好和需要，买进能够满足自己需求的债券，并一直持有到到期兑付之日。在持有期间，并不进行任何买卖活动。

这种投资策略虽然十分粗略，但却有其自身的好处：

(1)这种投资策略所带来的收益是固定的，在投资决策的时候就完全知道，不受市场行情变化的影响。它可以完全规避价格风险，保证获得一定的收益率。

(2)如果持有的债券收益率较高，同时若市场利率没有很大的变动或者逐渐降低，则这种投资策略也可以取得相当满意的投资效果。

(3)这种投资策略的交易成本很低。由于中间没有任何买进卖出行为，因而手续费很低，从而也有利于提高收益率。因此，这种购买持有的投资策略比较适用于市场规模较小、流动性比较差的债券，并且更适用于不熟悉市场或者不善于使用各种投资技巧的投资者。

具体在实行这种投资策略时，投资者应注意以下两个方面：首先，根据投资者资金的使用状况来选择适当期限的债券。一般情况下，期限越长的债券，其收益率也往往越高。但是期限越长，对投资资金锁定的要求也就越高，因此最好是根据投资者的可投资资金的年限来选择债券，使债券的到期日与投资者需要资金的日期相近。其次，投资者投资债券的金额也必须由可投资资金的数量来决定。一般在购买持有策略下，投资者不应该利用借入资金来购买债券，也不应该保留剩余资金，而是最好将所有准备投资的资金投资于债券，这样就能保证获得最大数额的固定收益。

但是，购买持有这种投资策略也有其不足之处。首先，从本质上看，这是一种比较消极的投资策略。在投资者购进债券后，他可以毫不关心市场行情的变化，可以漠视市场上出现的投资机会，因而往往会丧失提高收益率的机会。其次，虽然投资者可以获得固定的收益率，但是，这种被锁定的收益率只是名义上的，如果发生通货膨胀，那么投资者的实际投资收益率就会发生变化，从而使这种投资策略的价值大大下降。特别是在通货膨胀比较严重的时候，这种投资策略可能会带来比较大的损失。最后，也是最常见的情况是，由于市场利率的上升，使购买持有这种投资策略的收益率相对较低。由于不能及时卖出低收益率的债券，转而购买高收益率的债券，因此，在市场利率上升时，这种策略会带来损失。但是无论如何，投资者也能得到原先约定的收益率。

2. 梯形投资法

梯形投资法，又称等期投资法，是指每隔一段时间，在债券发行市场认购一批相同期限的债券，每一段时间都如此，接连不断，这样，投资者在以后的每段时间都可以稳定地获得一笔本息收入。

王先生在 2008 年 6 月购买了 2008 年发行的 3 年期的债券，在 2009 年 3 月购买了 2009 年发行的 3 年期的债券，在 2010 年 4 月购买 2010 年发行的 3 年期债券。

这样，在 2011 年 7 月，王先生就可以收到 2008 年发行的 3 年期债券的本息和，此时，该王先生又可以购买 2011 年发行的 3 年期债券，这样，他所持有的三种债券的到期期限又分别为 1 年、2 年和 3 年。如此滚动下去，王先生就可以每年得到投资本息和，从而既能够进行再投资，又可以满足流动性需要。

只要王先生不停地用每年到期的债券的本息和购买新发行的 3 年期债券，则其债券组合的结构就与原来的相一致。

梯形投资法的优点在于，采用此种投资方法的投资者能够在每年得到本金和利息，因而不至于产生很大的流动性问题，不至于因急着卖出尚未到期的债券而不能保证收到约定的收益。同时，在市场利率发生变化时，梯形投资法下的投资组合的市场价值不会发生很大的变化，因此债券组合的投资收益率也不会发生很大的变化。此外，这种投资方法每年只进行一次交易，因而交易成本比较低。

3. 三角投资法

三角投资法，就是利用债券投资期限不同所获本息和也不同的原理，使在连续时段内进行的投资具有相同的到期时间，从而保证在到期时收到预定的本息和。这个本息和可能已被投资者计划用于某种特定的消费。三角投资法和梯形投资法的区别在于，虽然投资者都是在连续时期(年份)内进行投资，但是，这些在不同时期投资的债券的到期期限是相同的，而不是债券的期限相同。

王先生决定在 2010 年进行一次国际旅游，因此，他决定投资债券以便能够确保得到所需资金。这样，他可以在 2004 年投资 2004 年发行的 5 年期债券，在 2006 年购买 2006 年发行的 3 年期债券，在 2007 年购买 2007 年发行的 2 年期债券。这些债券在到期时都能收到预定的本息和，并且都在 2009 年到期，从而能保证有足够资金来实现 2010 年的旅游计划。

这种投资方法的特点是，在不同时期进行的债券投资的期限是递减的，因此被称作三角投资法。它的优点是能获得较固定收益，又能保证到期得到预期的资金以用于特定的目的。

8.5.2 积极型投资策略

1. 利率预测方法

积极型投资策略，是指投资者通过主动预测市场利率的变化，采用抛售一种债券并购买另一种债券的方式来获得差价收益的投资方法。这种投资策略着眼于债券市场价格变化所带来的资本损益，其关键在于能够准确预测市场利率的变化方向及幅度，从而能准确预测出债券价格的变化方向和幅度，并充分利用市场价格变化来取得差价收益。因此，这种积极型投资策略一般也被称作利率预测法。这种方法要求投资者具有丰富的债券投资知识及市场操作经验，并且要支付相对比较多的交易成本。投资者追求高收益率的强烈欲望导致了利率预测法受到众多投资者的欢迎，同时，市场利率的频繁变动也为利率预测法提供了实践机会。

利率预测法的具体操作步骤是这样的：投资者通过对利率的研究获得有关未来一段时期内利率变化的预期，然后利用这种预期来调整其持有的债券，以期在利率按其预期变动时能够获得高于市场平均的收益率。因此，正确预测利率变化的方向及幅度是利率预测投资法的前提，而有效地调整所持有的债券就成为利率预测投资法的主要手段。

由前面的分析可知，利率预测已成为积极型投资策略的核心。但是利率预测是一项非常复杂的工作。利率作为宏观经济运行中的一个重要变量，其变化受到多方面因素的影响，并且这些影响因素对利率作用的方向、大小都十分难以判断。

从宏观经济的角度看，利率反映了市场资金供求关系的变动状况。在经济发展的不同阶段，市场利率有着不同的表现。在经济持续繁荣增长时期，企业家开始为了购买机器设备、原材料、建造工厂和拓展服务等原因而借款，于是，会出现资金供不应求的状况，借款人会为了日益减少的资金而进行竞争，从而导致利率上升；相反，在经济萧条、市场疲软时期，利率会随着资金需求的减少而下降。利率除了受到整体经济状况的影响之外，还受到以下几个方面的影响：

(1)通货膨胀率。通货膨胀率是衡量一般价格水平上升的指标。一般而言，在发生通货膨胀时，市场利率会上升，以抵消通货膨胀造成的资金贬值，保证投资的真实收益率水平。而借款人也会预期到通货膨胀会导致其实际支付的利息的下降，因此，他会愿意支付较高的名义利率，从而也会导致市场利率水平的上升。

(2)货币政策。货币政策是影响市场利率的重要因素。货币政策的松紧程度将直接影响市场资金的供求状况，从而影响市场利率的变化。一般而言，宽松的货币政策，如增加货币供应量、放松信贷控制等都将使市场资金的供求关系变得宽松，从而导致市场利率下降。相反，紧缩的货币政策，如减少货币供应量、加强信贷控制等都将使市场资金的供求关系变得紧张，从而导致市场利率上升。

(3)汇率变化。在开放的市场条件下，本国货币汇率上升会引起国外资金的流入和对本币的需求上升，短期内会引起本国利率的上升；相反，本国货币汇率下降会引起外资流出和对本币需求的减少。短期内会引起本国利率下降。

2. 债券调整策略

在预测了市场利率变化的方向和幅度之后，投资者可以据此对其持有的债券进行重新组合。调整组合的目的是:在对既定的利率变化方向及其幅度做出预期后,使持有的债券的收益率最大化。

(1)由于市场利率与债券的市场价格呈反向变动关系,因此,在市场利率上升时,债券的市场价格会下降,而在市场利率下降时,债券的市场价格会上升,因而前者的正确调整策略是卖出所持有的债券,而后者的正确调整策略是买入债券。

(2)债券的期限同债券价格变化之间的关系是有规律可循的。即无论债券的票面利率的差别有多大,在市场利率变化相同的情况下,期限越长的债券,其价格变化幅度越大。因此,在预测市场利率下降时,应尽量持有能使价格上升幅度最大的债券,即期限比较长的债券。也就是说,在预测市场利率将下跌时,应尽量把手中的期限较短的债券转换成期限较长的债券,因为在利率下降相同幅度的情况下,这些债券的价格上升幅度较大。

相反,在预测市场利率上升时,若投资者仍想持有债券,则应该持有期限较短的债券,因为在利率上升相同幅度的情况下,这些债券的价格下降幅度较小,因而风险较小。

(3)债券的票面利率同债券的价格变化之间也是有规律可循的。即在市场利率变化相同的情况下,息票利率较低的债券所发生的价格变化幅度(价格变化百分比)会比较大。因此,在预测利率下跌时,在债券期限相同的情况下,应尽量持有票面利率低的债券,因为这些债券的价格上升幅度(百分比)会比较大。

因此,我们可以得到有关债券调整策略的总原则为:

在判断市场利率将下跌时,应尽量持有能使价格上升幅度最大的债券,即期限比较长、票面利率比较低的债券。也就是说,在预测市场利率将下跌时,应尽量把手中的短期、高票面利率债券转换成期限较长的、低息票利率的债券,因为在利率下降相同幅度的情况下,这些债券的价格上升幅度较大。

反之,若预测市场利率将上升,则应尽量减少低息票利率、长期限的债券,转而投资高息票利率、短期限的债券,因为这些债券的利息收入高,期限短,因而能够很快地变现,再购买高利率的新发行债券,同时,这些债券的价格下降幅度也相对较小。

需指出的是,利率预测法作为一种积极的债券投资方法,虽然能够获得比较高的收益率,但是这种投资方法是具有很大风险的。一旦利率向相反的方向变动,投资者就可能遭受比较大的损失,因此,只对那些熟悉市场行情、具有丰富操作经验的人才适用。初学的投资者不适宜采用此种投资方法。

本 章 小 结

债券是政府、金融机构、工商企业等机构直接向社会借债筹措资金时,向投资者发行,并且承诺按一定的利率支付利息并按约定条件偿还本金的债权债务凭证。按发行主体的不同可分为政府债券、公司债券和金融债券三大类;债券市场包括发行市场和流通市场,债券发行市场,是发行单位初次出售新债券的市场;债券流通市场则是指已发行债券买卖转让的市场。对债券价值进行分析,现在比较流行的是采用现金流贴现的方法。影响债券价值的因素主要有:①到期时间(期限);②债券的息票率;③税收待遇;④债券的可赎回条款;⑤市场的流动性;⑥违约风险;⑦可转换性;⑧可延期性。久期和凸度是和债券相关的两个重要概念,可以通过对久期和凸度的计算来找出债券价格、到期收益率和久期、凸度之间的关系。对债券投资,有消极型和积极型两种投资策略。

复习思考题

1. 债券有哪些特征？
2. 债券的有哪些分类方法，在对应的分类方法下，可以分成哪几种？
3. 债券的承销有哪几种方式，发行人选择承销方式需要考虑哪些问题？
4. 运用收入资本法给债券进行定价，影响债券价值的因素有哪些？
5. 债券的价值属性有哪些，对债券的价值有怎样的影响？
6. 考虑债券价格和到期收益率、久期之间的关系，在什么样的情况下通常还需要运用凸度来进行修正？
7. 积极型投资策略重点要做好哪方面的工作？

推荐阅读

[1] 张亦春，郑振龙，林海. 金融市场学[M]. 北京：高等教育出版社，2008.
[2] （美）罗斯，马奎斯. 金融市场学[M]. 陆军，译. 北京：机械工业出版社，2009.
[3] 何志刚. 中债券券市场微观结构研究[M]. 北京：中国经济出版社，2011.
[4] 高坚. 中国债券资本市场（中文修订版）[M]. 北京：经济科学出版社，2009.
[5] 和讯网：http://www.hexun.com/

案例讨论

从流标到疯抢　铁道债 hold 住了

据 2011 年 10 月 27 日广州日报报道，2011 年 10 月 26 日，原铁道部招标发行新一批 200 亿元企业债，遭到机构疯抢，7 年债的投标倍数更是达到了惊人的 16.87 倍，招标利率也较上一期大为降低。业内人士表示，铁道债获热捧，既有政策面的影响，也与债市回暖有关。

此次招标的两期企业债为原铁道部 2011 年第二期铁路建设债券，总额 200 亿元，7 年和 20 年期品种各半。

据业内人士透露，由于机构疯抢，这两个品种的中标利率均落于招标利率区间下限，其中 7 年期品种中标利率为 4.93%，投标倍数近 17 倍，而 20 年品种的中标利率为 5.33%，投标倍数在 3.7 倍以上。

2011 年 10 月 12 日，原铁道部刚刚发行了 2011 年首期 200 亿元固定利息企业债，同样是 7 年和 20 年品种各半，中标利率分别为 5.59%与 6%。相比之下，此次利率下行明显。

而在2011年7月21日，原铁道部发行年内第3期短期融资债券，200亿元的发行规模最终有效投标只有187.3亿元，遭遇铁道债历史上首次流标。

“这次铁道债这么抢手，主要是政策面的影响，债市回暖对此也有所推动。”国海证券分析师陈某曾经对记者表示。

另一方面，相关部委密集出台利好政策，为铁路建设债券保驾护航。2011年10月10日，财政部宣布对铁道债利息收入减半征收企业所得税。随后，发改委也发文表示，经国务院批准，中国铁路建设债券为政府支持债券。由此，铁道债“一秒钟变债券”，其风险已经接近于零。

陈某认为，减税提升了铁道债的价值，“准债券化”则使投资者的信心受到了提振。此外，由于整个信用债市场回暖，也从市场角度推动了铁道债的热销。（作者根据网络资料改编，原文见广州日报。）

大公国际回应铁道部3A评级问题

2011年8月8日，中国评级机构大公国际给予原铁道部3A主体信用级别，此评级高过中国本币AA＋评级，引起争议。

按大公国际评级标准，AAA级表示债务人具有非常强的还本付息能力。购买这类债券几乎没风险。就在2011年中的工作会议上，刘明康也表示要给银行拉响警报：即便铁路贷款每年可还60亿左右利息，何年何月才能还得了一万多亿本金？

对此，大公国际评级部总监在接受记者采访时曾回应称，“之所以给铁道部3A评级，是因为在我们看来铁道部并非独立的法人，铁道部既是国家机关，又是企业法人，这种双重身份表明，铁道部发行的债有中央财政隐形担保，属于广义的国家负债的一部分，如果铁道部不能偿付，国家会代为偿付债务。因此铁道部违约风险不会有实质性上升”。

根据上述案例，运用本章所学的内容试对以下问题进行分析：

(1)2011年7月份铁道部债券发行出现了流标，而2011年10月份铁道部债券发行却出现了热销，背后的原因有哪些？

(2)债券发行中的债券评级的依据通常有哪些？债券评级的高/低对发行人有哪些影响？

第 9 章　普通股价值分析

本章提要

普通股是股票中最常见的一种，是股份公司资本构成中最普通、最基本的股份，也是非常重要的投资工具。合理评估普通股的价值，决定着对普通股投资行为的成败。普通股票的估值方法有绝对价值法和相对价值法两大类。本章着重介绍绝对价值法的不同类型的股息贴现模型和相对价值法的市盈率模型，简单介绍了自由现金流分析法等其他估值方法。

学习目标

1. 掌握不同类型的股息贴现模型
2. 掌握不同类型的市盈率模型
3. 了解自由现金流贴现模型、EVA 模型及剩余收益模型
4. 了解通货膨胀对普通股价值评估的影响

开篇案例

如今的股市就像绑在蹦极绳上一样，来回大幅振荡。面对这个剧烈波动的市场，你可能只能伸长脖子，呆呆地观望——道·琼斯工业平均指数可以在一天之内(1997年10月27日)狂泻544点，而在随后的一天(1997年10月28日)又反弹337点。这一切会让你目瞪口呆。或许你也会参与到市场中，随着市场的起落亲自去感受其中的刺激。如果你就此向20世纪90年代的甲骨文公司征求意见，欧培拉可能会说："你亲自去尝试吧，但首先武装自己！"

为了在今天的股票市场上生存，必须用信息武装自己，这样才能正确地估量你身后蹦极绳的长度。你当然不想成为那个跌落水中的蹦极人。但如果你身后的蹦极绳太长，如果你严重误判了股票的价值水平，跌落水中的情况就在所难免。(资料来源：[美]格里·格瑞，帕特里克·古萨蒂斯，兰德·武瑞奇，股票价值评估：简单、量化的股票价值评估方法[M]. 北京：中国财政经济出版社，2004.)

股票价格在市场如何形成？如何判断股票市场价格的高估或低估？盈利和利率如何影响股票价值？普通股价值分析将揭示其中的奥秘。

作为股份公司资本构成中最普通、最基本的股份，普通股是非常重要的投资工具。投资者投资普通股，首先必须要懂得评估股票。股息贴现模型、市盈率模型、自由现金流模型是股票市场分析人士常用的方法，也是基础分析人士评估上市公司普通股市值的常用工具。本章主要介绍基于现值理论的不同股息贴现模型，包括零增长模型、不变增长模型、三阶段增长模型、多元增长模型以及其他普通股价值分析模型。

9.1　股票贴现模型

9.1.1　股票贴现模型的一般形式

现值理论认为任何资产的内在价值应该等于持有资产可能带来的未来现金流收入的现值总和。将该方法运用于普通股股票价值分析可知，普通股股票的价值应等于投资股票可以获得的未来现金流收入的现值和。由于投资股票可以获得的未来现金流是以股息、红利的形式体现，所以运用现值理论分析股票价值的方法又称为股息贴现模型(dividend discount model，DDM)。其一般函数表达式为

$$V=\frac{D_1}{1+r}+\frac{D_2}{(1+r)^2}+\frac{D_3}{(1+r)^3}+\cdots=\sum_{t=1}^{\infty}\frac{D_t}{(1+r)^t} \tag{9.1}$$

式中：V 为普通股的内在价值；D_t 为普通股第 t 期支付的股息和红利；r 为贴现率，即股票投资者期望的收益率(又称市场资本化率)。

该式表明：普通股票的价值等于预期的未来现金流(股息)的现值和，并且股息是投资股票唯一的现金流。但更多的情况是，投资者购买并持有股票一段时间后，将其卖掉。此时，投资股票的现金流不再只有股息，还包括卖出股票的卖价。根据收入资本化法，卖出股票的现金流收入也应该纳入股票内在价值的计算。在这种情况下，普通股票的内在价值仍然可以用股息贴现模型来决定。因为只要公司不倒闭，股票就没有终止期，无论股票在谁手中，股息收入将永远持续。股票的卖价也是由投资者期望的股息现金流所决定的。

可以假定某投资者在第二期期末卖出所持有的股票，根据现值理论，该股票的内在价值公式为

$$V=\frac{D_1}{1+r}+\frac{D_2}{(1+r)^2}+\frac{V_2}{(1+r)^2} \tag{9.2}$$

式中：V_2 为在第二期期末出售该股票时的价格。根据股息贴现模型，该股票在第二期期末的价格应该等于当时该股票的内在价值，则计算公式为

$$V_2=\frac{D_3}{(1+r)}+\frac{D_4}{(1+r)^2}+\frac{D_5}{(1+r)^3}+\cdots=\sum_{t=1}^{\infty}\frac{D_{t+3}}{(1+r)^t} \tag{9.3}$$

将式(9.3)代入式(9.2)可得：

$$\begin{aligned}V&=\frac{D_1}{1+r}+\frac{D_2}{(1+r)^2}+\frac{D_3/(1+r)+D_4/(1+r)^2+D_5/(1+r)^3+\cdots}{(1+r)^2}\\&=\frac{D_1}{1+r}+\frac{D_2}{(1+r)^2}+\frac{D_3}{(1+r)^3}+\frac{D_4}{(1+r)^4}+\frac{D_5}{(1+r)^5}+\cdots\\&=\sum_{t=1}^{\infty}\frac{D_t}{(1+r)^t}\end{aligned}$$

所以式(9.2)与式(9.1)是完全一致的,证明股息贴现模型选用未来的股息代表投资股票唯一的现金流,并没有忽视买卖股票的资本利得对股票内在价值的影响。如果能够准确地预测股票未来每年的股息,就可以利用式(9.1)来计算股票的内在价值。

【例 9.1】 某公司股票每年红利为 10 元,5 年后价格预期为 130 元,贴现率为 0.20,求该公司股票的价值。

解析:

由 $V_5=130$,$r=0.20$,$D_t=10(t=1,\cdots,5)$,则该股票的内在价值为

$$\begin{aligned} V &= \frac{D_1}{1+r}+\frac{D_2}{(1+r)^2}+\frac{D_3}{(1+r)^3}+\frac{D_4}{(1+r)^4}+\frac{D_5}{(1+r)^5}+\frac{V_5}{(1+r)^5} \\ &= \frac{10}{1+0.2}+\frac{10}{(1+0.2)^2}+\frac{10}{(1+0.2)^3}+\frac{10}{(1+0.2)^4}+\frac{10}{(1+0.2)^5}+\frac{130}{(1+0.2)^5} \\ &= \sum_{t=1}^{5}\frac{10}{1.2^t}+\frac{130}{1.2^5} \\ &= 82.15 \text{ 元} \end{aligned}$$

图 9.1 所示为上述计算的股票股息贴现过程。

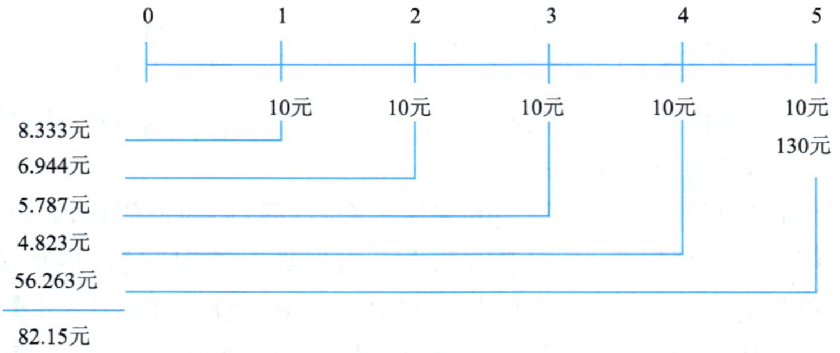

图 9.1　股票股息贴现过程示意图

运用股息贴现模型计算的股票内在价值,可以作为股票投资者判断股票价格是高估还是低估,并进而做出买入或卖出行为的评判标准。如果股票的市场价格高于贴现模型计算的价值,则该只股票被高估了,应卖出这只股票;如果股票的市场价格低于贴现模型计算的价值,则该只股票被低估了,应买入这只股票。

运用股息贴现模型计算股票的内在价值,关键在于预测股票每期股息的增长率和投资者要求的投资回报率。如果用 g 表示第 t 期的股息增长率,其数学表达式为

$$g_t=\frac{D_t-D_{t-1}}{D_{t-1}} \tag{9.4}$$

9.1.2　零增长模型

零增长模型是股息贴现模型的一种特殊形式。零增长的意思是普通股股票的股息增长率为零,即普通股股息每年都固定不变,用数学形式表示为

$$D_0=D_1=D_2=\cdots=D_t(t\to\infty)$$

将股息不变的条件代入式(9.1),可得

$$V=\sum_{t=1}^{\infty}\frac{D_t}{(1+r)^t}=D_0\left[\sum_{t=1}^{\infty}\frac{1}{(1+r)^t}\right]$$

当 r 大于零时，$\frac{1}{1+r}$ 小于1；当 $t\to\infty$ 时，可以得到

$$V=\frac{D_0}{r} \tag{9.5}$$

式(9.5)即为零增长模型。

【例9.2】 某投资者预期某公司每期支付普通股股息将永久性固定在1.15美元/每股，并且贴现率定为13.4%，计算该公司股票的内在价值。

解析：

由 $D_0=D_1=D_2=\cdots=D_t(n\to\infty)=1.15$ 美元，$r=13.4\%$，则股票的内在价值为

$$V=\frac{1.15}{0.134}=8.58(\text{美元})$$

如果该公司股票当前的市场价格为10.58美元，说明它的净现值等于负的2美元；由于其净现值小于零，所以该公司的股票被高估了2美元。如果投资者认为其持有的该公司股票处于高估的价位，则可能抛售该公司的股票。

9.1.3　不变增长模型

股息零增长是一种特殊形式，对于大多数公司而言，现金股息和利润的期望值每年都有所增长。如果公司每年股息的增长率为一恒定值，即股息按固定不变的速率增长(假定增长率为 g)。则该股息贴现模型被称为不变增长模型。不变增长模型是股息贴现模型的又一特殊形式。不变增长模型又称戈登模型(gordon model)，有以下三个假设条件：

(1)股息的支付在时间上是永久性的，即式(9.1)中的 t 趋向于无穷大($t\to\infty$)。

(2)股息的增长率是一个常数，即式(9.4)中的 g_t 等于常数($g_t=g$)。

(3)模型中的贴现率大于股息增长率，即 $r>g$。

根据上述3个假定条件，股息贴现模型式(9.1)可变形为：

$$\begin{aligned}V&=\frac{D_1}{1+r}+\frac{D_1(1+g)}{(1+r)^2}+\cdots+\frac{D_1\ (1+g)^{t-1}}{(1+r)^t}+\cdots\\&=\sum_{t=1}^{\infty}\frac{D_1\ (1+g)^{t-1}}{(1+r)^t}\\&=\frac{D_1}{1+r}\sum_{t=0}^{\infty}\left(\frac{1+g}{1+r}\right)^t\\&=\frac{D_1}{r-g}\end{aligned} \tag{9.6}$$

由于 $D_1=D_0(1+g)$

所以可得出：

$$V=\frac{D_1}{r-g}=\frac{D_0(1+g)}{r-g} \tag{9.7}$$

式(9.7)即为不变增长模型。该模型中股票现值随贴现率与股息增长率的变化而变化，且对贴现率与股息增长率的变化比较敏感。例如，由于受基准利率下调或其他因素的影响，对贴现率 r 的估计下降了0.5%，而对股息增长率 g 的估计上升了0.5%，假设原来的贴现率和股息增长率为 $r=15\%$ 和 $g=10\%$，则股票的现值估计为：$V=10/(15\%-10\%)=200$ 元。变化后新的股票现值估计为 $V=10/(14.5\%-10.5\%)=250$ 元。转眼间该股票的市值增加了25%。这似乎也可以解释为什么在股票市场上，一个交易日内股票价格会发生巨大的变化。

【例 9.3】 某公司股票初期每股股息为 1.8 元,预期该公司股票未来股息增长率将永久保持在 5%水平,估计贴现率为 11%,求其股票价值。

解析:

利用式(9.6),得出每股股票的价值为

$$V=\frac{1.8(1+0.05)}{(0.11-0.05)}=\frac{1.89}{0.06}=31.50(\text{元})$$

【例 9.4】 某公司预期下一年度每股红利 10 元,贴现率估计为 15.5%,股息增长率永久保持在 10.5%。求其股票价值。

解析:

利用式(9.6),得出每股股票的价值为

$$V=\frac{10}{(0.155-0.105)}=200(\text{元})$$

不变增长模型是一种简单有效的估值方法,但是运用该模型需要选择一个合理的稳定增长率,因此只适用于有着稳定增长率公司的普通股价值评估。

9.1.4 三阶段增长模型

三阶段增长模型是股息贴现模型的又一种特殊形式。最早由莫罗多斯基(N. Molodovsky)提出,至今仍被许多投资银行广泛使用。三阶段增长模型将股息的增长分成了三个不同的阶段:在第一个阶段(期限为 A),股息的增长率为一个常数(g_a);在第二个阶段(期限为 $A+1$ 到 $B-1$)是股息增长的转折期,股息增长率(g_t)以线形方式从(g_a)变到(g_b),g_b 是第三阶段的股息增长率。如果 $g_a>g_b$,则在转折期内表现为递减的股息增长率,反之则表现为递增的股息增长率;在第三阶段(期限 B 之后,一直到永远),股息的增长率也是一个常数(g_b),该增长率是公司长期的正常的增长率。股息增长的 3 个阶段,可以用图 9.2 来表示。

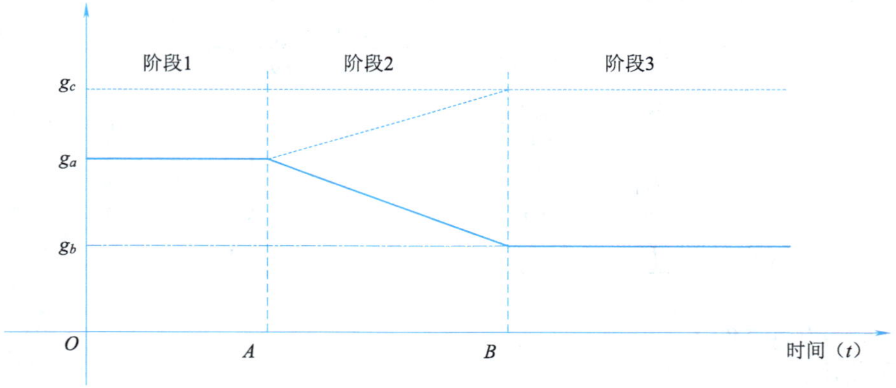

图 9.2 三阶段股息增长模型

在图 9.2 中,在转折期内任何时点上的股息增长率为 g_t 可表示为

$$\begin{cases} g_t=g_a-(g_a-g_b)\dfrac{(t-A)}{(B-A)},\text{递减的股息增长率} \\ g_t=g_a+(g_b-g_a)\dfrac{(t-A)}{(B-A)},\text{递增的股息增长率} \end{cases} \tag{9.8}$$

当 t 等于 A 时,股息增长率等于第一阶段的常数增长率 g_a;当 t 等于 B 时,股息增长率等于第二阶段的常数增长率 g_b。在满足三阶段增长模型的假定条件下,如果已知 g_a,g_b,A,B 和

初期的股息水平 D_0。就可以根据式(9.8)来计算各期的股息。

根据预估的贴现率，则普通股股票内在价值三阶段增长模型的计算公式可为

$$V=D_0\sum_{t=1}^{A}\left(\frac{1+g_a}{1+r}\right)^t+\sum_{t=A+1}^{B-1}\left[\frac{D_{t-1}(1+g_t)}{(1+r)^t}\right]+\frac{D_{B-1}(1+g_b)}{(1+r)^{B-1}(r-g_b)} \tag{9.9}$$

第一阶段现值　　第二阶段现值　　第三阶段现值

【例 9.5】 假定某公司股票初期支付的股息为 1 元/每股；在今后 3 年股息增长率为 5%；股息增长率从第 4 年开始递减；从第 8 年开始每年保持 2% 的增长速度。据估计贴现率为 6%。求该公司股票的内在价值。

解析：

第一步，利用式(9.8)可得到股息转折期(递减时期)的股息增长率，这里 $A=3$，$B=8$，$g_a=5\%$，$g_b=2\%$。

$$g_4=0.05-(0.05-0.02)\times\frac{(4-3)}{(8-3)}=4.4\%$$

$$g_5=0.05-(0.05-0.02)\times\frac{(5-3)}{(8-3)}=3.8\%$$

$$g_6=0.05-(0.05-0.02)\times\frac{(6-3)}{(8-3)}=3.2\%$$

$$g_7=0.05-(0.05-0.02)\times\frac{(7-3)}{(8-3)}=2.6\%$$

第二步，利用上述数据代入计算该公司股票的每年每股股息，这里 $D_0=1$。计算结果如表 9.1所示。

第三步，将表中的数据代入式(9.9)，计算公司股票的内在价值，计算结果为

$$\begin{aligned}V&=1\times\sum_{t=1}^{3}\left(\frac{1+0.05}{1+0.06}\right)^t+\sum_{t=4}^{7}\left[\frac{D_{t-1}(1+g_t)}{(1+0.06)^t}\right]+\frac{D_7(1+0.02)}{(1+0.06)^7(0.06-0.02)}\\&=2.943\,7+3.690\,8+22.526\,4\\&\approx 29.16(\text{元})\end{aligned}$$

表 9.1　某股票三阶段的股息增长率及现值

阶段	年份	股息增长率	计算	股息 D_t 元/每股	现值 V_t 元/每股
第一阶段	1	5	1(1.05)	1.05	0.990 6
	2	5	$1(1.05)^2$	1.102 5	0.981 2
	3	5	$1(1.05)^3$	1.157 6	0.971 9
第二阶段	4	4.4	$1(1.05)^3(1.044)$	1.208 6	0.957 3
	5	3.8	$1(1.05)^3(1.044)(1.038)$	1.254 5	0.937 4
	6	3.2	$1(1.05)^3(1.044)(1.038)(1.032)$	1.294 6	0.912 6
	7	2.6	$1(1.05)^3(1.044)(1.038)(1.032)(1.026)$	1.328 3	0.883 4
第三阶段	8	2	$1(1.05)^3(1.044)(1.038)(1.032)(1.026)(1.02)/(0.06-0.02)$	33.871 4	22.526 4
总值					29.160 8

计算的结果可以作为判断公司股票高估和低估的参照指标，如果该公司股票当前的市场价格为 25 元，小于 29.16 元，则认为该股票的价值被低估了；如果该公司股票当前的市场价格为 35 元，大于 29.16 元，则认为该股票的价值被高估了。

9.1.5 多元增长模型

与零增长模型、不变增长模型、三阶段增长模型相比，多元增长模型是股息贴现模型的更一般的形式。多元增长模型的提出是基于企业发展的生命周期理论。该理论指出任何企业的发展都会经历高速成长期、成熟期和衰退期的生命周期。在生命周期不同的发展阶段，公司的成长速度不同，相应地，股息增长率也会随之改变。在发展初期，由于再投资的盈利机会比较多，公司的派息比率一般比较低，但股息的增长率相对较高。随后，公司进入成熟期，随着竞争对手的加入与市场需求的饱和，再投资的盈利机会越来越少。在此期间，公司会提高派息比率，相应地股息也会增加。但由于公司扩张机会的减少，股息增长的速度会放慢。

基于生命周期理论，多元增长模型假定在某一时点 T 之前股息增长率是可变的，但在这之后股息增长率为一常数 g。因此，多元增长模型计算股票内在价值的公式可表示为

$$
\begin{aligned}
V &= \frac{D_1}{1+r}+\frac{D_2}{(1+r)^2}+\cdots+\frac{D_T}{(1+r)^T}+\frac{D_T(1+g)}{(1+r)^{T+1}}+\frac{D_T\,(1+g)^2}{(1+r)^{T+2}}+\cdots \\
&= \sum_{t=1}^{T}\frac{D_t}{(1+r)^t}+\frac{D_T(1+g)}{(1+r)^T(r-g)} \\
&= \sum_{t=1}^{T}\frac{D_t}{(1+r)^t}+\frac{D_{T+1}}{(1+r)^T(r-g)} \qquad (9.10)
\end{aligned}
$$

【例 9.6】 某投资银行 1999 年 9 月对 ABC 公司 1999 年之后的股息增长情况进行了预测，预测结果如表 9.2 所示。已知，1998 年的股息为 1.44 元/每股，即：$D_0=1.44$ 元。假定投资该公司股票的期望收益率为 18.9%。用多元增长模型来计算该公司股票的内在价值。

解析：

根据表 9.2 可知，1999 年之后的股息增长情况可分为四个阶段：

第一阶段(初期)，股息增长率极不稳定，在初期的 10 年中，股息增长率在 5.7%至 25%之间波动。

第二阶段(平稳期)，股息增长率在 2009—2013 年的 5 年间均维持在 13.5%的水平。

第三阶段(转折期)，在 25 年的转折期内，股息增长率从 2014 年的 13.6%逐年下降到 2038 年的 9.1%。

第四阶段(稳定期)，从 2039 年起每年的股息增长率固定为 9%。

下面是利用多元增长模型来计算该公司股票的内在价值。

第一步，根据 1998 年的股息以及预测的 1999 年之后各年的股息增长率，预测出 1999 年之后各年的股息。股息从 1999 年的每股 1.75 元上升到 2099 年的每股 51 169.4 元。

第二步，根据贴现率 18.9%(即期望收益率)，求出 1999 年后各年股息的现值。将 1999 年后每年股息的现值加总，计算公式为

$$
\begin{aligned}
V &= \sum_{t=1}^{10}\frac{D_t}{(1+r)^t}+\sum_{t=11}^{15}\frac{D_t}{(1+r)^t}+\sum_{t=16}^{38}\frac{D_t}{(1+r)^t}+\sum_{t=39}^{\infty}\frac{D_t}{(1+r)^t} \\
&= \sum_{t=1}^{10}\frac{D_t}{(1+0.189)^t}+\sum_{t=11}^{15}\frac{D_t}{(1+0.189)^t}+\sum_{t=16}^{38}\frac{D_t}{(1+0.189)^t}+\frac{D^{39}}{(1+0.189)^{38}(0.189-0.09)} \\
&= 13.723+6.173+15.94+2.914 \\
&\approx 38.75(\text{元})
\end{aligned}
$$

得到 ABC 公司股票的内在价值为 38.75 元。

表 9.2　ABC 公司的预测表

	年份	股息增长率(%)	每股股息(元)	股息现值(元)
初期	1999	21.5	1.75	1.472
	2000	5.7	1.85	1.309
	2001	18.9	2.20	1.310
	2002	25.0	2.75	1.377
	2003	12.7	3.10	1.306
	2004	22.6	3.80	1.346
	2005	21.1	4.60	1.371
	2006	21.7	5.60	1.404
	2007	19.6	6.70	1.413
	2008	19.1	7.98	1.416
平稳期	2009	13.5	9.06	1.351
	2010	13.5	10.28	1.290
	2011	13.5	11.67	1.232
	2012	13.5	13.24	1.176
	2013	13.5	15.03	1.123
转折期	2014	13.6	17.07	1.073
	2015	13.8	19.43	1.027
	2016	13.9	22.13	0.984
	2017	14.0	25.23	0.944
	2018	14.1	28.78	0.906
	2019	14.1	32.82	0.869
	2020	14.0	37.41	0.833
	2021	13.9	42.61	0.798
	2022	13.7	48.46	0.764
	2023	13.5	55.03	0.729
	2024	13.3	62.35	0.695
	2025	13.0	70.48	0.661
	2026	12.7	79.46	0.627
	2027	12.4	89.34	0.593
	2028	12.1	100.13	0.559
	2029	11.7	111.88	0.525
	2030	11.4	124.62	0.492
	2031	11.0	138.38	0.460
	2032	10.7	153.18	0.428

续上表

	年份	股息增长率(%)	每股股息(元)	股息现值(元)
转折期	2033	10.4	169.06	0.398
	2034	10.1	186.07	0.368
	2035	9.8	204.26	0.340
	2036	9.5	223.69	0.313
	2037	9.3	244.46	0.288
	2038	9.1	266.68	0.264
稳定期	2039	9.0	290.68	0.242
	2049	9.0	688.15	0.102
	2059	9.0	1 629.11	0.043
	2069	9.0	3 856.70	0.018
	2079	9.0	9 130.20	0.008
	2089	9.0	21 614.50	0.003
	2099	9.0	51 169.40	0.001

该计算的结果可以作为判断公司股票高估和低估的参照指标，如果该公司股票当前的市场价格小于38.75元，则认为该股票的价值被低估了；如果该公司股票当前的市场价格大于38.75元，则认为该股票的价值被高估了。

9.2　其他普通股价值分析模型

9.2.1　自由现金流模型

自由现金流模型是利用现值理论分析普通股股票价值的又一具体应用。自由现金流是企业产生的、在满足了再投资需要之后剩余的可自由分配的现金流量，这部分现金流量是在不影响公司持续发展的前提下可供分配给企业资本供应者（股东和债权人）的最大现金额。

自由现金流可分为股权自由现金流量（free cash flow of equity，FCFE）和公司自由现金流量（free cash flow of firm，FCFF）。前者是公司支付所有营运费用，再投资支出，所得税和净债务支付（即利息、本金支付减发行新债务的净额）后可分配给公司股东的剩余现金流量；可以用来衡量公司支付股利的能力。后者是公司支付了所有营运费用、进行了必需的固定资产与营运资产投资后可以向所有投资者分派的税后现金流量；公司自由现金流是公司所有权利要求者（包括普通股股东、优先股股东和债权人）所拥有的自由现金流总和。股权自由现金流和公司自由现金流的差别在于估价的对象不同，前者是对公司股权，后者是对整个公司。使用公司自由现金流贴现估价可以免去股权自由现金流对债务相关现金流的考虑。

1. 自由现金流模型的一般形式

自由现金流模型的基本思想是公司普通股股票的价值等于公司未来自由现金流在当期的贴现值。其一般函数表达式为

$$V=\frac{FCFE_1}{1+r_E}+\frac{FCFE_2}{(1+r_E)^2}+\frac{FCFE_3}{(1+r_E)^3}+\cdots=\sum_{t=1}^{\infty}\frac{FCFE_t}{(1+r_E)^t} \tag{9.11}$$

式中：V 为普通股股权价值；$FCFE_t$ 为 t 期的自由现金流；r_E 为贴现率，即股权投资者期望的收益率。

与股息贴现模型不同，自由现金流分析法首先对公司的总体价值进行评估，然后扣除各项非股票要求权，得到总的股票价值，再除以发行在外的股本总数，即可求得普通股每股的内在价值。公司总体评估价值，等于完全股票融资条件下公司净现金流的限制，加上因公司使用债务融资而带来的税收节省的净现值。

根据对各期自由现金流增长率假定不同，自由现金流模型也可区分为零增长自由现金流模型、不变增长自由现金流模型、二阶段自由现金流模型、三阶段自由现金流模型等。

2. 零增长的自由现金流模型

如果公司各期的股权自由现金流为一恒定值，用数学形式表示即为

$$FCFE_1 = FCFE_2 = \cdots = FCFE_t \quad (t \to \infty)$$

此时的自由现金流模型即为不变增长模型。将自由现金流不变的条件代入式(9.11)，可得

$$V = \sum_{t=1}^{\infty} \frac{FCFE_t}{(1+r_E)^t} = FCFE_0 \left[\sum_{t=1}^{\infty} \frac{1}{(1+r_E)^t} \right]$$

当 r_E 大于零时，$\frac{1}{1+r_E}$ 小于1；当 $t \to \infty$ 时，可以得到

$$V = \frac{FCFE_0}{r_E} \tag{9.12}$$

式(9.12)即为零增长的自由现金流模型。

3. 不变增长自由现金流模型

如果公司一直处于稳定增长阶段，以一个不变的比率(g)持续增长。此时的自由现金流模型即为不变增长自由现金流模型。其数学表达式为

$$V = \frac{FCFE_1}{r_E - g} = \frac{FCFE_0(1+g)}{r_E - g} \tag{9.13}$$

该模型与戈登增长模型一样，适用于增长率等于或者稍低于名义经济增长率(即没有剔除通货膨胀因素的经济增长率)的公司。如果公司处于稳定增长阶段，而且支付的红利与FCFE始终保持一致，那么通过此股价模型得到的公司价值与戈登增长模型计算出的结果是相同的。

4. 二阶段自由现金流模型

对于那些预计会在一定时间段里快速增长，然后再进入稳定增长阶段的公司，适合于采用两阶段自由现金流模型。其数学表达式为

$$V = \sum_{t=1}^{n} \frac{FCFE_0\ (1+g_s)^t}{(1+r_E)^t} + \frac{FCFE_0\ (1+g_s)^n(1+g_L)}{(1+r_E)^n(r_E - g_L)} \tag{9.14}$$

式中：g_s 为第一阶段的增长率，g_L 为第二阶段的增长率，n 为第一阶段的时期。

5. 三阶段自由现金流模型

当公司的发展要经历三个不同的增长阶段(起初的高速增长阶段、增长率下降的过渡阶段和增长率保持不变的稳定阶段)，则适合采用三阶段自由现金流模型。其计算公式为

$$V=\sum_{t=1}^{T_1}\frac{\text{FCFE}_0\ (1+g_s)^t}{(1+r_E)^t}+\sum_{t=1}^{T_2-T_1}\frac{\text{FCFE}_0\ (1+g_s)^{T_1}(1+g_M)^t}{(1+r_E)^{T_1+t}}+\frac{\text{FCFE}_0\ (1+g_s)^{T_1}(1+g_M)^{T_2-T_1}(1+g_L)}{(1+r_E)^{T_1+T_2}(r_E-g_L)} \tag{9.15}$$

式中：g_s 为第一阶段的增长率；g_M 为第二阶段的增长率；g_L 为第三阶段的增长率；T_1 为第一阶段；T_2 为第二阶段。

6. 股权自由现金流模型与股息贴现模型的比较

两者之间最基本的差别在于对现金流的定义：股息贴现模型使用的是指股票的预期股息红利，是狭义的股权现金流定义；而 FCFE 模型中使用的股权现金流是广义的，即现金流是指公司在履行了各种财务上的义务和满足了公司投资者需求之后的剩余现金流。当公司的 FCFE 与股息不相同时，两种模型所得的估价结果就会不同。当我们在对将被购并或极有可能发生控制权变动的公司进行估价时，FCFE 模型所提供的结果是更理想的估价结果。

自由现金流模型比股息贴现模型更加注重公司价值分析。由于其更多地考虑公司盈利情况等财务因素，因此用自由现金流分析出的股票价值可能更接近股票的真实价值。

自由现金流模型也存在着一些不足之处：一是，自由现金流模型涉及大量复杂的财务调整，分析者要有丰富的财务会计方面的知识。二是，当公司的自由现金流会呈现出负值时，自由现金流模型是无法使用的。

9.2.2 剩余收益模型

1. 剩余收益概念

剩余收益模型(residual income valuation model，RIM)又被称为 EBO 模型，最早是由爱德华兹(Edwards)和贝尔(Bell)于 1961 年提出来的；1995 年美国学者奥尔森(Ohlson)在其文章《权益估价中的收益、账面价值和股利》中对这个方法进行了系统的阐述，成为近年来美国财务学、会计学界最热门的研究主题之一。

剩余收益是一个新兴的价值分析工具。它不仅可以分析个股的价值，而且还可以分析大盘指数的价值。

剩余收益也称经济利润、超常收益或经济增价值，是净利润减去股权成本后剩余的值。用公式可表示为

$$\text{RI}=\text{EPS}-r_E B \tag{9.16}$$

式中：RI 为剩余收益；EPS 为净利润；B 为股东权益总额，r_E 为股权成本，即股东要求的回报率。

2. 剩余收益模型的一般形式

剩余收益的基本观点认为企业只有赚取了超过股东要求的报酬的净利润，才能体现出公司的价值创造能力；如果只能获得相当于股东要求的报酬的利润，仅仅是实现了正常收益。剩余收益需要进行资本成本的调整从而反映会计上的未加确认但事实上存在的权益资本的机会成本。剩余收益模型使用公司权益的账面价值和预期剩余收益的现值来表示股票的内在价值。在考虑货币时间价值以及投资者所要求的风险报酬情况下，将企业预期剩余收益按照一定的贴现率进行贴现以后加上当期权益价值就是股票的内在价值。

剩余收益模型的数学表达式为

$$\begin{aligned}V_0&=B_0+\sum_{t=1}^{\infty}\frac{\text{RI}_t}{(1+r_E)^t}\\&=B_0+\sum_{t=1}^{\infty}\frac{\text{EPS}_t-r_E B_{t-1}}{(1+r_E)^t}B_0+\sum_{t=1}^{\infty}\frac{(\text{ROE}_t-r_E)B_{t-1}}{(1+r_E)^t}\end{aligned} \tag{9.17}$$

式中：RI_t 为预期第 t 期每股剩余收益；EPS_t 为预期第 t 期每股净利润；B_0 为当前每股净资产；B_t 为预期第 t 期每股净资产；r_E 为股权成本，即股东要求的回报率；ROE_t 为预期第 t 期净资产收益率。

剩余收益模型认为公司的价值创造能力能反映在股价上，当剩余收益为正时，公司的股票价值会大于每股净资产；当剩余收益为负时，公司的股票价值就会下降，小于每股净资产。

根据剩余收益增长率的不同假定，剩余收益模型也可区分为零增长剩余收益模型、不变增长剩余收益模型、多阶段剩余收益模型。

3. 股息贴现模型、剩余收益模型、股权自由现金流模型的比较

三种模型都是绝对价值模型，又有其各自不同的优缺点和适用情况。

股息贴现模型（DDM）是最简单、最基本的价值模型，通常认为用该模型计算出来的价值更能反映股票的长期内在价值。适合使用 DDM 进行估值的情况是：公司发放股息并且公司的股息发放同公司盈利情况有稳定的关系，投资者投资股票的目的仅仅是为了获利。但在公司不发放股息或者投资者投资股票的目的是控制公司时，DDM 就不能作为合适的工具来进行价值分析了。

自由现金流模型既可以分析公司价值，也可以分析股票价值。当公司没有股息发放或者发放的股利与公司盈利情况不协调时或投资者希望控制公司时，一般用自由现金流模型来代替股息贴现模型进行估值。自由现金流模型同样存在着一些问题，当公司自由现金流长期为负值时，自由现金流模型就无法用来分析公司和股票价值了。自由现金流模型适合在下列情况下使用：公司不发放股息；公司发放的股息同自由现金流偏差太大；预期未来公司的现金流同股息情况保持一致，投资者购买股票的目的是希望控制公司。

剩余收益模型是一个很好的价值分析模型和业绩评价模型。它的分析结果往往比股息贴现模型和自由现金流模型更为准确。当公司不发放股息或者自由现金流长期为负值时，剩余收益模型就很好的弥补了股息贴现模型和自由现金流模型的不足。剩余收益模型比前两个模型要复杂，在股息贴现模型可以使用的情况下，一般选择股息贴现模型来进行价值分析。剩余收益模型一般在下列情况下使用：在公司不发放股息时和预期公司未来的自由现金流为负值时。

9.2.3　EVA 模型

1. EVA 模型的基本思想及一般形式

EVA 是经济增加值模型（economic value added）的简称，是 Stern Stewart 咨询公司于 20 世纪 80 年代开发的一种新型的价值分析工具和业绩评价指标，它是基于剩余收益思想发展起来的新型价值模型。EVA 指标设计是基于理性的投资者都期望自己所投出的资产获得的收益超过资产的机会成本，即获得增量受益；否则，他就会想方设法将已投入的资本转移到其他方面去。

根据 Stern Stewart 咨询公司的解释，EVA 衡量的是企业资本收益与资本成本之间的差额，也即调整后的企业税后净利润与全部投入资本（包含权益资本和债权资本）之间的差额。用公式可表示为

$$EVA_t = NOPAT_t - WACC \times TC_{t-1} \tag{9.18}$$

式中：NOPAT（net operation profit after tax）为公司经过调整的税后营业净利润；WACC（weighted average cost of capital）为公司投入资本的加权平均资本成本，但股权资本成本和

债务资本成本不是公司实际的股权和债务资本成本，而是股权和债务资本的机会成本，其中股权资本成本由资本资产定价模型确定，债务资本成本可依照3～5年期中长期银行贷款基准利率确定；TC_{t-1}为经过调整后的期初公司投入资本。其中：

NOPAT＝税后净利润＋利息支出×（1－税率）＋本年商誉摊销×（1－税率）＋递延税项贷方余额的增加（－递延税项借方余额的增加）＋各项准备的增加×（1－税率）＋（当期按会计口径摊销的研发费用－按经济增加值口径应摊销的研发费用）×（1－税率）－（营业外收入－营业外支出）×（1－税率）－补贴收入×（1－税率）

由于投入资本收益率（$ROIC_t$）$=\dfrac{NOPAT_t}{TC_t}$，所以EVA又可表述为

$$EVA_t=(ROIC_t-WACC)\times TC_{t-1} \tag{9.19}$$

由式（9.19）可知，相对于传统的按公认会计准则要求计算的会计利润指标而言，EVA评价的是公司为股东创造的经济价值，而不是传统的账面会计利润。它从股东角度重新调整公司的收入和成本费用，不仅要计算公司债务资本的成本，而且还考虑股权资本的机会成本。

Stern Stewart咨询公司的研究结果认为，如果要从根据会计准则编制的财务报表资料中准确计算EVA需要做164项调整，在一般条件下，也需要做5～10项的调整后，才能较为准确地得出EVA，调整公式具体如下

$$TC_{t-1}=\text{债务资本}+\text{权益资本}+\text{约当权益资本}$$

式中：

债务资本＝短期借款＋一年内到期的长期借款＋长期借款＋应付债务＋长期应付款（与融资租赁相关）

约当权益资本＝各项准备＋递延税款贷方余额（－递延税款借方余额）＋累计商誉摊销＋当年投入的技术开发费－（累计营业外收入－累计营业外支出）－累计补贴收入

EVA理论为公司估价提供了一种新的思路：公司未来收益的增加应该是公司未来创造的经济价值的增加。当EVA大于零，表明企业的经营收入在扣除所有的成本和费用后仍然有剩余。由于这部分剩余收入归股东所有，股东价值增大；反之，EVA小于零，表明企业经营所得不足以弥补包括股权资本成本在内的成本和费用，股东价值降低。可见，EVA与股东价值成同方向变化，追求EVA最大化就是追求股东价值最大化。

以EVA理论为基础，公司估价模型可定义为

$$\begin{aligned} V &= TC_0+\sum_{t=1}^{n}\frac{EVA_t}{(1+WACC)^t} \\ &= TC_0+\sum_{t=1}^{n}\frac{NOPAT_t-TC_{t-1}WACC}{(1+WACC)^t} \end{aligned} \tag{9.20}$$

根据预测的财务数据来计算公司未来的EVA，并将未来所有的EVA贴现，从而可得到现值和，并以此来分析股票的价值。

2. EVA模型的评价

与传统的业绩和价值评估方法相比，EVA评估方法有着明显的优越性：一是，充分考虑了股权成本，从股东的角度定义了企业利润，从而更好地考察了企业为股东创造价值的能力；二是，将股东财富和企业的决策联系在一起，企业的经营目的是追求股东价值最大化，但采用传统指标衡量业绩的公司在追求传统指标最大化的同时，可能会偏离这一目标，甚至会出现损害

股东利益的行为；三是，EVA 模型并不是十分复杂，一般的公司管理人员都能理解，很容易推广。EVA 模型也存在一些不足：一是，EVA 计算过程中使用的输入变量仍然是会计数据，其价值分析的准确度仍然受到会计信息质量的影响；二是，对对净利润的一系列调整往往是很复杂的，在调整中会出现随意性和偶然性，这影响了 EVA 的准确性；三是，资本成本的波动、公司规模和折旧方法都对 EVA 有较大的影响；四是，并不适用于所有企业，对于金融机构、周期性公司、新成立公司、风险投资公司、扩张性公司和资源公司等行业，并不适合采用 EVA 模型来分析。

9.2.4　市盈率模型

前面介绍的几种模型均是股票价值分析的绝对价值模型，下面介绍几种相对价值分析模型。市盈率模型是最常见的使用价格倍数来分析股票价值的相对价值分析模型。

1. 市盈率模型的一般形式

市盈率(grice to earnings ratio，P/E ratio)又称价格收益比，它是股票市价与每股收益的比值，即市盈率等于股票市场价格除以每股税后利润，计算公式为

$$\text{市盈率}=\frac{\text{普通股每股市场价格}}{\text{普通股每年每股收益}} \tag{9.21}$$

市盈率的数学意义表示每 1 元税后利润对应的股票价格；其经济意义为购买公司 1 元税后利润支付的价格，或者按市场价格购买公司股票回收投资需要的年份。

市盈率可以用作判断某一时刻某只特定的股票与其他市场上相近收益率的股票，同一市场的相似收益率的股票，现在这一时刻的股票与从前某一时刻的股票相比，相对价格的高低。

市盈率模型的基本思想是基于一价原理，一价原理认为投资者对未来获利预期相同的资产应该支付相同的价格，或者说投资者对相同质量的资产不会支付更高的价格。

当股票市场达到均衡时，普通股的市场价格应该等于其内在价值，即：

$$\begin{aligned} P &= V=\frac{P}{E}\times \text{EPS}_1 \\ &=\sum_{t=1}^{\infty}\frac{D_t}{(1+r)^t}=\sum_{t=1}^{\infty}\frac{E_t\times b_t}{(1+r)^t} \end{aligned} \tag{9.22}$$

式中：E_t 为 t 期每股收益；b_t 为 t 期的派息率；r 为贴现率。

若假定期初每股收益为 E_0，每期股息增长率为 g_t，则计算公式为

$$E_t=E_0(1+g_1)(1+g_2)(1+g_3)\cdots(1+g_t)=E_0\prod_{i=1}^{t}(1+g_i) \tag{9.23}$$

将式(9.23)代入式(9.22)，可以得到市盈率模型的函数表达式为

$$\begin{aligned} P &=\frac{E_0b_1(1+g_1)}{(1+r)}+\frac{E_0b_2(1+g_1)(1+g_2)}{(1+r)^2}+\cdots+\frac{E_0b_n(1+g_1)(1+g_2)\cdots(1+g_n)}{(1+r)^n}+\cdots \\ &=\sum_{t=1}^{\infty}\frac{E_0\prod_{i=1}^{t}(1+g_i)\times b_t}{(1+r)^t} \\ &=E_0\sum_{t=1}^{\infty}\frac{\prod_{i=1}^{t}(1+g_i)\times b_t}{(1+r)^t} \end{aligned}$$

则有：

$$\frac{P}{E_0}=\sum_{t=1}^{\infty}\frac{\prod_{i=1}^{t}(1+g_i)\times b_t}{(1+r)^t} \tag{9.24}$$

2. 市盈率模型的类型

根据股息增长率和派息率假定的不同，市盈率模型也可分为零增长模型、不变增长模型以及多元增长模型。

(1)零增长市盈率模型。假定每期的股息增长率为零，派息率等于1且每股收益恒等于一个常数，满足假定条件的市盈率模型即为零增长市盈率模型。

根据假定有：$E_0=E_1=E_2=\cdots=E_\infty$，且 $b=1$，则代入式(9.24)可得到零增长模型的函数表达式为

$$\frac{P}{E_0}=\sum_{t=1}^{\infty}\frac{1}{(1+r)^t}=\frac{1}{r} \tag{9.25}$$

(2)不变增长市盈率模型。假定每期的股息增长率为常数 g，派息率 b 也为常数。

根据假定有：$b_0=b_1=b_2=\cdots=b_\infty=b$，且 $g_0=g_1=g_2=\cdots=g_\infty=g$，代入式(9.24)可得到满足假定条件的不变增长市盈率模型的函数表达式为

$$\frac{P}{E_0}=\sum_{t=1}^{\infty}\frac{b\,(1+g)^t}{(1+r)^t}=\frac{b(1+g)}{r-g} \tag{9.26}$$

$$\frac{P}{E_1}=\frac{P}{E_0(1+g)}=\frac{b}{r-g} \tag{9.27}$$

(3)多元增长市盈率模型。该模型假定在某一时点 T 之后每期的股息增长率和派息率分别为常数 g 和 b，但在这之前每期的股息增长率和派息率都是可变的。

根据假定有：$g_T=g_{T+1}=g_{T+2}=\cdots=g_\infty=g$ 及 $b_T=b_{T+1}=b_{T+2}=\cdots=b_\infty=b$ 代入式(9.24)可得到多元增长模型的函数表达式：

$$\frac{P}{E_0}=\sum_{t=1}^{\infty}\frac{\prod_{i=1}^{t}(1+g_i)\times b_t}{(1+r)^t}$$

$$=\sum_{t=1}^{T}\left[b_t\prod_{i=1}^{t}(1+g_i)\right]+\frac{b(1+g)\prod_{i=1}^{T}(1+g_i)}{(r-g)(1+r)^t} \tag{9.28}$$

3. 市盈率模型的应用

同股息贴现模型一样，市盈率模型可用来分析普通股股票价格的高估或是低估。利用式(9.24)计算出来的只是某公司股票的正常市盈率(也称合理市盈率)，因此利用式(9.24)来分析普通股股票价值，可通过两种方式进行：一是，根据当前股价和每股收益计算出某公司股票的实际市盈率，再比较实际市盈率和正常市盈率。如果实际市盈率高于正常市盈率，说明该只股票被高估了；如果实际市盈率低于正常市盈率，说明该只股票被低估了；二是，用计算出的正常市盈率乘上每股收益，得出某公司股票的价格(价值)，并与该只股票当前的市场价格相比较。如果低于当前股价，说明该只股票被高估了；如果高于当前股价，说明该只股票被低估了。

(1)确定实际市盈率值。可采用以下两种方法来计算实际市盈率：一是当前股价同过去一年每股盈利总和的比值；二是当前股价同本年度每股盈利的比值。前者称之为历史市盈率或当前市盈率，后者称之为预期市盈率或远期市盈率。在实际应用中，更多地采用远期市盈率。因为以当前市盈率以上年度的每股收益作为计算标准，不能反映股票因本年度及未来每股收益的变化而使股票投资价值发生变化这一情况，因而具有一定滞后性。

在上海证券交易所的每日行情表中，市盈率计算采用当日收盘价格，与上一年度每股税后利润的比值称作市盈率Ⅰ，与当年每股税后利润预测值的比较称作市盈率Ⅱ。

(2)确定每股收益。确定每股收益是把握股票价值的关键因素。上市公司当年的每股盈利水平不仅和企业的盈利水平有关,而且和企业的股本变动与否也有着密切的关系。在上市公司股本扩张后,摊到每股里的收益就会减少,企业的市盈率会相应提高。因此在上市公司发行新股、送红股、公积金转送红股和配股后,必须及时摊薄每股收益,计算出正确的有指导价值的市盈率。

(3)确定正常(合理)市盈率。除了前面提到的利用式(9.24)来计算某只股票的正常市盈率,还可以采用"类比法"来确定正常市盈率。用"类比法"来计算正常市盈率,关键是要确定"类比"基准。"类比"的市盈率一定是:与被考察股票各方面都相似的个股的市盈率;被考察公司所处行业内所有公司市盈率的平均值或中值;同一子行业的市盈率的平均值或中值;有代表性的股票指数市盈率;考察股票历史平均的市盈率。

【例 9.7】 某股息零增长的股票的市场价格为 65 元/每股,每股股息恒等于 8 元/每股,贴现率为 10%,假定其派息比率等于 1。求该股票的市盈率。

解:实际市盈率 $\frac{P}{E}=\frac{65}{8}=8.1$

正常市盈率 $\frac{P}{E_0}=\frac{1}{0.10}=10$

由于实际市盈率低于正常市盈率,所以,该股票价格被低估了。

【例 9.8】 某公司股票当前的市场价格等于 55 元/股,从第三年开始每年的每股收益增长率和股息增长率都等于 10%,并且派息率恒等于 0.50,贴现率为 15%,其他相关的数据如表 9.3 所示。计算该只股票的市盈率。

表 9.3　某公司第一年和第二年的股息、每股收益和股息增长率

第 i 年	D_i	E_i	g_i	b_i
$i=0$	1.2	3		0.40
$i=1$	2	5	0.67	0.40
$i=2$	3	6	0.20	0.50

正常市盈率 $\frac{P}{E_0}=\frac{0.4(1+0.67)}{(1+0.15)}+\frac{0.5(1+0.67)(1+0.2)}{(1+0.15)^2}+\frac{0.5(1+0.67)(1+0.2)(1+0.1)}{(1+0.15)^2(0.15-0.1)}$

$=0.58+0.76+16.67$

$=18.01$

实际市盈率 $\frac{P}{E}=\frac{55}{3}=18.33$

通过计算可以发现,实际市盈率与正常市盈率的值比较接近,所以该股票的价格处于比较合理的水平。

4. 影响市盈率的因素分析

借用不变增长模型式(9.25)来分析影响市盈率的因素,假定股东权益收益率 ROE(return on equity)和派息率保持不变。

由式(9.27)$\frac{P}{E_1}=\frac{P}{E_0(1+g)}=\frac{b}{r-g}$可知,市盈率的大小取决于派息比率、贴现率和股息增长率。

进一步的将股息增长率和贴现率进行变换，计算公式为

$$g=\frac{D_1-D_0}{D_0}=\frac{b(E_1-E_0)}{bE_0}=\frac{E_1-E_0}{E_0}=\frac{\mathrm{ROE}(\mathrm{BV}_0-\mathrm{BV}_{-1})}{\mathrm{ROE}(\mathrm{BV}_{-1})}=\frac{\mathrm{BV}_0-\mathrm{BV}_{-1}}{\mathrm{BV}_{-1}}=\frac{\Delta\mathrm{BV}}{\mathrm{BV}_{-1}}$$

$$=\frac{E_0(1-b)}{\mathrm{BV}_{-1}}=\frac{E_0}{\mathrm{BV}_{-1}}(1-b)=\mathrm{ROE}(1-b)$$

$$=\frac{\mathrm{EAT}}{\mathrm{EQ}}(1-b)=\frac{\mathrm{EAT}}{A}\times\frac{A}{\mathrm{EQ}}\times(1-b)=\mathrm{ROA}\times L\times(1-b)$$

$$=\frac{\mathrm{EAT}}{A}\times L\times(1-b)=\frac{\mathrm{EAT}}{S}\times\frac{S}{A}\times L\times(1-b)=\mathrm{PM}\times\mathrm{ATR}\times L\times(1-b)$$

$$r_i=r_f+\beta(r_m-r_f)$$

式中：ROE 为股东权益收益率；BV 为每股股东权益账面价值；EAT 为税后总收益；EQ 为公司总的股东权益账面价值；ROA 为资产净利率；L 为杠杆比率；A 为总资产；S 为销售总收入；PM 为销售净利率，ATR 为总资产周转率。r_i 为投资该股票的期望收益率；r_f 为无风险资产收益率；r_m 为市场组合的平均收益率；β 为度量风险的贝塔系数。

从上面的推导可知，市盈率的大小进一步取决于无风险资产收益率、市场组合收益率、贝塔系数、股东权益收益率、派息比率、杠杆比率、资产净利率、销售净利率、资产周转率等。这些因素与市盈率的相互关系如表 9.4 所示，正号表示正相关，负号表示负相关。

表 9.4　市盈率的决定因素

<table>
<tr><td>派息比率 $b(+)$</td><td colspan="4">贴现率 $f(-)$</td><td colspan="4">股息增长率 $g(+)$</td></tr>
<tr><td></td><td>无风险资产收益率 $r_f(-)$</td><td>市场组合平均收益率 $r_m(-)$</td><td colspan="2">贝塔系数 $\beta_i(-)$</td><td colspan="3">股东权益收益率 ROE(+)</td><td>派息比率 $b(-)$</td></tr>
<tr><td></td><td colspan="2"></td><td>杠杆比率 $L(-)$</td><td>其他因素(−)</td><td colspan="2">资产净利率 ROA(+)</td><td>杠杆比率 $L(+)$</td><td></td></tr>
<tr><td></td><td colspan="2"></td><td colspan="2"></td><td>销售净利率 PM(+)</td><td>资产周转率 ATR(+)</td><td></td><td></td></tr>
</table>

5. 对市盈率模型的评价

与绝对价值模型相比，市盈率模型具有以下几个方面的优点：①计算市盈率的数据容易取得，并且计算简单；②市盈率把价格和收益联系起来，直观地反映投入和产出的关系，反映了单位收益的价格，可直接用于不同收益水平的股票价格之间的比较；③市盈率涵盖了风险补偿率、增长率、股利支付率的影响，具有很高的综合性；④对于那些在某段时间内没有支付股息的股票，市盈率模型同样适用，而股息贴现模型却不能使用。

但市盈率模型的也存在着局限性：①市盈率模型的理论基础比较薄弱，而股息贴现模型较为严密；②市盈率模型只能决定不同股票市盈率的相对大小，却不能决定股票绝对的市盈率水平；③如果每股收益是负值时，市盈率就失去了意义。④用类比法进行价值分析时，经常会发生整个行业或者市场的股价都存在高估或者低估的情况。⑤计算每股收益时要对净利润进行一系列调整，有时候对于非重复性项目的调整是很复杂的。⑥如果公司报表上的盈利并不真实，也会使市盈率价值分析的结果变得不可信。⑦市盈率模型最适合连续盈利，并且 β 值接近

于 1 的企业。在整个经济繁荣时市盈率上升，整个经济衰退时市盈率下降。如果目标企业的 β 值为 1，则评估价值正确反映了对未来的预期。如果企业的 β 值显著大于 1，经济繁荣时评估价值被夸大，经济衰退时评估价值被缩小。如果 β 值明显小于 1，经济繁荣时评估价值偏低，经济衰退时评估价值偏高。如果是一个周期性的企业，则企业价值可能被歪曲。因此，市盈率模型最适合连续盈利，并且 β 值接近于 1 的企业。

除了市盈率模型外，常用的相对价值模型还有市净率模型、销售倍数模型、现金流倍数模型等。

9.3　通货膨胀对股票价值评估的影响

前面介绍的几种普通股股票价值分析模型，都有一个隐含的假定"通货膨胀中性"(inflation neutral)，即假定所有的变量都是实际变量。多年以来，许多经济学家从理论层面上指出股票市场是通货膨胀中性的，不管是否预期到通货膨胀率的变化，都不影响普通股的实际投资回报率。因此依据这个假定所得的股票价值不受通货膨胀的影响。

但是经验研究表明，普通股的实际投资回报率与通货膨胀率是呈负相关的。表 9.5 所示为 1790—1997 年以及战后 1948—1997 年两个时期段里，股票的实际回报率与通货膨胀率的变化，从表中我们可以看出普通股的实际投资回报率与通货膨胀率确实呈现负相关关系。

如何解释经验研究的结果呢？许多经济学家对此做了研究，综合起来有三种观点：

(1)第一种观点认为：通货膨胀率上升，会导致税后实际盈利和实际股息下降，进而使股票价值低估。因此，股票的实际投资回报率与通货膨胀率呈负相关关系。

(2)第二种观点认为：通货膨胀率上升，使经济的未来不确定性加大，从而增大了股票投资风险，相应地投资者要求的回报率 r 也就越高。因此，资本化率会随着通货膨胀率的上升而上升，股票的价值将下降，股票的实际投资回报率与通货膨胀率呈负相关关系。

(3)第三种观点认为：股票投资者大多具有"货币幻觉"。当通货膨胀率上升时，投资者会把名义利率的上升看成是实际利率的升高，从而低估股票的价值。

表 9.5　美国股票市场的收益与通货膨胀

通货膨胀率	长期：1790—1997 年		战后：1946—1997 年	
	年数	算术平均实际收益率	年数	算术平均实际收益率
≤−4.00%	33	14.03%	0	
−3.99%～−1.00%	23	12.25%	1	20.59%
−0.99%～0.99%	34	12.28%	5	25.28%
1.00%～3.99%	64	11.20%	26	12.44%
4.00%～7.99%	31	5.39%	12	8.36%
≥8.00%	23	−4.64%	8	−10.35%
总年数	208		52	

温和通货膨胀时期股票市场收益率等于平均收益率

高通货膨胀时期股票市场收益率低于平均收益

超高通货膨胀时期投票市场收益率是负值

本章小结

普通股是股份公司资本构成中最普通、最基本的股份，也是股票中最常见的一种，同时也是非常重要的投资工具。普通股价值分析的方法有多种，最常使用的有：股息贴现模型、市盈率模型、自由现金流模型。

股息贴现模型是资本收入化法的具体表现，认为股票的内在价值等于投资股票可获得的未来股息的现值。根据股息增长率的假定不同，股息贴现模型可分成零增长模型、不变增长模型、三阶段模型、多元增长模型等。对于股息贴现模型，如果股票的市场价格低于（或者高于）其内在价值，说明该股票价格被低估（或者高估）。对于低估的股票，是买入的信息；对于高估的股票，则是卖出的信息。

市盈率模型是最常使用的相对价值模型，根据股息增长率假定不同，也可分成多种类型。对于市盈率模型，如果股票的实际市盈率低于（或者高于）其正常市盈率，说明该股票价格被低估（或者高估）。

自由现金流模型是目前备受推崇的价值分析方法，其基本思想是运用公司的自由现金流首先估计公司的总体价值，然后扣除各种非普通股票权益，求得公司普通股的总价值，进而求得每股普通股价值。

通货膨胀对股票价值评估的影响，在理论上和经验研究上存在分歧。理论上认为通货膨胀不影响公司普通股价值；经验研究却表明通货膨胀影响公司普通股价值，与普通股价值呈负相关关系。

复习思考题

1. 如何用股息贴现模型来分析普通股的价值？有何优缺点？

2. 如何用市盈率模型来分析普通股的价值？有何优缺点？

3. 如何用自由现金流模型来分析普通股的价值？有何优缺点？

4. 无风险资产收益率为 10%，市场组合收益率为 15%，某股票的贝塔系数为 1.5，预期未来的股息为 2.50 元/股，股息增长率为 5%，求该股票的内在价值。

5. 预期某公司的股息增长率为 5%。

（1）预期今年年底的股息是 8 元/股，资本化率为 10%，请根据股息贴现模型求该公司股票的内在价值。

（2）预期每股盈利 12 元，求股东权益收益率。

（3）市场为公司的成长而支付的成本为多少？

6. 某上市冰淇淋公司今天刚支付了每股 6.75 元的股利，公司决定明年红利增长为 25%，之后每年将减少 5%的红利增长率直到达到同行业 5%的水平，这以后将一直保持同样的红利增长率。如果该公司的市场资本化利率为 13.75%，请问今天的市价是多少？

7. A 公司是一家刚刚上市的网络技术公司，近年来发展得很快。为尽量利用内生现金资源，董事会拟定了如下的红利政策：头两年不发红利，第三年发放，红利支付率为 50%；其后每

三年均照此办理。该公司确信,其权益回报率(ROE)的期望值可保持为20%。公司的市场资本化利率为18%。试求:

(1)A公司股票的市场价值与账面价值。

(2)A公司股票的市盈率。

(3)A公司发展机会的净现值与股票市场价值的百分比。

推荐阅读

[1] 本杰明·格雷厄姆.证券分析[M].海口:海南出版社.1999.

[2] 格里·格瑞.股票价值评估[M].北京:中国财政经济出版社.2004.

[3] 齐寅峰.公司财务学[M].北京:经济科学出版社.2002.

[4] 张亦春,郑振龙.金融市场学[M].北京:高等教育出版社.2006.

案例讨论

种种迹象显示,目前制约股市上扬的关键因素,不是宏观调控和国际油价上涨,而是估值标准的迷失。

一个多月来,沪深股市在短暂的躁动后,选择了拾级而下。重回千三关口,权重蓝筹股成了市场做空的主力,显示基金对后市极不看好。

年初在大盘千七点时,基金仍高举"价值投资"大旗,做多蓝筹股,理由是快速的经济增长和低利率使股权投资的合理估值水平提高。优质的上市公司相对于迅速扩大的理性机构投资者的需求,进一步成为弥足珍贵的战略性筹码。可是到了四季度的千三关口,机构们却转而认为A股市场作为总体仍被高估,短期理由是大企业跨市场发行,会改变A股市场"9.14"后形成的均衡,并驱动不同行业和不同股票重新排队。交行欲以同股同权的模式在海内外股市同时发行,令A股现有定价方式受到考验,加剧了股市与国际接轨的速度,直接导致A股的估值标准陷入前所未有的混乱之中。曾经体现基金价值投资理念的"四朵金花"——钢铁、石化、银行和汽车板块因此受到双重挤压。

与国际接轨,已成为悬挂在A股市场上的达摩克利斯之剑。市场每每谈及,无外乎是A股与H股、B股和N股的股价差异,殊不知这种简单比较忽略了一些基本的经济学常识。在尚未实现人民币自由兑换以及资本项目对外开放前,这种价差很大程度上反映了现实市场背景下的一种合理估值差异。这种估值差异根源在于两地投资者资本的机会成本的不同,或者说投资者要求的投资回报的不同。

对内地投资者而言,金融压抑导致真正可供选择的金融产品十分有限,除了高风险、高收益的A股外,剩下的就只有存款和国债了。尽管在成熟市场中,低风险低收益的存款和国债不可能充当风险资产的良好替代品,但是在金融压抑的环境中,完美替代品的缺失,存款和国债自然就成了股票投资的强迫替代品。

对机构投资者而言，目前5年期协议存款年利率一般在3%～4%的水平，而发行量最大的两个国债品种(5年期和7年期国债)的到期收益也不过在4%左右。这样内地机构投资者的资本成本水平估测大致在3.5%。对于广大的中小投资者而言，这种资本成本可能更低，因为国债在其财产占比相对很低，大部分为储蓄存款，而一年期储蓄存款的税后利息仅1.6%。

而海外市场投资者面对的则是一个国际性金融市场，投资者要找到与H股、B股风险相当的投资替代品应该是非常容易的。简单估测，香港外汇基金10年期债券到期收益大致为5%～6%，美国10年期长期国债利率目前也在6%以上，再加上适当的股市风险溢价水平，如按1993—2003年期间恒生指数与外汇基金债券收益差统计，中国香港市场风险溢价大致在3%左右，而从1926年以来，美国股票市场收益与长期国债收益差更是高达6%以上。按此估测下来，对于一个开放性的国际金融市场的投资者而言，其要求的回报率要远远高于中国内地投资者。即使不考虑投资者非理性、信息不对称、股权分置等因素的影响，巨大的资本成本的差异本身就能够导致A股与H股估值的巨大差异，这种差异根植于一个存在金融压抑、资本项目尚未开放的经济体，某种程度上说是非常正常的。

换个角度说，股票这类资本产品估值本身就是一个相对复杂的过程，影响的因素很多，除了公司的绩效、资本成本等基本性因素外，公司治理、市场分割、投资者情绪等都会从各个层面影响到估值的偏差。因此，即便是全面开放的市场，股票估值也没有全球统一的标准。目前美国道指、香港恒指和H股指数的市盈率分别约为18倍、18倍和15倍，如果与其接轨，A股似乎仍有下跌空间。但是，目前英国金融时报指数、日经225指数和巴黎SBF指数的平均市盈率分别约为24倍、38倍和39倍，与其相比，A股的投资价值确实不菲。

作为"新兴＋转轨"的市场，沪深股市到底应与什么样的市场接轨？强行将A股市盈率与港股或美股接轨，以为如此便能打造出一个完美的股市，无疑是缘木求鱼。试问，日、英两国的投资者会强求让本国市场与美国股市接轨吗？其实，正是这种不同市场估值间的偏差，让罗杰斯一类的投资家能在全球找到投资良机。从长远来看，我们的A股市场必须拥有自己的估值标准。(资料来源:作者根据网络资料改编，原文见刘煜. A股估值标准的迷失. 上海证券报. 2004-10-27.)

结合以上材料分析我国沪深A股的估值标准是什么？市盈率标准是否就是国际接轨的标准？

第 10 章　金融市场监管

本章提要

由于金融领域存在垄断、信息不对称等市场失灵问题，金融的脆弱性问题以及金融风险的客观性问题，导致了社会资金配置效率的下降和金融危机的频发，所以金融监管成为必然，它是维持金融市场健康运行的必要保障。银行业、证券业和保险业是金融市场业务的三大支柱，也是金融监管的三大领域。本章首先综述金融市场监管体系的组织结构、体制模式、法规制度和方式方法，随后分别介绍了代表性国家及中国市场的银行业、证券业和保险业的监管体制。

学习目标

1. 了解金融监管的概念和构成要素
2. 掌握金融监管的主要内容和监管体制
3. 掌握《巴塞尔协议》对银行业的监管框架，以及各国银行业监管的补充要求
4. 了解我国对银行业监管的监管主体、法规体系和监管主要内容
5. 理解并掌握证券市场监管的基本内容
6. 理解并掌握不同国家保险市场监管的特色

开篇案例

伴随着2011年的到来，欧盟三大金融监管机构正式宣告成立并即将开始运作，欧盟金融监管将迎来更严厉的新时期。欧盟委员会负责内部市场和服务事务的委员米歇尔·巴尼耶于2011年1月2日发表声明说，三大泛欧金融监管机构将分别负责对欧洲银行业、保险业和金融市场交易活动的监管，总部分别位于英国伦敦、德国法兰克福和法国巴黎，三大泛欧金融监管机构的成立标志着欧洲金融业的转折，彻底改写了欧盟成员国各自为政的旧有监管格局，新的泛欧金融监管体系已经全部就位。

这套泛欧金融监管体系从宏观和微观两方面入手，通过在欧盟层面上新设四大监管机构，加强对整个欧盟金融市场，尤其是跨国金融巨头的监管，更好地监测和防范金融风险。宏观方面，2010年12月16日，依托欧洲中央银行筹建的欧洲系统性风险委员会已先行成立。刚刚成立的三大监管机构则属于微观方面，拥有部分超越成员国监管机构的权力。

虽然欧盟称新体系是其正在推进的金融改革的核心，但也有分析人士担心新体系难以肩负如此重担。欧盟成员国之间复杂的利益纠葛将令新的金融监管机构在行使职能时面临重重困难，即便被赋予了超越成员国监管机构的权力，在执行时也会因繁杂的程序等原因而难以真正实现对金融机构的直接监管。（资料来源：根据中华人民共和国财政部“国际财讯新闻”整理而来。）

10.1 金融市场监管概述

10.1.1 金融监管的概念

根据《现代经济词典》,金融监管(financial supervision)是指一个国家的中央银行依据国家法律、法规的授权,对金融业实施的监督和管理。中央银行对金融业的监管包括审批金融机构的设立、变更、终止及业务范围,对金融机构的存款、贷款、结算、呆账等进行稽核和检查监督等。

金融监管有狭义和广义之分。狭义的金融监管是指将一国中央银行或其他金融监管机构对金融机构所实施的监督、约束和管制。广义的金融监管则将监管的主题和对象的范围进行了扩大,不仅包括监管机构对金融机构实施的监管,还包括将金融机构内部的控制与稽核、行业自律性组织的监督和社会中介组织的监督,以及对参与金融活动的个人和机构的监管,比如上市公司、投资者等。

金融监管主要来源于市场失灵,市场失灵可能源于垄断的存在、公共产品的存在、信息不对称的存在等因素。那么解决市场失灵的办法是找到一种与市场不同的机制,具体地说就是人为地干预市场,这也就是来自政府或其他的权威机构的干预或监管。

10.1.2 金融监管的构成要素

监管是由监管主体(监管者)为了实现监管目标而利用各种监管手段对监管对象(被监管者)所采取的一种有意识的和主动的干预和控制活动。因此,主体、对象、手段和目标构成了金融监管的四大要素。

1. 金融监管的主体

从金融监管的实践来看,绝大多数的金融监管活动是以官方机构为主体进行的,他们负责制定各种规章制度以及这些规章制度的实施。例如各国的中央银行一般都负责制定和实施金融方面的各种法规,并负责对各种违规行为进行处罚。除此之外有部分监管活动是由非政府机构或金融行业组织等来完成的。例如证券商协会对证券商的监管,银行业协会对银行业的监管等,这些非官方的民间机构的监管权力不是来自于政府授予,而是来自于其成员对机构决策的普遍认同。

2. 金融监管的对象

金融监管的对象是金融行为的实施者以及金融行为本身,亦即金融监管的客体及其活动内容,它是金融监管的核心。一般认为,政府应该对那些明显损害他人利益和公共利益的金融犯罪行为以及实施该行为的金融机构实施监管。

3. 金融监管的目标

金融监管的目标是金融监管的目的,既是评价金融监管优劣的标准,也是实现金融有效监管的前提和监管当局采取监管行动的依据。金融监管可分为一般目标和具体目标,一般目标是为了消除金融市场失灵、金融脆弱性和风险客观性带来的资源配置问题和金融风险,以实现金融市场的效率和稳定。具体目标则是一国根据不同时期的经济文化背景和经济发展需求所制定的阶段性的主要监管目标。

金融监管的一般目标体现在以下四个方面(见表10.1)。这些目标是世界上几乎所有国家的金融监管所要达到的一般的、总体的或者说基本的目标。

表 10.1 金融监管的一般目标

序号	内　容
1	促进金融资源的配置与政府政策目标一致性，提高金融资源的配置效率
2	消除因金融市场和金融产品自身原因而给某些市场参与者带来的信息不对称性，以避免因这种信息的不对称性而造成的交易的不公平性
3	克服或者消除超出个别金融机构承受能力的、涉及整个经济的系统性风险
4	促进金融业的公平竞争

在经济发展的不同阶段，由于经济背景和经济目标的不同，金融监管的主要目标会有所不同（见表 10.2）。

表 10.2 不同经济背景下金融监管的主要目标

时　期	经济背景	监管主要目标	代表性法规或事件
20 世纪 30 年代之前	自由经济占主导 金融监管初创时期	控制货币发行 防止银行倒闭	1863 年美国《国民通货法》 1864 年美国《国民银行法》
20 世纪 30 年代至 90 年代	经济危机爆发 凯恩斯主义开始盛行 金融监管体系走向完善	维持金融业的安全稳定	建立了维护金融体系安全的三大屏障：预防性监管、存款保险制度、“最后贷款人”制度；
20 世纪 90 年代之后	金融创新盛行 金融业国际化趋势	注重统一监管和金融业的公平竞争	1991 年美国《联邦存款保险公司改革法》 1994 年《银行跨州经营与跨州设立分支机构效率法》 1999 美国《金融服务现代化法案》

资料来源：史福厚. 金融监管导论[M]. 北京：中国商务出版社，2004.

4. 金融监管的手段

金融监管的手段是监管主体行使职责，实现监管目标的工具，金融监管的手段主要有法律的手段、行政的手段和市场的手段。一般来说它会直接施加于金融活动主体，而非通过某些要素的改变间接影响金融活动主体。比如为了控制某种金融产品或者金融服务的供应量，监管者直接规定该金融产品或者金融服务的价格，这属于价格监管范畴。

10.1.3 金融监管的内容

从金融业务流程看，金融监管可分为市场准入监管、业务运作过程监管和市场退出监管。

1. 市场准入监管

各国的金融监管部门一般都参与设立金融机构的审批过程，把一些不符合要求的可能会对金融体系造成危害的机构拒之门外。对市场准入的监管包括对必要性和可行性两个方面的考察。必要性方面主要包括金融机构的设立是否符合宏观经济发展的需要，是否符合金融业发展的政策和方向，是否符合地域分布合理化要求等内容。可行性方面主要包括资本金数量及其真实性；股东结构分布合理性；金融机构负责人、各级管理人员和业务人员的任职资格等内容。

2. 业务运作过程监管

金融机构成立之后，对其业务运作过程的监管是金融监管的主要内容，具体来说包括以下方面。

(1)资本充足率监管。资本充足率是衡量金融机构偿付能力的重要标志，是体现金融机构自有资本与资产总额、负债总额之间适当比例的指标。对于不同类别的金融机构，资本充足率要求不同，

(2)流动性监管。金融资产的流动性对金融机构经营的安全性非常重要，对于银行来说，面临流动性问题时，要么损失资产进行变现，要么面临挤兑风险。

(3)业务范围监管。在金融机构的业务范围限定方面，在不同时期各国差异很大。比如德国的商业银行属于全能银行，可以经营任何金融业务；而我国一度实施的是分业经营，不同金融机构有着严格的业务经营范围限制，但当前正走向混业经营的模式。对于同属于混业经营模式的具体做法上，各国也不相同。比如，有的国家不允许银行经营非银行业务，但可以通过银行控股公司方式，由附属机构经营非银行业务；有的国家允许银行直接经营非银行业务，但要控制非银行业务的规模；有的国家允许某些银行经营非银行业务，但对其进行特别的管理。

(4)风险监控。出于盈利性需要，金融机构总倾向于从事高盈利的投资项目，但高盈利经常伴随的是高风险。出于维护市场稳定的需要，监管机构需要对金融机构所从事业务的各类风险进行监控，比如信用风险、外汇风险、利率风险等。

3. 市场退出监管

由于金融业的重要性和对经济体系的重大影响性，金融机构的市场退出与市场准入一样重要。一般来说，金融机构的退出分为主动退出和被动退出，主动退出是因为分立、合并或者出现某些事由而需要解散；被动退出则是法院宣布破产、严重违规等原因，金融机构被依法关闭。对市场退出的监管主要包括对金融机构破产倒闭的监管，对金融机构变更、合并的监管，对违规者终止经营的监督等。

10.1.4　金融监管体制

金融监管体制是指金融监管的职责和权力分配的方式与组织制度。由于各国历史文化、法律、政治体制、经济发展水平等方面的差异，金融监管机构的设置和体制类型各不相同。根据监管主体的多少，监管体制大致可以划分为单一监管体制和多元监管体制。

1. 单一监管体制

单一监管体制，也称为统一的监管模式，它是指把金融业作为一个整体，由单一的监管机构承担监管职责，即由一家金融监管机构对金融业实施高度集中监管的体制。目前，实行单一金融监管体制的发达的市场经济国家主要包括英国(见小资料 10.1)、澳大利亚、意大利、瑞典、瑞士等。发展中国家的代表为巴西、埃及、泰国、印度、菲律宾等。单一的监管机构通常是各国的中央银行。

【小资料 10.1】　英国单一监管体制的建立

(1)英国早期实行的是“多元监管”体制，由英格兰银行、英国证券投资委员会、英国建筑业协会委员会等 9 家金融监管机构分别对银行、证券、保险业实施监管。

(2)1979 年的《银行法》中正式赋予英格兰银行金融监管的职权。

(3)1997 年，为了提高监管效率，英格兰将监管职能全部交给新成立的机构——金融服务局(FSA)，实施对金融机构的全面监管，形成了单一监管体系。

2. 多元监管体制

多元监管体制，也称为分业监管模式，是指根据从事金融业务的不同机构主体及其业务范围的不同，由不同的监管机构分别实施监管的体制。一般是在银行、证券和保险三大业务领域

内分别设立专职的监管机构，负责各行业的审慎监管与业务监管。根据监管权限在中央和地方的不同划分，可将其分为分权多头式和集权多头式。

(1)分权多头式。分权多头式又被称为“双线多头式”，即中央和地方两级都对金融机构有监管权，即所谓“双线”；同时每一级又由若干机构共同行使监管职能，即所谓“多头”。双线多头的金融监管模式适用于地域辽阔、金融机构多而且情况差别大，或政治经济结构比较分散的联邦制国家，如美国(见小资料 10.2)和加拿大。

【小资料 10.2】　　美国分权多头监管体制的体现

(1)联邦储备体系：管理会员银行与银行持股公司

(2)货币监理局：负责对银行的审批与检查

(3)联邦存款保险公司：监督参加保险的非会员银行和州储蓄银行

(4)全国信用合作社管理局：负责信用合作社

(5)证券交易委员会：管理证券的发行与交易

(2)集权多头式。集权多头式又被称为“单线多头式”，即全国的金融监管权集中在中央，且由两家或两家以上机构共同负责，但地方没有独立的监管权力。德国、法国均属这种模式，该模式也反映这些国家权力集中的特性和权力制衡的需要。

10.2　银行业监管

商业银行是现代金融体系的基础，也是各国金融体系中数量最多，分布最广的金融企业，它以业务渗透面广、资本总额比重大和服务多样化等特点，成为现代国民经济活动的中枢，因此对商业银行的监管就成为金融业监管的核心内容之一。

10.2.1　银行业监管的一般目标

1. 维护金融体系的安全和稳定

商业银行在现代金融体系中居于主体地位，对社会经济的运行和发展起着重要作用。经济周期以及银行自身的经营不善都有可能带来银行危机，一旦出现银行危机就可能产生连锁反应，给整个经济造成重大影响。因此政府对银行监管的首要目标就是维护金融体系的安全和稳定。

2. 保护存款人的利益

银行 90%的资金来自储户的存款，存款资金是银行生存和发展的保障。但是由于存款人为数众多，分散广，多数人在银行信息获取上处于弱势地位，他们很难全面了解、监督银行的资本状况和经营管理状况。银行在缺少外部监督的情况下，容易忽视风险管理，可能会给存款人带来损失。此外，存款人在无法准确获知银行信息的情况下容易对银行失去信心，可能会产生挤兑问题。因此政府需要出面对银行的合法经营进行监管，保证存款人的合法权益。

3. 促进银行业公平有效竞争

公平竞争是市场得以健康运行的重要保障，监管当局要在确保银行业安全与稳定的基础上适度的鼓励竞争，从而促进银行有效经营，优胜劣汰。

10.2.2　巴塞尔协议对银行业的监管

1974 年美国的法兰克林国民银行(Franklin National Bank)和德国赫斯德特银行(Herstatt Bank)相继倒闭，使国际银行业的监管提上了议事日程。在十国集团中央银行行长的倡议下，“巴塞尔银行监管委员会”成立，并在随后几年里起草形成了《巴塞尔协议》及其相关协议，集中体现了国际社会对银行业的监管思想和制度。

1. 一般性规定

《巴塞尔协议》将各类银行统称为“信用机构”，并赋予了组建银行或银行集团的国家当局对该国银行业监管的权力。在存款保险制度方面，《巴塞尔协议》要求监管当局对于同一个国家范围内的内资银行、外资银行、外国银行分支机构均实施同样的待遇。

2. 对资本金的要求

《巴塞尔协议》首次准确界定了资本的概念和资本构成，提出资本金由两部分组成。一级资本，也称为核心资本，包括股本和公开储备；二级资本，也称为补充资本，包括未公开储备、资产重估储备、普通准备金、混合资本工具、次级长期债务。

协议规定，二级资本的总额不能超过一级资本的100%。作为二级资本的次级长期债务（包括可选择赎回股份和普通、无担保、期限5年以上的次级债）总额不能超过一级资本的50%。

3. 对风险资产与清偿能力的要求

《巴塞尔协议》要求银行核心资本与风险资产的比必须达到4%以上，全部资本与风险资产的比必须达到8%以上。风险资产的计算为

$$\begin{aligned}\text{风险资产}&=\sum(\text{资产}\times\text{风险权数})\\&=\sum_i\alpha_i\times\text{表内资产种类}\ i+\sum_{i,j}\alpha_i\times\beta_j\times\text{表外资产种类}\ i\end{aligned}$$

式中：α_i 为因为银行资产业务对象性质不同而产生风险权重，取值如表10.3所示；β_j 为表外项目信用转换系数，取值如表10.4所示。

商业银行有风险表外业务中的“或有资产”业务部分可能会转换成为银行的实有资产，因此会对银行的经营安全产生影响。巴塞尔协议在处理“或有资产”表外业务时需要先通过信用转换系数将表外项目转换为表内项目，然后按照表内资产的风险权重加权求得对应的风险资产。

表10.3 《巴塞尔协议》资本计算中 α 取值

α取值	类　别
0	向OECD（经济合作与发展组织）成员国的中央银行的贷款以及由它们担保的贷款，以及以本币表示的对其他国家或其他国中央银行的贷款
0.2	向经济组织提供的或由它们担保的贷款，具体包括国际组织、地区、经济合作和发展组织的市政机构、经济合作和发展组织的银行 向其他国家提供的期限在一年以内的贷款
0.5	由抵押资产完全担保的住房抵押贷款
1.0	其他贷款，特别是向非银行机构的贷款、持有的股票等

表10.4 《巴塞尔协议》资本计算中 β 取值

β取值	类　别
0	初始期限为一年以内的、或者是可以在任何时候无条件取消的承诺
0.2	短期的有自行清偿能力的、与贸易有关的或有项目

续上表

β取值	类　别
0.5	某些与交易相关的或有项目 票据发行融通和循环包销便利 其他初始期限为一年期以上的承诺
1.0	直接信用代用工具,如一般负债保证和承兑 销售和回购协议以及有追索权的资产销售 远期资产购买、超远期存款和部分缴付款项的股票和代表承诺一定损失的证券

4. 业务限制

《巴塞尔协议》对于商业银行的业务经营设定了一些直接限制。比如,对于全能银行,不允许银行拥有超出自身资本60%的其他非金融机构的股权。

5. 监管部门检查

《巴塞尔协议》要求采取现场与非现场稽核等方法对银行进行监督检查,银行应建立起严格的内部评估体系,向监管当局提交完备的内部风险评估制度安排等。

6. 市场约束

《巴塞尔协议》要求银行建立起一套信息公开披露制度,让市场上参与者充分了解银行的经营状况。

10.2.3 各国银行业监管的补充要求

1. 流动性要求

流动性也是反映金融机构清偿能力的重要指标,如果银行面临短期收支不平衡,那么可以通过借款方式来解决,从而保证清偿能力。所以在各国的监管实践中,监管者除了注重《巴塞尔协议》中的资本监管外,还非常注重商业银行流动性的监管。一般来说监管者会要求商业银行汇报各种流动性比率;要求商业银行对于长期负债和长期贷款方面做到"期限匹配"等。

2. 存款保险制度

实践表明,当银行发生清偿问题时,央行的最后贷款人机制并不能完全消除市场恐慌,银行破产也常常不可避免。因此,欧美各国推行了存款保险机制,以最大限度保护存款人利益,同时也避免商业银行因清偿问题而破产。

3. 对银行破产的规定

银行濒临破产时的处理方式,会影响监管当局进行干预的意愿,也会影响潜在的资金援助者对于困境银行的援助意愿。一般来说,存在四种基本方案用于对破产银行的处理。

(1)清算。清算也称为清偿解决方案,是指银行被关闭,并处于破产案管理人的控制之下。被保险的储蓄可获得全额补偿;未被保险的资金被冻结;存款保险机构在破产程序中保留自己的索取权要求,比如,美国联邦存款保险公司与未被保险的储蓄者和其他一般债权人处于同一等级,在清算中可按比例获得自己的那份收益。

(2)兼并。兼并是指破产银行被拍卖,其他银行通过拍卖获得破产银行所有或部分资产与负债。一般来说,在拍卖中,存款保险机构会通过支付现金或以较高价格购买银行部分不良资产的方式促成兼并成功。

(3)政府贷款。政府贷款是指监管机构或中央银行提供资金援助,购买或担保一些不良资产以便濒临破产的银行不致倒闭。银行开业援助可能伴随着经理的让步或撤换,未被保险的债权人和股东也会被要求承担一些损失。

(4)政府所有。政府所有也称为临时银行，是指政府融入资本，取得银行的控制权。例如，美国许多经营不善的大银行在20世纪80年代被国有化。

10.2.4　我国对银行业的监管

1. 我国对银行业的监管主体

在2003年银监会成立之前，中国人民银行履行对银行的监管职能。中国人民银行作为中央银行同时担负着最后贷款人的角色，为银行体系提供流动性支持，稳定整个国家的金融体系。但在实际操作中银行监管这一角色制约了央行调控宏观经济职能的发挥。

当前，我国政府对金融行业的监督管理采用的是"一行三会"的监管体系架构。对于银行业的监管，主要由中国银行业监督管理委员会(以下简称银监会)进行日常的监督管理，保留中国人民银行一定的监管权力。

2. 我国银行监管的法律体系

1995年3月18日通过的《中华人民共和国人民银行法》、1995年5月10日通过的《中华人民共和国商业银行法》和2003年12月通过的《中华人民共和国银行业监督管理法》，标志着我国银行监管法制体系的初步形成，这三部法律成为我国银行监管法制体系的核心。此外，中国人民银行和中国银监会还先后颁布了一系列的行政规章，明确了对银行业金融机构的机构监管、业务监管等方面的具体内容和操作程序，比如《储蓄管理条例》、《外汇管理条例》、《外资金融机构管理条例实施细则》等。

3. 银行监管主体的机构设置和职能

(1)中国人民银行监管机构设置和职能。根据2003年新修订的《中华人民共和国中国人民银行法》第五章第三十二条有关金融监督管理的规定，中国人民银行有权对金融机构以及其他单位和个人的下列行为进行检查监督：执行有关存款准备金管理规定的行为；与中国人民银行特种贷款有关的行为；执行有关人民币管理规定的行为；执行有关银行间同业拆借市场、银行间债券市场管理规定的行为；执行有关外汇管理规定的行为；执行有关黄金管理规定的行为；代理中国人民银行经理国库的行为；执行有关清算管理规定的行为；执行有关反洗钱规定的行为。

(2)银监会监管机构设置与职能。银监会的主要监管机构为银行监管一部到四部，分别对国有商业银行，股份制商业银行、城市商业银行，外资银行，政策性银行、中国邮政储蓄银行等进行监管，另外还设置有非银行金融机构监管部，合作金融监管部。

根据《银行业监督管理法》的规定，银监会的主要监管职责包括如下：依照法律、行政法规制定并发布对银行业金融机构及其业务活动监督管理的规章、规则；依照法律、行政法规规定的条件和程序，审查批准银行业金融机构的设立、变更、终止以及业务范围；银行业金融机构业务范围内的业务品种，应当按照规定经国务院银行业监督管理机构审查批准或者备案。需要审查批准或者备案的业务品种，由国务院银行业监督管理机构依照法律、行政法规做出规定并公布；对银行业金融机构的董事和高级管理人员实行任职资格管理；对银行业金融机构的业务活动及其风险状况进行非现场监管，建立银行业金融机构监督管理信息系统，分析、评价银行业金融机构的风险状况；对银行业金融机构的业务活动及其风险状况进行现场检查；对银行业自律组织的活动进行指导和监督等。

4. 银行业监管的主要内容

(1)商业银行市场准入监管。商业银行的市场准入监管是银监会根据金融市场的需求，依照合理布局、适度竞争的原则，对商业银行进入银行业市场有关环节的监督和管理。市场准入监管能够在审批环节上对整个商业银行体系实施有效的控制，保证商业银行的数量、规模和分布符合国家的规划和市场需求。市场准入监管具体包括机构准入、业务准入、高级管理人员准入等方面的监管。

机构准入监管是指依照法定标准，批准金融机构法人机构或分支机构的设立。审查的内容主要包括：法定最低资本额；商业银行的所有权结构；对金融机构法人治理结构和内控进行审查；从业人员比例要求等。我国的《行政许可法》和《银行业监督管理法》保证了我国银行业较为完善和严格的市场准入标准和程序。

业务准入监管，是对商业银行可以经营的业务集合的具体规定。包括业务准入的审批和办理新业务品种的审批，我国的《商业银行法》中规定了银行经营业务的范围。

高级管理人员准入监管是对银行高管人员任职资格的审核，包括个人品质和职业道德，金融专业知识和从业经历，业务经营能力等。

(2)日常监管。银监会负责对商业银行日常经营活动的监管，包括非现场监管和现场检查。

非现场监管是监管机构从银行收集相关数据，并按照一定标准、程序、目标进行分析，为风险提示、现场检查等提供基础信息的过程，数据主要来源于银行的各类财务报表；现场检查是指监管机构派出专人或小组定期或不定期地直接进入银行，对银行经营管理的各个层面或某项业务进行实地检查。

(3)市场退出监管。《中华人民共和国企业破产法》明确表明，金融机构可以破产，并适用于统一的企业破产法，属于法院主导破产模式。《中华人民共和国银行业监督管理办法》第三十八条规定，银行业金融机构已经或者可能发生信用危机，严重影响存款人和其他客户合法权益的，国务院银行业监督管理机构可以依法对该银行业金融机构实行接管或者促成机构重组，接管和机构重组依照有关法律和国务院的规定执行；第三十九条规定，银行业金融机构有违法经营、经营管理不善等情形，不予撤销将严重危害金融秩序、损害公众利益的，国务院银行业监管管理机构有权依法予以撤销。

10.3 证券市场监管

10.3.1 证券市场监管的定义与目标

证券市场监管是指证券监管机构对证券的募集、发行、交易等行为以及行为中涉及的相关经济主体进行的监督与管理。证券市场监管是一国宏观经济监督体系中不可缺少的组成部分，对证券市场的健康发展意义重大。

国际证监会将保护投资者、信息公开透明、降低系统风险作为证券监管的三大目标，而最终目的则是要建立一个公平、有秩序、有效率的证券市场。

10.3.2 证券市场监管的主要方式

(1)法律手段方式。法律手段方式是监管的主要手段，具有极强的约束力，通过证券法律与法规来实现。

(2)经济手段方式。经济手段方式是指通过运用利率政策、公开市场业务、税收政策等经济手段，对证券市场进行干预。手段相对比较灵活，但调节过程可能较慢，存在时滞。

(3)行政手段方式。行政手段方式是指通过制订计划、政策等对证券市场进行行政性的干预。该方式手段比较直接,一般多在证券市场发展初期,法制尚不健全、市场机制尚未理顺或遇突发性事件时使用。

10.3.3　证券市场监管的基本内容

1. 对信息披露的监管

为了通过充分、公开、公正的制度来保护公众投资者,使其免受欺诈和不法操纵行为的损害,各国均建立了信息披露制度并以强制方式要求进行信息披露,并对信息披露的责任主体、基本原则、基本机制等方面做了详细规定。

信息披露的责任主体主要包括四类:发行人及公司发起人;发行人的重要职员,包括董事、监事、经理及在文件中负责签章的其他职员;注册会计师、律师、工程师、评估师或其他专业技术人员;证券公司。

信息披露要遵循全面性、真实性和实效性等基本原则。全面性是指发行人应当充分披露可能影响投资者投资判断的有关资料,不得有任何隐瞒或重大遗漏。真实性是指发行人公开的信息资料应当准确、真实,不得有虚假记载、误导或欺骗。时效性是指向公众投资者公开的信息应当具有最新性、及时性,公开资料交付的时间不得超过法定期限。

信息披露的基本机制包括证券发行信息的公开机制;证券上市信息的公开机制;持续信息公开制度;以及证券交易所的信息公开制度等。

2. 对操纵市场行为的监管

根据《中华金融辞库》的解释,操纵市场(manipulation of market),是指机构或个人以盈利或减少损失为目的,利用手中掌握的资金、信息等优势或者利用职权便利影响证券市场股价,制造市场“陷阱”,诱导或者致使投资者(特别是中小散户)在不明真相的情况下做出投资决策的一种不正当行为。操纵市场会扰乱证券市场正常的秩序,操纵市场的具体行为表现如表10.5所示。对操纵市场行为的监管包括事前监管和事后救济。

表10.5　操纵市场的行为表现

种类	具体的操纵行为
1	通过单独或者合谋,集中资金优势、持股优势联合或者连续买卖,操纵证券交易价格
2	与他人串通,以事先约定的时间、价格和方式相互进行证券交易或者相互买卖并不持有的证券,影响证券交易价格或者证券交易量
3	以自己为交易对象,进行不转移所有权的自买自卖,影响证券交易价格或者证券交易量
4	以其他方式操纵证券交易价格

事前监管是指在发生操纵行为前,证券管理机构采取必要手段以防止损害发生。为实现这一目的,各国证券立法和证券管理机构都在寻求有效的约束机制。比如美国《证券交易法》赋予证券管理机构广泛的调查权,以约束种类繁多的市场危害行为。

事后救济是指证券管理机构对市场操纵行为者的处理及操纵者对受损当事人的损害赔偿。对于对操纵行为的处罚,比如《中华人民共和国证券法》规定,操纵证券交易价格或者制造证券交易的虚假价格或者证券交易量,获取不正当利益或者转嫁风险的,没收违法所得,并处违法所得一倍以上五倍以下的罚款;构成犯罪的,依法追究刑事责任。证券经营机构的操纵行为被查实后,证券管理机构可以暂停或取消其注册资格,取消其交易所会员资格,或对其交易数量加以限制，或令其停止部分或全部交易。对于操纵行为受害者，鼓励其通过民事诉讼获得损害赔偿。

3. 对欺诈行为的监管

欺诈行为是指以获取非法利益为目的，违反证券管理法规，在证券发行、交易及相关活动中从事欺诈客户、虚假陈述等行为。欺诈行为的表现如表 10.6 所示。

表 10.6　欺诈行为的表现

类别	欺诈行为的表现
1	将自营业务和代理业务混合操作
2	违背代理人的指令为其买卖证券
3	不按国家有关法规和证券交易场所业务规则的规定处理证券买卖委托
4	不在规定时间内向被代理人提供证券买卖书面确认文件
5	不按国家有关法规的规定办理清算、交割、过户、登记手续
6	擅自将顾客委托保管的证券用作抵押
7	以多获佣金为目的诱导顾客进行不必要的证券买卖
8	发行人或者发行代理人将证券出售给投资者时，未向其提供招募说明书
9	证券经营机构保证客户的交易收益或者允诺赔偿客户的投资损失等

为了禁止证券欺诈行为，维护证券市场秩序，保护投资者的合法权益和社会公共利益，国务院于 1993 年 9 月 2 日发布了《禁止证券欺诈行为暂行办法》(以下简称《办法》)，对我国证券发行、交易及相关活动中的内幕交易、操纵市场、欺诈客户、虚假陈述等行为进行了明确的界定并制定了相应的处罚措施。《办法》规定，证券经营机构、证券登记或清算机构以及其他各类从事证券业的机构有欺诈客户行为的，将根据不同情况，限制或者暂停证券业务。因欺诈客户行为给投资者造成损失的，应当依法承担赔偿责任。

4. 对内幕交易的监管

内幕交易，是指公司相关人员、证券市场内部人员或市场管理人员，以获取利益或减少经济损失为目的，获取发行人未公开的、会影响证券价格的重要信息并进行有价证券交易，或泄露该信息的行为。内幕交易的行为主体如表 10.7 所示。

表 10.7　内幕交易的主体构成

类别	内幕交易主体
1	发行股票或者债券的公司董事、监事、经理、副经理及有关高管人员
2	持有公司百分之五以上股份的股东
3	发行股票公司的控股公司的高级管理人员
4	由于所任公司职务可以获取公司有关证券交易信息的人员
5	证券监督管理机构工作人员以及由法定职责对证券交易进行管理的人员
6	由于法定职责而参与证券交易的社会中介机构或者证券登记结算机构、证券交易服务机构的有关人员
7	国务院证券监督管理机构规定的其他人员

10.3.4　我国证券市场监管

在证券监管的实践中，我国选择了集中型证券监管体制，监管机构为中国证券监督管理委员会(以下简称证监会)。证监会为国务院直属机构，也是全国证券期货市场的主管部门，成立于1992年10月。目前设有发行监管部、市场监管部、上市公司监管部、机构监管部、基金监管部、期货监管部、法律部、稽查局、会计部、国际合作部等职能部门，并在北京、上海、深圳等地设立了9个地区性证券监管办公室，在上述城市之外的省会城市、计划单列市设立了35个证券监管专员办事处，其主要职责如表10.8所示。

表10.8　中国证监会主要职责

类别	职　责
1	起草证券期货法律、法规，并依法行使审批或者核准权
2	对有价证券的发行、上市、交易、登记、托管、结算等进行监管
3	对证券发行和交易中涉及的证券业务活动进行监督管理
4	制定从事证券业务人员的资格标准和行为准则，并监督实施
5	监督检查证券发行和交易的信息公开情况
6	对境内企业境外发行股票及上市行为进行监管
7	对境内机构到境外及境外机构到境内设立分支机构、从事证券业务进行监管
8	对证券期货违法违规行为进行查处等

10.4　保险市场监管

10.4.1　保险市场监管的定义与模式

保险市场监管是指保险监管机构借助各种监管手段，对保险企业、保险经营活动及保险市场进行的监督与管理。

西方主要国家对本国保险市场的监管模式大致分为两类：一是“英国型”模式，重点监管保险企业的偿付能力额度，主张承保费率和承保条件开展自由竞争。该模式下市场监管环境十分宽松，并且在政府监管与行业自律管理两种方式中偏重于行业自律管理；二是“旧德型”模式，监管的重点是保险企业的经营行为，并统一保险市场上的条款和费率，而对偿付能力额度不作严格要求。

10.4.2　国际保险监督管理协会简介

国际保险监督管理协会(IAIS)成立于1994年，其目的是提高国际保险业监管水平和统一国际保险业监管标准，协助各国建立高效、公平和稳定的保险市场。现在130多个国家和地区拥有180多名会员。

IAIS把对保险市场的监管划分为财务、公司治理和市场行为三个方面的内容，如表10.9所示。

表10.9　IAIS对保险市场的监管

类别	IAIS对保险市场监管的主要方面
财务	保险偿付能力所涉及的范畴和资本充足性；资本核算方法、资本形式、投资状况、财务报告及信息披露等
公司治理	股东、董事会、高管人员和公司其他利益相关者之间的内在关系；风险管理和经营管理状况
市场行为	保单销售方式、对保单持有人的服务行为；向市场和保单持有人的信息发布等行为

10.4.3 发达国家保险市场监管体制比较

1. 美国的保险市场监管体制

美国拥有世界上规模最大的保险市场，其保险监管体系的运行已有140多年的历史。美国于1871年成立国家保险委员协会(NAIC)，亦称全美保险监督官协会，其主要职责是讨论保险立法及相关问题并拟定出全国保险监管标准供各州作为立法参考。

美国对保险的监管是由联邦政府和州政府联合共同完成，保险公司因破产而引起的损失主要由参加担保协会的保险公司共同分担，州政府和联邦政府也会分担一部分责任(即政府承担剩余的赔偿义务)。在行使监管职责中，联邦政府与州政府的职能范围较为清晰。联邦政府主要进行宏观经济政策的调控、直接的行政监管、保险计划的制订等；而各州设立的保险监管局主要侧重于对保险公司的偿付能力和资产负债比例等业务的监管。

美国对保险市场的监管特色主要包括以下四个方面的内容。

(1)公平、宽松的市场准入：保险公司只要具备一定的法律条件、财务条件、技术条件和其他一些必备的条件即获得许可经营业务。

(2)宽松的费率管制：对财产保险费率监管，大约有1/3的州允许保险公司自由竞争，以确定最佳费率；2/3的州地区实行事先批准的费率监管方式。对人寿保险的费率，美国大多数州政府没有采取直接控制，而是通过规定死亡表和设定的利率计算准备金的方法，间接进行控制。

(3)严格的资本金监管。美国允许保险资金投向不动产、抵押贷款、股票、债券、保险单贷款等，但具体规定了保险公司可投向资产的种类形式以及需要相应提取的资本金比例，且因公司类型而异。比如，寿险公司的投资法以谨慎为原则，重在盈利性和安全性。财产和责任保险公司的投资法则以“鸽笼方法”为原则，重在投资的流动性。此外，鉴于20世纪80年代出现一些规模较大的保险公司的破产事件，NAIC于20世纪90年代初研究并制定了用于保证保险公司资本金充足性的监管标准，以间接控制保险公司的最低偿付能力。

2. 英国的保险监管体制

1998年以前，英国实行根据议会立法实施全面监管与保险行业自律机构自我管理相结合的管理体制。随着欧盟经济一体化和经济全球化的发展，银行、证券和保险业之间界限开始变得模糊，金融融合成为新的历史潮流。因此，英国于2000年通过《2000年金融服务及市场法案》设立了金融服务监管局，对金融业实行统一的监管。金融服务局下设保险监管部，专门负责日常保险监管工作。英国对保险市场的监管特色如下：

(1)推行保险契约自由化：金融服务局对保险公司的保险条款和费率均不予审批，但对违反法律和社会标准的保险条款有权要求公司予以纠正。

(2)充分披露保险公司信息：金融服务局定期向社会公开保险公司所报送的保险监管报表。

(3)强化偿付能力监管：金融服务局通过保险公司的业务报表和年度报告，对公司的偿付能力做出评价；并向社会公告那些没有满足偿付能力法定要求的保险公司。

(4)允许多元化和自由化的投资：政府允许保险公司根据自身的特点选择投资方式以及投资方式的组合。

3. 日本的保险监管体制

20世纪90年代，日本金融危机加剧，金融机构倒闭频繁。此后，日本政府进行了一系列金融改革，建立起统一的金融监管机制。1998年6月日本成立了金融监督厅，负责对银行、保险和证券的全面监管。金融监督厅下设保险监管科，具体负责对保险业的监督管理。

日本对保险市场的监管特色主要体现在以下几个方面：

(1)严格的市场准入：日本保险业长期遵循着严格的市场准入原则，特别是对于外资保险公司控制很严。外资保险公司在日本本土所占市场份额很低，业务开展也比较困难。

(2)宽松的费率监管：1998年以后，保险公司在公司费率的制定上具有较大自主性，可以在纯费率基础上，依据公司的经验数据和管理水平自行拟定附加费率。

(3)实行以偿付能力为中心的监管：20世纪90年代后期，日本泡沫经济的崩溃导致保险公司接连倒闭，保险公司的偿付能力逐渐引起有关当局的重视。1996年《保险法》实施后，日本开始仿效美国对保险公司实行以偿付能力为中心的监管制度。

(4)实行信息披露制度：1996年的《保险法》实施后，要求保险公司应将自己从事的业务内容、财务状况等编制成经济信息资料，并公之于众。

(5)严格的资金运营和投资对象监管：《保险法》允许保险资金投资到表10.10所示的各类资产上，并对于资金运营比例也有相关限制，如表10.11所示。

表10.10　日本保险资金的投资对象

种类	投资对象
1	政府债券以及根据特别法令设立的公司债券和股票及以此为抵押的放款
2	外国政府债券、公司债券和股票及以此为抵押的放款
3	不动产和以不动产为抵押的放款
4	以船舶为抵押的放款(仅限财产保险公司)
5	对公共团体的放款
6	邮局存款和银行存款
7	信托公司的现金及证券信托

表10.11　日本保险资金不同投资对象的投资比例要求

资产类别	占总资产的比重
股票	≤30%
不动产	≤20%
同一公司的债券、股票及以此类资产为抵押的放款	≤20%
对同一人的放款	≤10%
对同一银行的存款或同一信托公司的资金	≤10%
以同一物品为抵押的放款	≤5%
购买及作为放款抵押的股票，所接受同一公司的股票	≤该公司总股份的1/5

10.4.4　我国的保险市场监管体制

我国保险监管模式则是以市场准入监管为中心，兼顾偿付能力监管与市场行为监管。

1. 严格的市场准入制度

我国保险市场的准入门槛较高。在开业资本方面，新修订的《中华人民共和国保险法》以下简称《保险法》规定申请开业的保险公司注册资本的最低限额为人民币2亿元，并且必须为实缴货币资本，远远高于其他发达国家对最低注册资本的要求。比如，英国要求股份保险公司的资本金必须达到或超过10万英镑；日本要求国内保险公司最低实缴资本为3 000万日元；美国各个州的规定不尽相同，其中纽约州要求寿险股份有限公司的实缴资本不低于300万美元。

在保险市场的对外开放上，我国也遵循了较严格的市场准入的原则，要求外资保险公司进入中国市场必须符合以下条件：最少具有30年的连续经营的历史；在中国设立代表机构2年以上；在递交申请的前一年，申请公司的总资产不少于50亿美元。

在保险公司组织形式上，我国要求只能采用股份有限公司或国有独资公司的形式。

2. 初步建立了以偿付能力为中心的监管框架

《中华人民共和国保险法》《保险公司管理规定》《保险公司偿付能力额度及监管指标管理规定》等法律法规对我国保险公司的资本充足性及偿付能力作了较为详细的规定。此外，中国保监会也初步建立了关于资本充足性及偿付能力的监管框架，出台了《保险公司非寿险业务准备金管理办法（试行）》，统一了非寿险业务准备金的计提标准和计提方式。

3. 严格的保险资金运用要求

我国现行的《中华人民共和国保险法》（2009年2月28日修订，如表10.12所示。）及《保险资金运用管理暂行办法》（2010年8月31日起实施，如表10.13所示。）对保险资金的运用方式和投资比例有着严格的规定。

表10.12 《中华人民共和国保险法》对保险资金投资对象的规定

允许的资金运用方式	禁止的资金运用方式
银行存款； 债券、股票、证券投资基金份额等有价证券； 不动产； 国务院规定的其他资金运用形式	存款于非银行金融机构； 买入被交易所实行“特别处理”、“警示存在终止上市风险的特别处理”的股票； 投资不具有稳定现金流回报预期或者资产增值价值、高污染等不符合国家产业政策项目的企业股权和不动产； 直接从事房地产开发建设； 从事创业风险投资； 将保险资金运用形成的投资资产用于向他人提供担保或者发放贷款； 中国保监会禁止的其他投资行为

表10.13 《保险资金运用管理暂行办法》对保险资金投资比例的规定

资产类别	占总资产比重
银行活期存款、政府债券、中央银行票据、政策性银行债券和货币市场基金	合计≥5%
无担保企业（公司）债券和非金融企业债务融资工具	合计≤20%
股票和股票型基金	合计≤20%
未上市企业股权	≤5%
未上市企业股权相关金融产品	≤4%
未上市企业股权与相关金融产品	合计≤5%
不动产	≤10%
不动产相关金融产品	≤3%
不动产与不动产相关金融产品	合计≤10%

本章小结

金融监管是金融监管主体为了实现监管目标而利用各种监管手段对监管对象所采取的一种有意识的和主动的干预和控制活动。尽管在不同时期，不同国家金融监管的侧重点不同，但金融监管的一般目的是为了实现金融市场健康平稳的运行。监管主体、监管对象、监管目标和监管手段是金融监管的四大要素。市场准入监管、业务运作过程监管和市场退出监管构成了金融监管的主要内容。银行业监管、证券市场监管和保险市场监管是金融监管的三大领域。由于业务不同，三个子市场监管的内容和重点各有不同；且对于不同国家而言，同一市场的监管重心和特色也各有不同。

复习思考题

1. 金融监管的构成要素是什么？
2. 金融监管的体制分类有哪些？
3.《巴塞尔协议》对银行业监管的主要内容包括哪些？
4. 我国银行业监管的主要机构和主要内容包括哪些？
5. 证券市场监管的基本内容包括哪些？
6. 美国、英国、日本、我国的保险市场监管特色有什么差异？

推荐阅读

[1] 史福厚. 金融监管导论[M]. 北京：中国商务出版社，2004.

[2] 白钦先，张荔. 发达国家金融监管比较研究[M]. 北京：中国金融出版社，2003.

[3] 王广谦. 20 世纪西方货币金融理论研究：进展与评述[M]. 北京：经济科学出版社，2003.

[4] 刘肖原，范淑芳. 商业银行经营与管理[M]. 北京：中国人民大学出版社，2008.

[5] 戴相龙，黄达. 中华金融辞库[M]. 北京：中国金融出版社，1998.

[6] 刘树成. 现代经济词典[M]. 中国社会科学院经济研究所. 南京：凤凰出版社；江苏人民出版社，2005.

案例讨论

从"次债危机"到全球金融危机

2007 年 2 月汇丰银行(HSBC)披露了 105 亿美元次级住房抵押贷款损失报告。2007 年 4 月美国最大的次级住房抵押贷款公司新世纪金融公司宣布破产,标志着"次债危机"的爆发;2007 年 9 月 13 日,英国第五大信贷银行北岩银行因次级房屋信贷风暴而影响流动资金,多个存款客户到银行共提走了 10 亿英磅的现金。英格兰银行向该银行注入资金,成为 50 年来的最大救市;2007 年 9 月 17 日,英国财政大臣戴理德宣布对北岩银提供 100%的存款保证,危机才告平息。随后,瑞银(UBS)发布报告称,受美国次级住房抵押贷款金融危机影响,银行亏损额超过 40 亿瑞士法郎(30.4 亿美元)。2007 年 12 月 12 日,多国央行连手协作以缓解"次债危机",美联储、欧洲央行以及加拿大、英国和瑞士的央行均参与了这项行动,是自 9·11 事件以来全球经济合作的最大行动。2008 年 3 月贝尔斯登被摩根大通收购。在此期间,越来越多的金融机构报告亏损和撇账,并在市场上抛售相关的评级较低的资产,同时一些银行开始融资以修补资产负债表,这使市场流动性趋于紧张。2008 年 9 月 15 日雷曼兄弟公司申请破产,标志着全球金融危机的爆发。随后,由于担心深陷"次债"问题而导致破产,金融机构纷纷收紧信用贷款,使那些短期有资金需求的机构只能通过抛售资产进行套现,抛售对象扩大到了评级较高的资产,从而加剧了市场波动。2008 年 10 月,伴随着美国政府拯救雷曼计划的失败,危机由金融领域迅速扩展到实体经济领域,信用危机演变成了全球经济危机。

思考:

1."次债危机"的爆发暴露了金融市场监管的哪些问题?

2.危机爆发后,金融监管机构采取了哪些监管措施?效果如何?

3."次债危机"的蔓延,表明了金融机构的什么特性?

4.此次危机中,哪些金融机构受到了冲击?

参 考 文 献

[1] 张亦春. 金融市场与投资[M]. 厦门:厦门大学出版社,1990.
[2] 马尔基尔. 漫游华尔街[M]. 苏云,译. 成都:四川人民出版社,1994.
[3] SHARP,ALEXANDER,BAILEY. Investment[M]. 6th edition. NY:Printice Hall Inc. , 1998.
[4] 伊特韦尔,新帕尔格雷夫. 经济学大词典[M]. 北京:经济科学出版社,1996.
[5] 霍文文. 金融市场学[M]. 上海:复旦大学出版社,2010.
[6] 祁群. 金融市场学[M]. 北京:北京大学出版社,2010.
[7] 刘舒年. 国际金融[M]. 4 版. 北京:对外经济贸易大学出版社,2010.
[8] 姜波克. 国际金融新编[M]. 4 版. 上海:复旦大学出版社,2008.
[9] 韩博印. 国际金融[M]. 北京:北京大学出版社,中国林业出版社,2007.
[10] 爱德华. 外汇交易室:这不是绅士的游戏[J]. MBA,1978(06).
[11] 许祥云. 20 世纪 90 年代后日本外汇市场干预的经验[J]. 经济学动态,2010(07).
[12] 李诒. 2011 年全球外汇市场将如何演义[J]. 产权导刊,2011(26).
[13] 陈信华. 金融衍生工具:定价原理与实际运用[M]. 上海:上海财经大学出版社,2009.
[14] 戴相龙,黄达. 中华金融辞库[M]. 北京:中国金融出版社,1998.
[15] 赵宇华. 资产证券化原理与实务[M]. 北京:中国人民大学出版社,2007.
[16] 石榴红. 期货与期权交易:理论与实务[M]. 北京:科学出版社,2009.
[17] 张亦春,郑振龙,林海. 金融市场学[M]. 北京:高等教育出版社,2008.
[18] 李和金. 利率期限结构与固定收益证券定价[M]. 北京:中国金融出版社,2005.
[19] 霍默,西勒. 利率史[M]. 4 版. 肖新明,曹建海,译. 北京:中信出版社,2010.
[20] 罗斯,马奎斯. 金融市场学[M]. 陆军,译. 北京:机械工业出版社,2009.
[21] 基尔. 从华尔街到长城[M]. 张丹,译. 北京:机械工业出版社,2008.
[22] 刘凤根. 有效市场理论及其在中国证券市场的应用研究[D]. 2004. 05
[23] 史莱佛. 并非有效的市场:行为金融学导论[M]. 赵英军,译. 北京:中国人民大学出版社,2003.
[24] 李嘉玲. 货币银行学[M]. 北京:中国铁道出版社,经济科学出版社,2010.
[25] 何志刚. 中国债券市场微观结构研究[M]. 北京:中国经济出版社,2011.
[26] 高坚. 中国债券资本市场(中文修订版)[M]. 北京:经济科学出版社,2009.
[27] 格雷厄姆. 证券分析[M]. 海口:海南出版社. 1999.
[28] 格瑞. 股票价值评估[M]. 北京:中国财政经济出版社. 2004.
[29] 齐寅峰. 公司财务学[M]. 北京:经济科学出版社. 2002.
[30] 史福厚. 金融监管导论[M]. 北京:中国商务出版社,2004.
[31] 白钦先,张荔. 发达国家金融监管比较研究[M]. 北京:中国金融出版社,2003.
[32] 王广谦. 20 世纪西方货币金融理论研究:进展与评述[M]. 北京:经济科学出版社,2003.
[33] 刘肖原,范淑芳. 商业银行经营与管理[M]. 北京:中国人民大学出版社,2008.
[34] FAMA,EUGENE,FISHER,etc. The adjustment of stock prices to new information[J]. International Economic Review,1969(1-21).

中国铁道出版社

CHINA RAILWAY PUBLISHING HOUSE

教师服务登记表

填表日期：________

教师姓名		□先生 □女士	出生年月		职务		职称 □教授 □副教授 □讲师 □助教 □其他
学校			学院			系别	
联系电话	办公： 移动：			联系地址及邮编			
				E-mail			
学历		毕业院校		国外进修及讲学经历			
研究领域							

主讲课程	现用教材名	作者及出版社	教材满意度
课程 1 □专 □本 □研 人数： 学期：□春 □秋			□满意 □一般 □不满意 □希望更换
课程 2 □专 □本 □研 人数： 学期：□春 □秋			□满意 □一般 □不满意 □希望更换
课程 3 □专 □本 □研 人数： 学期：□春 □秋			□满意 □一般 □不满意 □希望更换

著书计划	

希望提供的样书

注：申请的样书必须与本表填写的授课情况相符。

书 号	书 名
ISBN 7-113-□□□□□	

意见和建议

此表请填写人据实填写，以详尽、清晰为盼。填妥后请选择以下任何一种方式将此表返回：(如方便请赐名片)

地 址：北京市西城区右安门西街 8 号　　中国铁道出版社教材研究开发中心　　邮编：100054

电 话：(010) 51873014　　E-mail：book@tdpress. com

图书详情可登录http://www. 51eds. com 网站查询